plurall

CB137239

Parabéns!
Agora você faz parte do **Plurall**, a plataforma digital do seu livro didático!
Acesse e conheça todos os recursos e funcionalidades disponíveis para as suas aulas digitais.

Baixe o aplicativo do **Plurall** para Android e IOS ou acesse **www.plurall.net** e cadastre-se utilizando o seu código de acesso exclusivo:

AAABG46NJ

Este é o seu código de acesso Plurall. Cadastre-se e ative-o para ter acesso aos conteúdos relacionados a esta obra.

@plurallnet

@plurallnetoficial

SOMOS EDUCAÇÃO

Projeto Ápis

ANA MARIA TRINCONI BORGATTO

Licenciada em Letras pela Universidade de São Paulo (USP).
Mestra em Letras pela USP.
Pós-graduada em Estudos Comparados de Literaturas de Língua Portuguesa pela USP.
Pedagoga graduada pela USP.
Professora universitária.
Professora de Língua Portuguesa dos Ensinos Fundamental e Médio.

TEREZINHA COSTA HASHIMOTO BERTIN

Licenciada em Letras pela USP.
Mestra em Ciências da Comunicação pela USP.
Pós-graduada em Comunicação e Semiótica pela Pontifícia Universidade Católica de São Paulo (PUC-SP).
Professora universitária.
Professora de Língua Portuguesa dos Ensinos Fundamental e Médio.

VERA LÚCIA DE CARVALHO MARCHEZI

Licenciada em Letras pela Universidade Estadual Paulista "Júlio de Mesquita Filho" (Unesp-SP, *campus* Araraquara).
Mestra em Letras pela USP.
Pós-graduada em Estudos Comparados de Literaturas de Língua Portuguesa pela USP.
Professora universitária.
Professora de Língua Portuguesa dos Ensinos Fundamental e Médio.

LÍNGUA PORTUGUESA

2º ANO

Ensino Fundamental

editora ática

editora ática

Presidência: Mario Ghio Júnior
Direção de soluções educacionais: Camila Montero Vaz Cardoso
Direção editorial: Lidiane Vivaldini Olo
Gerência editorial: Viviane Carpegiani
Gestão de área: Tatiany Renó
Edição: Luciana Nicoletti (coord.), Carlos Eduardo de Oliveira, Patrícia Rocco S. Renda, Simone de Souza Poiani e Solange de Oliveira
Planejamento e controle de produção: Flávio Matuguma, Juliana Batista, Felipe Nogueira e Juliana Gonçalves
Revisão: Kátia Scaff Marques (coord.), Brenda T. M. Morais, Claudia Virgilio, Daniela Lima, Malvina Tomáz e Ricardo Miyake
Arte: André Vitale (ger.), Catherine Saori Ishihara (coord.), Lívia Vitta Ribeiro (edição de arte)
Iconografia e tratamento de imagem: André Gomes Vitale (ger.), Claudia Bertolazzi e Denise Kremer (coord.), Evelyn Torrecilla (pesquisa iconográfica) e Fernanda Crevin (tratamento de imagens)
Licenciamento de conteúdos de terceiros: Roberta Bento (gerente), Jenis Oh (coord.), Liliane Rodrigues, Flávia Zambon e Raísa Maris Reina (analistas de licenciamento)
Ilustrações: Alberto De Stefano; Bruna Assis Brasil; Camila de Godoy; Cláudio Chiyo; Estúdio 22; Fabiana Faiallo; Felipe Camêlo; Lucas Reis Pereira; Silvana Rando e Vanessa Alexandre
Design: Talita Guedes da Silva (proj. gráfico e capa)
Ilustração de capa: Barlavento Estúdio
Logotipo: Saulo Dorico

Avenida Paulista, 901, 6º andar – Bela Vista
São Paulo – SP – CEP 01310-200
http://www.somoseducacao.com.br

Dados Internacionais de Catalogação na Publicação (CIP)

Borgatto, Ana Maria Trinconi
Projeto Ápis : Língua portuguesa : 1º ao 5º ano / Ana Maria Trinconi Borgatto, Terezinha Costa Hashimoto Bertin, Vera Lúcia de Carvalho Marchezi. -- 4. ed. -- São Paulo : Ática, 2020.
(Projeto Ápis ; vol. 1 ao 5)

Bibliografia

1. Língua portuguesa (Ensino fundamental) Anos iniciais I. Título II. Bertin, Terezinha Costa Hashimoto III. Marchezi, Vera Lúcia de Carvalho IV. Série

20-1346 CDD 372.6

Angélica Ilacqua - Bibliotecária - CRB-8/7057

2023
Código da obra CL 750395
CAE 721222 (AL) / 721221 (PR)
ISBN 9788508195305 (AL)
ISBN 9788508195312 (PR)
4ª edição
5ª impressão
De acordo com a BNCC.

Impressão e acabamento: Bercrom Gráfica e Editora

Uma publicação SOMOS EDUCAÇÃO

APRESENTAÇÃO

CARO ALUNO,

NÓS, AUTORAS DESTA COLEÇÃO, ESPERAMOS QUE OS MOMENTOS DE APRENDIZAGEM DA LEITURA E DA ESCRITA PROPOSTOS NESTE LIVRO CONTRIBUAM PARA MARCAR DE MANEIRA PRAZEROSA SUA TRAJETÓRIA NA ESCOLA.

TEMOS UM ENCONTRO EM CADA UM DOS DESAFIOS E EM CADA UMA DAS CONQUISTAS QUE, COM CERTEZA, FARÃO PARTE DE SEU PERCURSO ESTE ANO.

VAMOS COMEÇAR?

AS AUTORAS

Camila de Godoy/Arquivo da editora

CONHEÇA SEU LIVRO

UM LIVRO É COMO UMA CASA: APRESENTA DIFERENTES PARTES QUE FORMAM O TODO. ESTE LIVRO TAMBÉM É ASSIM.

A SEGUIR, VOCÊ VAI CONHECER ALGUMAS DESSAS PARTES. E O MELHOR: TODAS ELAS ESTÃO BEM DEFINIDAS, PARA VOCÊ SE LOCALIZAR E NÃO SE PERDER. VAMOS COMEÇAR?

ABERTURA DE UNIDADE

O LIVRO É DIVIDIDO EM UNIDADES. NA ABERTURA DE CADA UMA DELAS VOCÊ ENCONTRA PISTAS DO QUE VAI ESTUDAR NA UNIDADE.

INTRODUÇÃO

É UM CONVITE PARA AS DESCOBERTAS QUE VOCÊ FARÁ AO LONGO DO LIVRO.

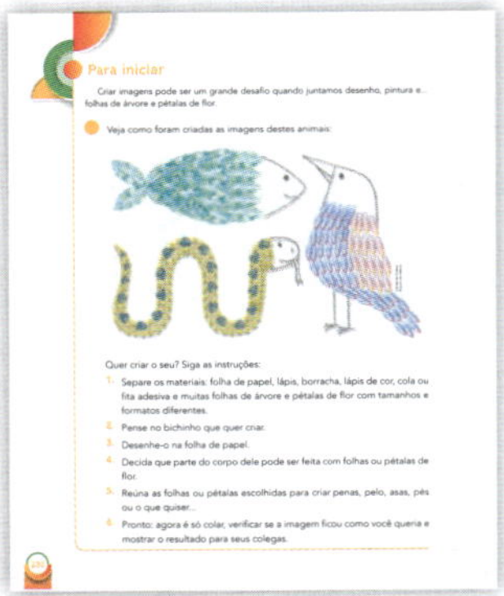

PARA INICIAR

NESTA SEÇÃO VOCÊ ENCONTRA DESAFIOS E BRINCADEIRAS PARA INICIAR SEUS ESTUDOS.

PRODUÇÃO DE TEXTO

MOMENTO EM QUE VOCÊ VAI PRODUZIR TEXTOS ORAIS E ESCRITOS.

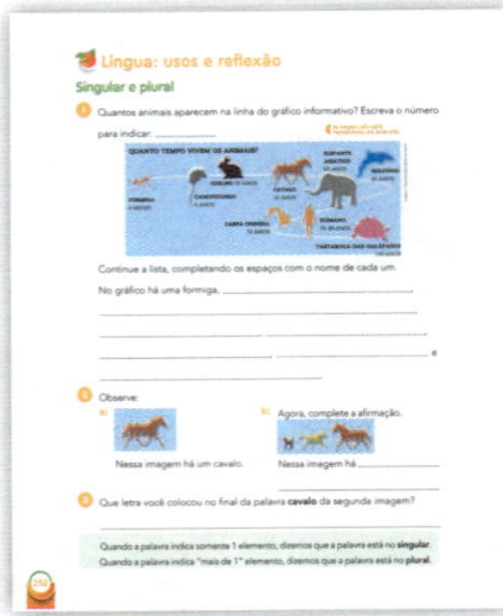

LEITURA

OS TEXTOS DESTA SEÇÃO SÃO O PONTO DE PARTIDA PARA O QUE VOCÊ VAI DESCOBRIR NA UNIDADE.

INTERPRETAÇÃO DO TEXTO

AS ATIVIDADES ORAIS E ESCRITAS SÃO PARA VOCÊ ENTENDER MELHOR OS TEXTOS LIDOS.

LÍNGUA: USOS E REFLEXÃO

ESTE É O MOMENTO PARA O ESTUDO DA LÍNGUA E DE APRENDER COMO ELA É USADA EM CADA SITUAÇÃO.

TECENDO SABERES

ESTE É O MOMENTO DE VOCÊ AMPLIAR CONHECIMENTOS E FAZER A LIGAÇÃO DO QUE ESTÁ ESTUDANDO COM OUTRO ASSUNTO

AÍ VEM...

NESTA SEÇÃO HÁ SEMPRE UM TEXTO A MAIS PARA LER.

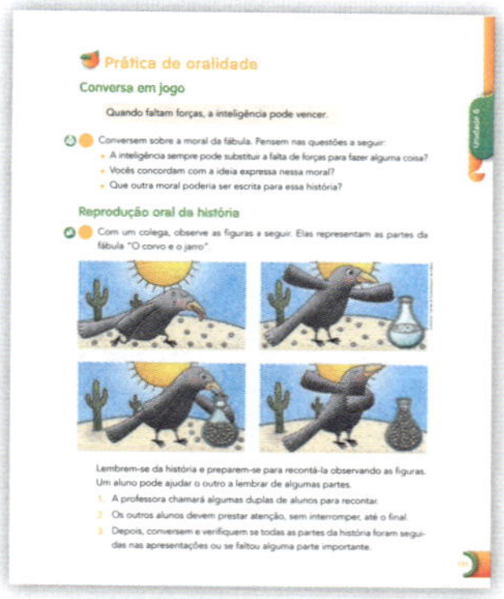

PRÁTICA DE ORALIDADE

NESTA SEÇÃO VOCÊ VAI CONVERSAR, TROCAR IDEIAS, DAR OPINIÃO, DECLAMAR E TAMBÉM VAI OUVIR COM ATENÇÃO. TUDO DE MODO ORGANIZADO.

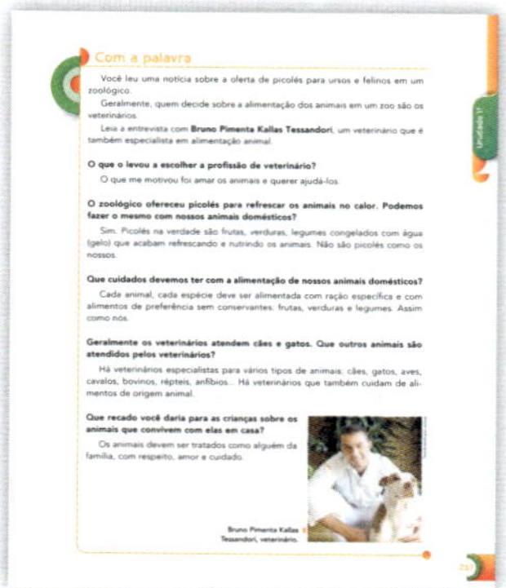

COM A PALAVRA

ENTREVISTAS COM DIFERENTES PROFISSIONAIS FARÃO VOCÊ PERCEBER QUE O CONHECIMENTO TAMBÉM PODE SER ADQUIRIDO ALÉM DOS LIVROS.

PALAVRAS EM JOGO

VOCÊ APRENDE A ESCRITA DAS PALAVRAS COM ATIVIDADES INTERESSANTES E, MUITAS VEZES, DIVERTIDAS.

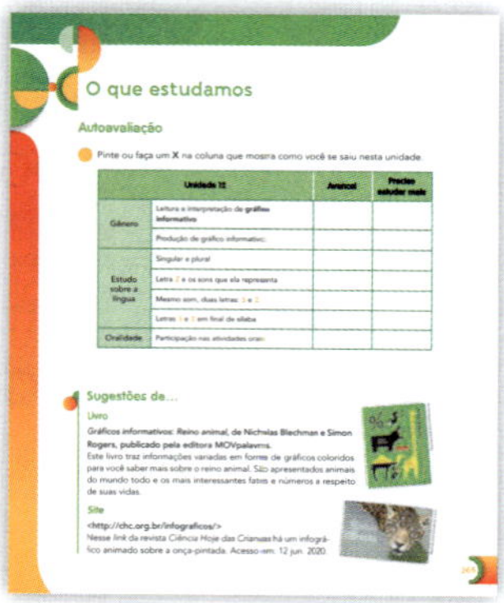

O QUE ESTUDAMOS

É O MOMENTO DE REFLETIR SOBRE O QUE VOCÊ ESTUDOU.

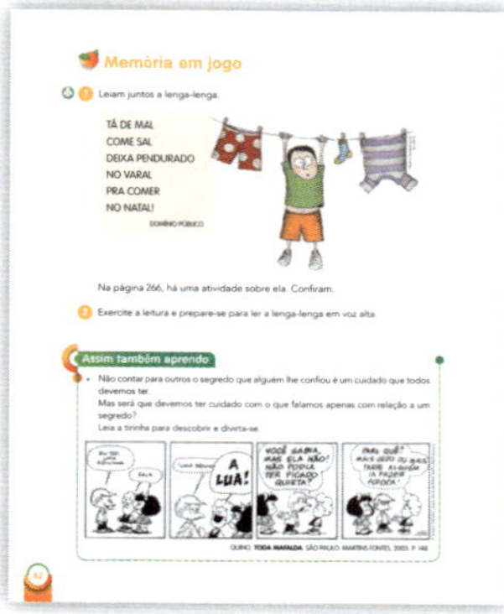

ASSIM TAMBÉM APRENDO

É O MOMENTO DE SE DIVERTIR UM POUCO MAIS!

MEMÓRIA EM JOGO

É MAIS FÁCIL LER E ESCREVER O QUE TEMOS NA MEMÓRIA! VOCÊ VAI LER E REGISTRAR CONFORME LEMBRAR!

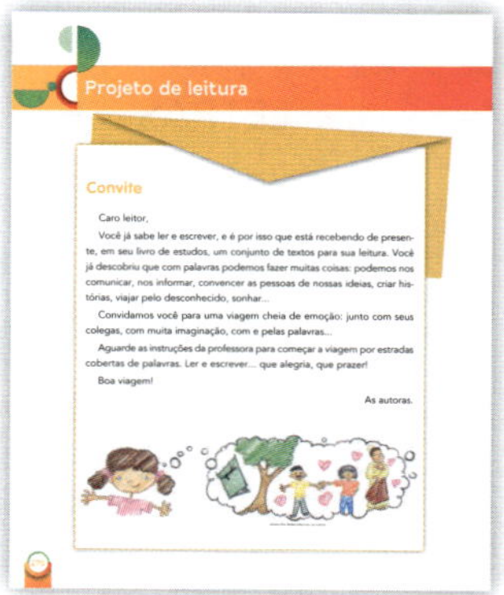

PROJETO DE LEITURA

UM PROJETO QUE VAI TORNAR A LEITURA AINDA MAIS PRAZEROSA.

ACOMPANHAM O LIVRO DO ALUNO:

ÁPIS DIVERTIDO

AQUI VOCÊ ENCONTRA JOGOS QUE EXPLORAM TEMAS ESTUDADOS E PEÇAS PARA DESTACAR, QUE VOCÊ VAI UTILIZAR EM ATIVIDADES DO LIVRO.

CADERNO DE ATIVIDADES

ATIVIDADES PARA VOCÊ PRATICAR O QUE APRENDEU EM CADA UNIDADE.

ÍCONES

ATIVIDADE EM GRUPO

ATIVIDADE EM DUPLA

ATIVIDADE NO CADERNO

SUMÁRIO

Camila de Godoy/
Arquivo da editora

INTRODUÇÃO

LER E ESCREVER... QUE ALEGRIA! QUE PRAZER!

Camila de Godoy/Arquivo da editora

VOCÊ JÁ ESTÁ NO 2º ANO!

APRENDEU QUE ESCREVER E LER É MUITO IMPORTANTE!

ESTE LIVRO É SEU! NELE VOCÊ TERÁ MUITAS OPORTUNIDADES PARA LER E PARA ESCREVER.

ESCREVA SEU NOME NO ESPAÇO ABAIXO:

QUE TAL INICIAR O ANO ESCREVENDO, LENDO E CANTANDO?

LINHAS E LETRINHAS

NO VELHO PERGAMINHO
NAS FOLHAS EM ROLINHOS
ATÉ NUMAS TABUINHAS
VINHAM LINHAS E LETRINHAS
PRA LER

A. Dagli Orti/De Agostini/Glow Images/ Biblioteca Estense, Modena, Itália.

PERGAMINHO.

CULTURA NINGUÉM MEDE,
MAS LENDO É QUE CONSEGUE
DEPOIS DE GUTENBERG,
VEIO O TIPO, VEIO O LIVRO
E NO LIVRO TEM AS LINHAS
E NAS LINHAS AS LETRINHAS
PRA LER

ammlung Rauch/Interfoto/ Fotoarena/Coleção particular

MODELO DE PRENSA DE GUTENBERG.

NUM MUNDO TÃO ATIVO
NÃO HÁ NENHUM MOTIVO
PRA NÃO SE LER UM LIVRO
ESTE É O PONTO DECISIVO
COMO PODE UM HOMEM VIVO
VIVER FORA DE UM BOM LIVRO
SE NO LIVRO TEM AS LINHAS
E NAS LINHAS AS LETRINHAS
PRA LER
E RELER
LER E RELER

anek.soowannaphoom/Shutterstock

CRIANÇAS LENDO UM LIVRO DE HISTÓRIAS.

SANDRA PERES, PAULO TATIT E LUIZ TATIT. INTÉRPRETE: PALAVRA CANTADA. DVD **VEM DANÇAR COM A GENTE**, 2011.

ALÉM DE **LER PARA CANTAR**, VOCÊ PODE **LER PARA SE ORIENTAR**:

Reprodução/Arquivo da editora

Reprodução/Arquivo da editora

Reprodução/Arquivo da editora

Reprodução/Arquivo da editora

PODE **LER PARA ESCOLHER** O FILME AO QUAL VOCÊ QUER ASSISTIR:

Reprodução/Paris Filmes

Reprodução/Downtown Filmes

PODE **LER PARA DECIDIR** AONDE IR:

Thiago B Trevisan/Shutterstock

Dado Photos/Shutterstock

PODE **LER PARA SE INFORMAR** NOS JORNAIS, NAS REVISTAS, NA INTERNET:

JORNAL joca

O único jornal para jovens e crianças

26/8/2019 a 9/9/2019

Coleção

As florestas no Brasil e no mundo

PÁG. 9

Fogo em região de floresta amazônica é registrado no município de Candeias do Jamari, perto de Porto Velho, Rondônia, em 25 de agosto

nº 136

Queimadas na Amazônia

Entre janeiro e agosto deste ano, a região amazônica brasileira registrou o maior número de focos de incêndio nesse período desde 2010. Entenda a situação e saiba quais medidas serão tomadas para conter o problema • PÁG. 3

82%

é o aumento dos registros de focos de incêndio no Brasil entre janeiro e agosto de 2019 em comparação com o mesmo período de 2018, segundo dados do Instituto Nacional de Pesquisas Espaciais (Inpe). Pouco mais da metade dos focos (52,5%) está concentrada na Amazônia – há outros focos em biomas como cerrado e mata atlântica.

Ativista sueca começa viagem pelo Atlântico
Greta Thunberg opta por veleiro para evitar poluição causada por aviões • PÁG. 4

Tensão na Caxemira
Escolas reabrem na região indiana, mas estudantes não vão às aulas por medo de conflitos • PÁG. 5

Contra o microplástico
Jovem ganha prêmio por criar forma de remover pequenas partículas de plástico da água • PÁG. 7

Reprodução/Jornal Joca

Reprodução/http://chc.org.br

PODE **LER PARA SE DIVERTIR**:

© Ziraldo Alves Pinto/Acervo do cartunista

PODE **LER E ESCREVER** O QUE QUISER!

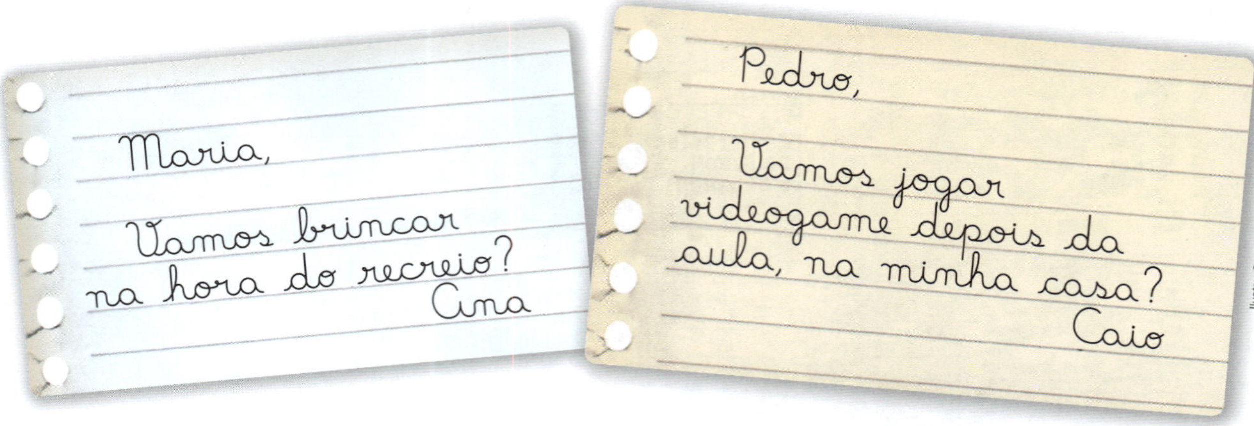

Maria,

Vamos brincar na hora do recreio?

Ana

Pedro,

Vamos jogar videogame depois da aula, na minha casa?

Caio

Ilustrações: Silvana Rando/Arquivo da editora

NO ESPAÇO ABAIXO, ESCREVA UM BILHETE ENDEREÇADO A UM AMIGO OU A UMA AMIGA.

Camila de Godoy/Arquivo da editora

"E NO LIVRO TEM AS LINHAS
E NAS LINHAS AS LETRINHAS"

QUANTAS LINHAS E LETRINHAS PARA LER!

VOCÊ ESTÁ COMEÇANDO O 2º ANO.
ACEITE NOSSO CONVITE:

HÁ MUITO PARA LER E ESCREVER,
HÁ MUITO PARA OUVIR E FALAR,
HÁ MUITO PARA ENSINAR E APRENDER,
HÁ MUITO PARA VIAJAR E SONHAR...
VAMOS COMEÇAR?

Ilustrações: Camila de Godoy/Arquivo da editora

UNIDADE

1 POEMA

NESTA UNIDADE VOCÊ VAI...

- LER E INTERPRETAR POEMAS;
- COMPLETAR VERSOS;
- RECITAR POEMA OU CANTAR CANTIGA;
- RELEMBRAR O ALFABETO;
- ESTUDAR A ORDEM ALFABÉTICA;
- RELEMBRAR AS LETRAS **P**/**B** E **F**/**V** E OS SONS QUE ELAS REPRESENTAM;
- PARTICIPAR DE ATIVIDADES ORAIS.

Lucas Reis Pereira/Arquivo da editora

- O QUE AS PESSOAS DA IMAGEM ESTÃO FAZENDO?
- QUAL É O ASSUNTO DO LIVRO QUE ESTÁ NAS MÃOS DO MENINO?
- VOCÊ GOSTA DE LER LIVROS SOBRE ESSE ASSUNTO?

PARA INICIAR

VOCÊ CONHECE ESTES VERSOS EM QUE **MARICOTA** RIMA COM PERNA **TORTA**?

SÃO OS VERSOS DE UMA CANTIGA. VAMOS CANTAR?

Silvana Rando/Arquivo da editora

EU VI UMA BARATA

EU VI UMA BARATA
NA CARECA DO VOVÔ
ASSIM QUE ELA ME VIU,
BATEU ASAS E VOOU.

SEU JOAQUIM-QUIM-QUIM
DA PERNA TORTA-TA-TA
DANÇANDO VALSA-SA-SA
COM A MARICOTA-TA-TA.

DOMÍNIO PÚBLICO.

CONHEÇA UM POEMA QUE FOI ESCRITO A PARTIR DA CANTIGA "EU VI UMA BARATA".

E SE, EM VEZ DE UMA BARATA NA CARECA, FOSSE UMA COBRA NO PÉ? SERIA ESQUISITO? O QUE PODERIA ACONTECER?

LEIA PARA SABER.

LEITURA: POEMA

COISAS ESQUISITAS

EU VI A BARATA
NA CARECA DO VOVÔ.
ASSIM QUE ELA ME VIU,
BATEU ASAS E VOOU.

EU VI A ABELHA
NO NARIZ DA VOVÓ
A ABELHA OLHOU, OLHOU,
NÃO PICOU, POIS TEVE DÓ.

EU VI A COBRA
PERTO DO PÉ DA TITIA.
A COBRA VIA, MAS A TIA
NÃO VIA A COBRA, E RIA, RIA.

EU VI UM JACARÉ
DEITADO NA REDE.
O BOCÃO NÃO ME MORDEU
PORQUE ERA QUADRO DE PAREDE.

Camila de Godoy/Arquivo da editora

ELIAS JOSÉ. **LUA NO BREJO**. PORTO ALEGRE: EDITORA PROJETO, 2007, P. 12.

SOBRE O AUTOR

Reprodução/Arquivo pessoal

ELIAS JOSÉ (1936-2008) NASCEU EM SANTA CRUZ DA PRATA, MINAS GERAIS. FOI PROFESSOR E ESCREVEU CONTOS, ROMANCES, POEMAS E LIVROS DIDÁTICOS. FOI AUTOR DE MAIS DE CEM LIVROS PARA CRIANÇAS.

Reprodução/Editora Projeto

INTERPRETAÇÃO DO TEXTO

O TEXTO QUE VOCÊ LEU É UM **POEMA**.

O POEMA FOI ESCRITO EM VERSOS.

CADA LINHA É UM **VERSO**.

UM CONJUNTO DE VERSOS CHAMA-SE **ESTROFE**.

1 COMPLETE:

NESTE POEMA HÁ ________ ESTROFES.

CADA ESTROFE TEM ________ VERSOS.

2 PINTE NA LETRA DO POEMA OS VERSOS DE CADA ESTROFE QUE APRESENTAM OS BICHOS.

3 COPIE O TÍTULO DO POEMA.

____

4 PARA VOCÊ, POR QUE O TÍTULO DO POEMA É "COISAS ESQUISITAS"? CONVERSE COM OS COLEGAS E OUÇA COM ATENÇÃO AS RESPOSTAS DELES.

5 HÁ UM BICHINHO QUE APARECE TANTO NA CANTIGA QUANTO NO POEMA.

QUE BICHO É ESSE? ESCREVA.

____

6 PINTE OS ☐ QUE MOSTRAM OS BICHOS QUE FAZEM PARTE DO POEMA:

☐ BARATA

☐ JACARÉ

☐ MOSCA

☐ ABELHA

☐ TARTARUGA

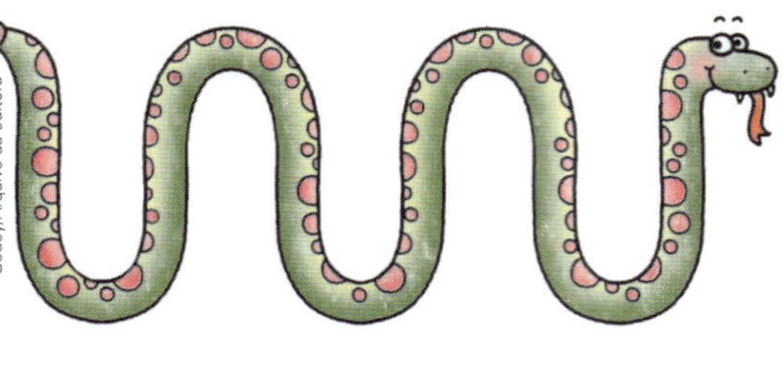

Ilustrações: Camila de Godoy/Arquivo da editora

☐ COBRA

7 ESCREVA O NOME DO BICHO QUE, NO POEMA, NÃO ERA DE VERDADE:

____

8 MARQUE A ALTERNATIVA QUE INDICA POR QUE A ABELHA NÃO PICOU A VOVÓ:

- [ ] ELA BATEU ASAS E VOOU.
- [ ] ELA RIA, RIA.
- [ ] ELA TEVE DÓ.
- [ ] ELA ERA UM QUADRO.

9 CIRCULE NO POEMA AS PALAVRAS QUE RIMAM E COPIE A SEGUIR:

____

____

____

____

10 LIGUE DE ACORDO COM O POEMA.

ABELHA	NO PÉ DA TITIA
COBRA	NA REDE
JÁCARÉ	NO NARIZ DA VOVÓ
BARATA	NA CARECA DO VOVÔ

11 RELEIA:

> EU VI UM JACARÉ
> DEITADO NA REDE.
> O BOCÃO NÃO ME MORDEU
> PORQUE ERA QUADRO DE PAREDE.

DESENHE COMO VOCÊ IMAGINA ESSES VERSOS.

12 MARQUE QUAL É A INTENÇÃO DESSE POEMA.

☐ INFORMAR ☐ DIVERTIR ☐ DAR INSTRUÇÕES

HORA DE ORGANIZAR O QUE ESTUDAMOS

LEIAM O ESQUEMA A SEGUIR COM A PROFESSORA.

POEMA

- **VERSOS**
- **ESTROFES**
- **PODE TER RIMAS**

TECENDO SABERES

NO POEMA O JACARÉ NÃO MORDEU NINGUÉM PORQUE ERA UMA PINTURA. VEJA ESTA PINTURA QUE RETRATA UM JACARÉ.

WANDER MELO, **ATAQUE DO JACARÉ**, 2013.

CONVERSE COM OS COLEGAS SOBRE O TÍTULO **ATAQUE DO JACARÉ**.

AÍ VEM... POEMA

LEIA ESTE POEMA COM A PROFESSORA.

A HISTÓRIA ENGATADA

ERA UMA VEZ
UM GATO,
DOIS GATOS...
QUE VIRARAM TRÊS!
UM GATO ERA ASSIM:
BONITO E LISTRADO,
AS LISTRAS DEITADAS
DO FOCINHO PRO RABO.

O OUTRO ERA GATA,
LISTRADA ASSIM:
DE BAIXO PRA CIMA.
SEU NOME ERA MINA.

O GATO E A GATA
SE VIRAM E MIARAM,
SUBIRAM NAS CASAS,
MIANDO... E GOSTARAM.
CASARAM DE NOITE,
COMO OS GATOS SE CASAM.
E NASCEU UM GATINHO
DOS GATOS LISTRADOS.
AS LISTRAS DEITADAS
E AS LISTRAS PRA CIMA
FORMARAM UM GATINHO,
O NÚMERO TRÊS:
QUE GATO ENGRAÇADO,
É UM GATO XADREZ!

SYLVIA ORTHOF. **A HISTÓRIA ENGATADA**. RIO DE JANEIRO: RIO GRÁFICA, 1986. P. 3-23.

PRÁTICA DE ORALIDADE

CONVERSA EM JOGO

CANTIGAS E VERSOS DIVERTIDOS

- VOCÊ GOSTOU DO POEMA BASEADO NA CANTIGA "EU VI UMA BARATA"?
QUE OUTROS POEMAS OU CANTIGAS VOCÊ CONHECE?
ESCOLHA UM E, SE QUISER, RECITE OU CANTE.
OUÇA AS ESCOLHAS FEITAS PELOS COLEGAS.

POEMA RECITADO OU CANTIGA CANTADA

Silvana Rando/Arquivo da editora

- ESCOLHAM UMA CANTIGA OU UM POEMA DIVERTIDO.
  - A) COMBINEM COMO VÃO APRESENTAR AOS COLEGAS.
  - B) USEM GESTOS, PALMAS E MOVIMENTOS.
  - C) ENSAIEM E CAPRICHEM NA APRESENTAÇÃO!
  - D) CONVIDEM OS COLEGAS A PARTICIPAR COM VOCÊS.
  - E) FIQUEM ATENTOS À APRESENTAÇÃO DOS COLEGAS E PARTICIPEM COM ELES.

PRODUÇÃO DE TEXTO

COMPLETAR VERSOS

OUÇAM A LEITURA DAS ESTROFES FEITA PELA PROFESSORA. VOCÊS VÃO COMPLETAR OS VERSOS COM OUTROS BICHOS. ATENÇÃO: AS PALAVRAS ESCOLHIDAS DEVEM RIMAR COM AS PALAVRAS COLORIDAS.

EU VI UM ______________________
SENTADO NO MEU JOELHO.
ELE CORREU
E DERRUBOU O ESPELHO.

EU VI UM ______________________
NO PÉ DA ELOÁ.
ELE FUGIU
E SUBIU NO SOFÁ.

EU VI UMA ______________________
____
NO CABELO DA MADRINHA.
ELA ESCAPOU
ESCONDEU-SE NA COZINHA.

EU VI UM ______________________
____
DO LADO DO JOÃO.
ELE SE ESCONDEU
EMBAIXO DO FOGÃO.

PALAVRAS EM JOGO

ALFABETO

ATIVIDADE ORAL E ESCRITA

1 VOCÊ JÁ CONHECE O ALFABETO.
RELEMBRE-O, LENDO COM OS COLEGAS E A PROFESSORA.

A	B	C	D	E	F	G	H	I	J	K	L	M
A	B	C	D	E	F	G	H	I	J	K	L	M
a	b	c	d	e	f	g	h	i	j	k	l	m
a	b	c	d	e	f	g	h	i	j	k	l	m
N	O	P	Q	R	S	T	U	V	W	X	Y	Z
N	O	P	Q	R	S	T	U	V	W	X	Y	Z
n	o	p	q	r	s	t	u	v	w	x	y	z
n	o	p	q	r	s	t	u	v	w	x	y	z

2 MARQUE COM UM **X** O ☐ DO LIVRO QUE TEM O ALFABETO COMO TEMA.

☐ 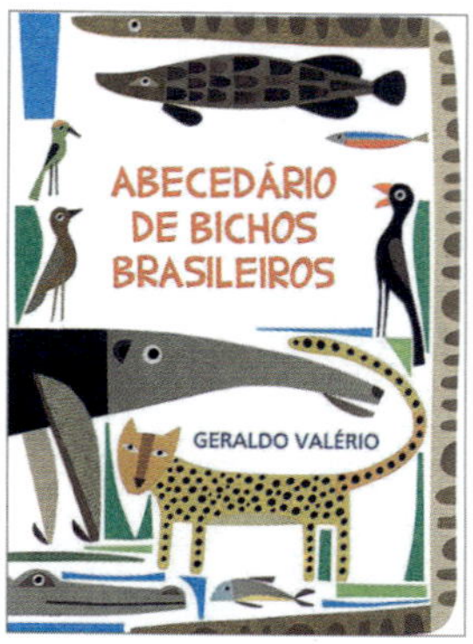

Reprodução/Editora WMF Martins Fontes

☐ 

Reprodução/Editora Melhoramentos

☐ 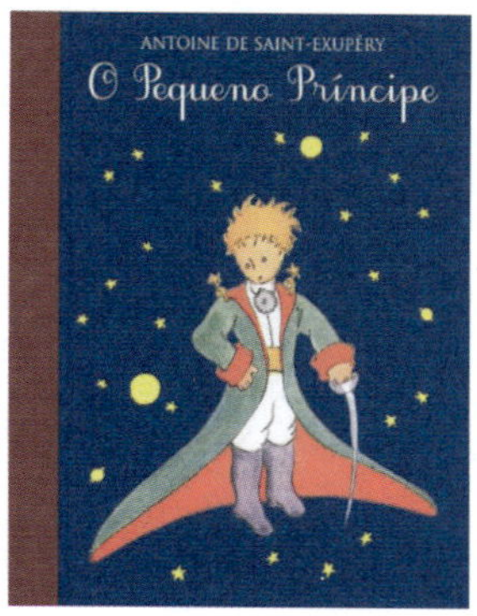

Reprodução/Editora Via Leitura

LETRAS E SONS

1 COMPLETE O NOME DE CADA BICHO.

B ____ R ____ T ____

J ____ C ____ R ____

C ____ R ____ J ____

G ____ ____ V ____ T ____

Ilustrações: Camila de Godoy/Arquivo da editora

2 AS LETRAS QUE VOCÊ USOU PARA COMPLETAR O NOME DE CADA BICHO NA ATIVIDADE 1 SÃO CHAMADAS DE:

☐ LETRAS VOGAIS. ☐ LETRAS CONSOANTES.

> AS **LETRAS** QUE REPRESENTAM **VOGAIS** SÃO:
>
> A, ____, ____, ____, ____.

3 LEIA OS QUADRINHOS COM A AJUDA DA PROFESSORA.

A) AGORA COPIE 1 PALAVRA DOS QUADRINHOS E PINTE AS LETRAS QUE SÃO **VOGAIS**.

____

B) AS LETRAS QUE VOCÊ NÃO PINTOU NA ATIVIDADE ANTERIOR SÃO CHAMADAS DE:

☐ LETRAS VOGAIS. ☐ LETRAS CONSOANTES.

4 OBSERVE O ALFABETO DA PÁGINA 27.

TIRE AS LETRAS QUE REPRESENTAM AS VOGAIS.

AS LETRAS QUE RESTARAM SÃO AS ______________________________ .

5 COMPLETE O QUADRO ABAIXO COM AS LETRAS QUE REPRESENTAM AS CONSOANTES QUE ESTÃO FALTANDO.

AS **LETRAS CONSOANTES** SÃO:

B, C, ______, F, ______, ______, ______, K, ______, ______, N,

______, Q, R, ______, T, ______, W, ______, Y, ______.

6 É HORA DA PESCARIA.

LEIA OS NOMES E PINTE OS PEIXES QUE VOCÊ PODE PESCAR!

ATENÇÃO ÀS REGRAS:

- USE VERMELHO PARA O NOME COM 2 VOGAIS E 2 CONSOANTES.
- USE AZUL PARA O NOME COM A MAIOR QUANTIDADE DE VOGAIS.
- USE ROSA PARA O NOME COM A MAIOR QUANTIDADE DE CONSOANTES.

Silvana Rando/Arquivo da editora

7 COPIE O NOME DO PEIXE QUE VOCÊ NÃO PESCOU NA ATIVIDADE 6.

____

ORDEM ALFABÉTICA

1 DESCUBRA QUAL É O DESENHO.
LIGUE AS LETRAS EM ORDEM ALFABÉTICA.

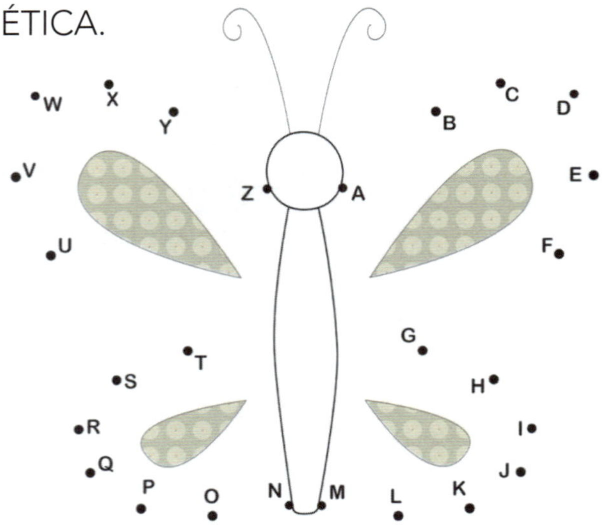

2 UM GRUPO DE ALUNOS FORMOU UMA BANDA NA ESCOLA.
ELES VÃO APRESENTAR A CANTIGA "EU VI UMA BARATA".
COLOQUE OS NOMES EM **ORDEM ALFABÉTICA** NO CARTAZ.

Ilustrações: Silvana Rando/ Arquivo da editora

DIA 6 DE MAIO
APRESENTAÇÃO
BANDA AI-OLÉ!
COM OS ALUNOS:

1. ______________________
2. ______________________
3. ______________________
4. ______________________
5. ______________________
6. ______________________

3 OBSERVE A CAPA E O SUMÁRIO DO LIVRO DOS BICHOS.

COMO ESSE SUMÁRIO ESTÁ ORGANIZADO?

____

4 ESCREVA NO LIVRO NOMES DE 3 ALIMENTOS EM ORDEM ALFABÉTICA.

Ilustrações: Silvana Rando/Arquivo da editora

5 ESCREVA EM ORDEM ALFABÉTICA OS NOMES DO QUADRO.

CROCODILO	BAGRE	AVESTRUZ	DRAGÃO

1. ____________________ 3. ____________________

2. ____________________ 4. ____________________

LETRAS B E P

ESCREVA AS PALAVRAS QUE COMPLETAM OS VERSOS.

EU VI A ______________

NA CARECA DO VOVÔ.

EU VI A COBRA

PERTO DO __________ DA TITIA.

1 PALAVRAS NA BARATA.

LEIAM AS PALAVRAS DO QUADRO A SEGUIR EM VOZ ALTA.

DEPOIS, ESCREVAM AS PALAVRAS NA BARATA SEGUINDO ESTA **DICA**:

SÓ VALEM OS NOMES DE BICHOS QUE COMEÇAM COM A LETRA B.

BOI	BATATA	LOBO	BANANA	BALEIA	BULE
BURRO	BOLO	BÚFALO	RABO	BENGALA	

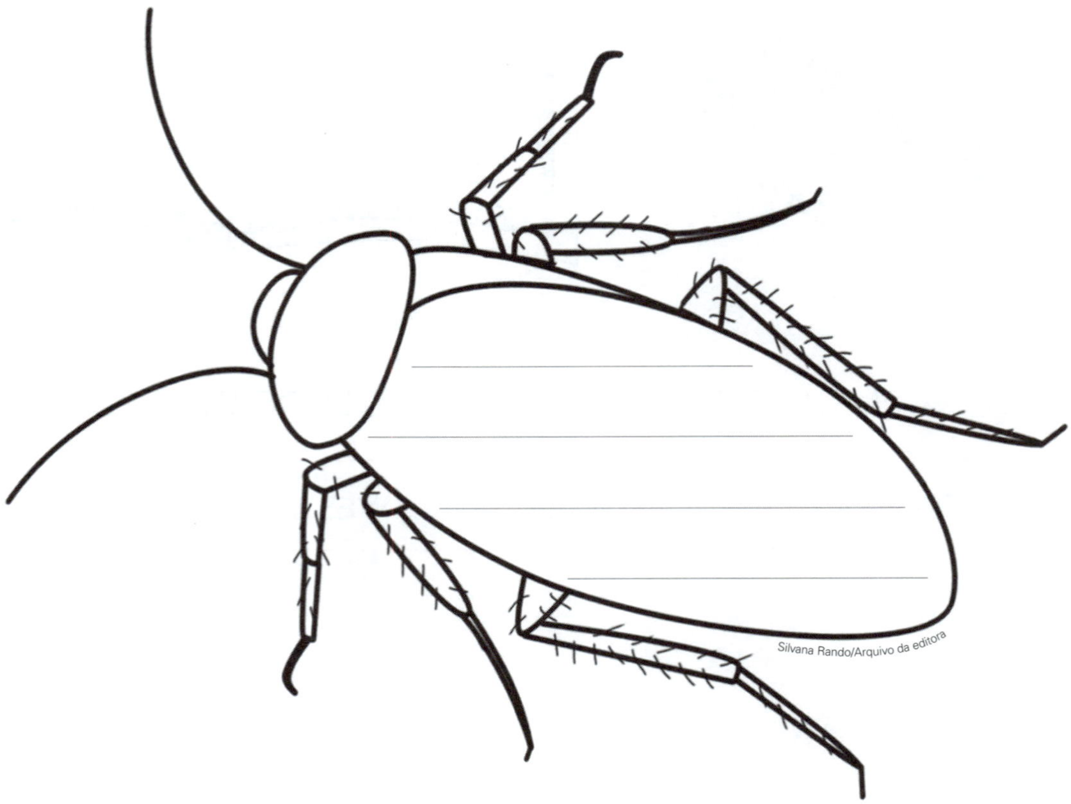

Silvana Rando/Arquivo da editora

2 PALAVRAS NO PÉ.

LEIAM AS PALAVRAS DO QUADRO A SEGUIR EM VOZ ALTA.

DEPOIS, ESCREVAM AS PALAVRAS NO PÉ SEGUINDO ESTA **DICA**:

SÓ VALEM OS NOMES DE ALIMENTOS QUE COMEÇAM COM A LETRA P.

PIPOCA
TAPIOCA
PETECA
PURÊ
BATATA
BOLO
PEPINO
PERA
ABÓBORA
PAREDE

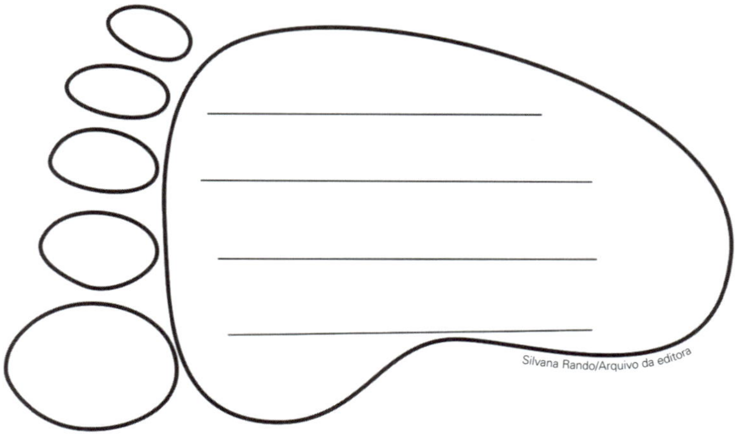

Silvana Rando/Arquivo da editora

3 FRASES MALUCAS.

PARA ESTA BRINCADEIRA, VOCÊ ESCOLHE AS PALAVRAS DO BALÃO E AS COPIA PARA COMPLETAR O TEXTO ABAIXO.

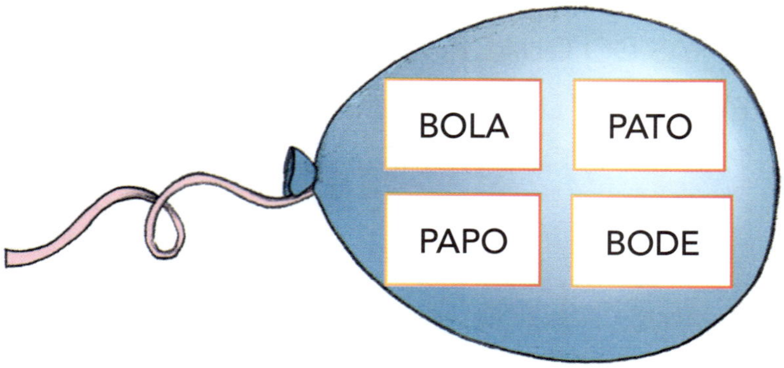

O ______________ BATE ______________

E A ______________ BATE NO ______________.

SUAS FRASES FICARAM ENGRAÇADAS? LEIA PARA OS COLEGAS.

4 HORA DE TRAÇAR AS LETRAS B E P NAS PÁGINAS 57 E 67 DO **CADERNO DE ATIVIDADES**.

LETRAS F E V

1 VOVÓ OU FAMÍLIA?

FAMÍLIA

Ilustrações: Camila de Godoy/Arquivo da editora

VOVÔ VOVÓ

COMPLETE O VERSO COM A PALAVRA QUE FALTA.

EU VI A ABELHA

NO NARIZ DA ____________________

2 **PALAVRAS NO VASO DA VOVÓ.**

LEIAM AS PALAVRAS DO QUADRO ABAIXO EM VOZ ALTA.

DEPOIS, ESCREVAM NAS LINHAS ACIMA DO VASO SEGUINDO A **DICA**: SÓ VALEM AS PALAVRAS QUE COMEÇAM COM A LETRA V.

VÍDEO	FITA
VACA	VELA
FADA	FIGO
FILÉ	FIVELA
FACA	VÔLEI

____

____

____

____

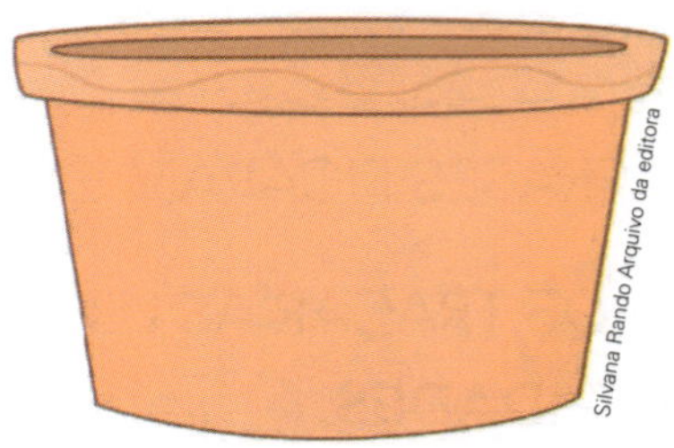

Silvana Rando Arquivo da editora

3 FRASES MALUCAS.

AGORA VOCÊ ESCOLHE COM QUAIS PALAVRAS DO QUADRO QUER COMPLETAR CADA UM DOS TEXTOS ABAIXO.

A)

FILA	VILA	ARGILA	MOCHILA

CUIDADO COM O CÃO DA ______________________

E COM O TAMANHO DA ______________________ !

B)

VACA	PLACA	FACA	JACA

CUIDADO COM O CORTE DA ______________________

E COM O COICE DA ______________________ !

4 HORA DE TRAÇAR AS LETRAS **F** E **V** NAS PÁGINAS 60 E 70 DO **CADERNO DE ATIVIDADES**.

MEMÓRIA EM JOGO

1 LEIA E MEMORIZE O TEXTO.

DEPOIS, ESCREVA O QUE LEMBRAR NA PÁGINA 266.

BARATA TONTA

QUE PIADA ESSA BARATA,
ELA PENSA QUE É PIÃO.
BARATA GIRA PARADA,
GIRA PIRADA NO CHÃO. (...)

LÉO CUNHA. **PIOLHO NA RAPUNZEL**.
PORTO ALEGRE: ED. PROJETO, 2013. P. 6.

2 HORA DA LEITURA.

AGORA TREINE A LEITURA EM VOZ ALTA.

ASSIM TAMBÉM APRENDO

- VOCÊ LEU SOBRE UM POEMA COM ABELHA, COBRA, JACARÉ E BARATA NA CARECA DO VOVÔ. QUEM TEM MEDO DE BARATA?

LEIA A HISTÓRIA EM QUADRINHOS A SEGUIR.

© Ziraldo Alves Pinto/Acervo do cartunista

ZIRALDO. **DIÁRIO DA JULIETA**. SÃO PAULO: GLOBO, 2010. P. 87.

E VOCÊ, TEM MEDO DE BARATA?

O QUE ESTUDAMOS

AUTOAVALIAÇÃO

PINTE OU FAÇA UM **X** NA COLUNA QUE MOSTRA COMO VOCÊ SE SAIU NESTA UNIDADE.

UNIDADE 1		AVANCEI	PRECISO ESTUDAR MAIS
GÊNERO	LEITURA E INTERPRETAÇÃO DO **POEMA**		
	PRODUÇÃO DE VERSOS COM OS COLEGAS		
ESTUDO SOBRE A LÍNGUA	ALFABETO E ORDEM ALFABÉTICA		
	LETRAS E SONS		
	LETRAS B E P		
	LETRAS F E V		
ORALIDADE	PARTICIPAÇÃO NAS ATIVIDADES ORAIS		

SUGESTÕES DE...

LIVROS

Reprodução/Editora Moderna

***ABOBRINHA QUANDO CRESCE...*, DE CARLOS QUEIROZ TELLES, PUBLICADO PELA EDITORA MODERNA.**
COLEÇÃO DE PEQUENOS POEMAS QUE RETRATAM COM ALEGRIA E DELICADEZA AS SITUAÇÕES DO COTIDIANO INFANTIL.

Reprodução/Editora Girassol

***FOLCLORE BRASILEIRO*, DE MAURICIO DE SOUSA, PUBLICADO PELA EDITORA GIRASSOL.**
OS PERSONAGENS DA TURMA DA MÔNICA MOSTRAM CANTIGAS, PARLENDAS, MÚSICAS, TROVINHAS E VÁRIAS BRINCADEIRAS DO FOLCLORE BRASILEIRO.

UNIDADE

2 LETRA DE CANÇÃO

NESTA UNIDADE VOCÊ VAI...

- LER E INTERPRETAR UMA LETRA DE CANÇÃO;
- COMPLETAR VERSOS PARA LETRA DE CANÇÃO;
- ESTUDAR SOBRE AUMENTATIVO E DIMINUTIVO DE PALAVRAS;
- RELEMBRAR AS LETRAS D E T E OS SONS QUE REPRESENTAM;
- RELEMBRAR O QUE É SÍLABA NAS PALAVRAS;
- PARTICIPAR DE ATIVIDADES ORAIS.

- VOCÊ JÁ OUVIU A FRASE: “QUEM CANTA SEUS MALES ESPANTA”?
- O QUE SERÁ QUE QUER DIZER ESSA FRASE?
- VOCÊ GOSTA DE OUVIR MÚSICAS OU DE CANTAR?

Fabiana Faiallo/Arquivo da editora

PARA INICIAR

COM 3 PEDAÇOS DE PAPEL É POSSÍVEL BRINCAR E CRIAR. VEJA.

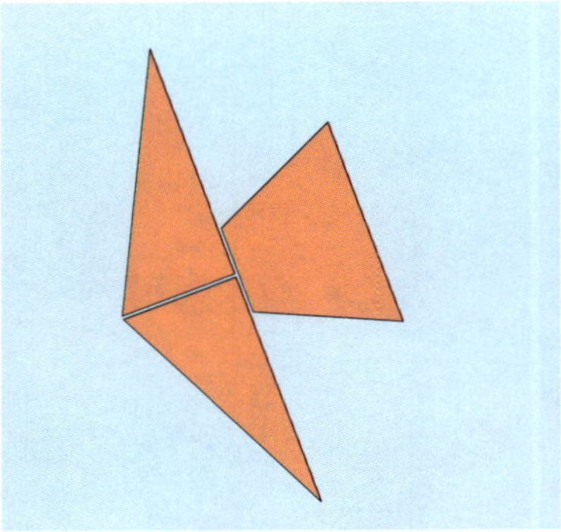

UM PEIXE.

UMA BORBOLETA.

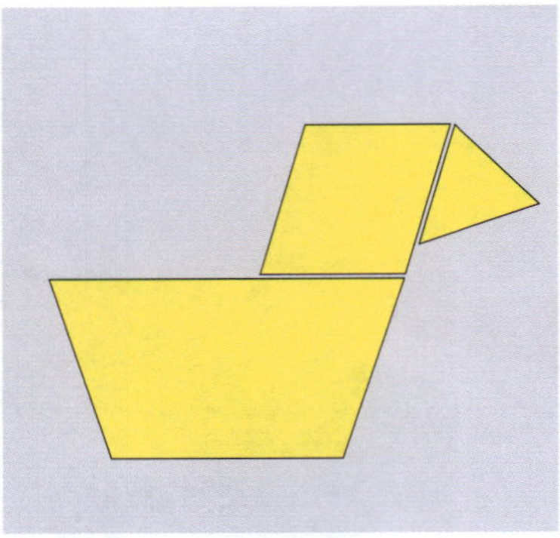

UM PATO.

Ilustrações: Banco de imagens/Arquivo da editora

AGORA É A SUA VEZ DE CRIAR.

A) RECORTE AS FORMAS QUE ESTÃO NA PÁGINA 281.

B) MONTE UM DOS BICHOS QUE VOCÊ VIU ACIMA.

C) ATENÇÃO: OBSERVE AS FORMAS PARA DESCOBRIR QUAL BICHO VAI MONTAR.

D) COLE AS PEÇAS NO ESPAÇO A SEGUIR.

HÁ BICHOS GRANDES, BICHOS PEQUENOS, BICHOS QUE VIVEM NO MAR, BICHOS QUE SABEM VOAR...

QUE BICHOS VOCÊ CONHECE? VOCÊ TEM ALGUM BICHINHO? COMO ELE É?

LEITURA: LETRA DE CANÇÃO

BICHINHO

Camila de Godoy/Arquivo da editora

SE UM BICHINHO NASCEU
JÁ HAVIA OUTRO BICHO MAIOR
SE ESSE BICHINHO CRESCEU
LOGO VEM UM MENOR

TEM MUITO BICHO QUE É SEMPRE PEQUENO
MESMO SE JÁ CRESCEU
GATO, TATU, JABUTI, TICO-TICO
SÃO MENORES QUE EU,
QUE EU

EU SEI QUE TEM BICHO QUE CRESCE DEMAIS
QUE SÓ CABE NO MAR
ATÉ O GOLFINHO PRA MIM É UM GOLFÃO
POIS É GRANDE E FOFÃO

E O JACARÉ (E O JACARÉ)
E O JACARÉ (E O JACARÉ)
É TÃO COMPRIDO E NÃO FICA DE PÉ
(NÃO FICA NÃO)

E O SABIÁ (E O SABIÁ)
E O SABIÁ (E O SABIÁ)
É TÃO PEQUENO,
MAS SABE VOAR

SANDRA PERES E PAULO TATIT. **CARNAVAL**. SÃO PAULO: ED. PALAVRA CANTADA, 2007. 1 CD. FAIXA 4.

SOBRE OS AUTORES

Eduardo Knapp/Folhapress

Reprodução/Gravadora Independente

SANDRA PERES NASCEU NA CIDADE DE SÃO PAULO EM 1963 E **PAULO TATIT**, EM 1955. AMBOS SÃO CANTORES E COMPOSITORES E FORMAM JUNTOS A DUPLA **PALAVRA CANTADA**, QUE SURGIU EM 1994 E É RESPONSÁVEL POR DIVERSAS COMPOSIÇÕES MUSICAIS INFANTIS.

INTERPRETAÇÃO DO TEXTO

ATIVIDADE ORAL E ESCRITA

1. CANTEM JUNTOS ACOMPANHANDO O TEXTO DESSA LETRA DE CANÇÃO.

2. ESSA **LETRA DE CANÇÃO** É UM TEXTO CRIADO PARA SER CANTADO. ELA TEM A MESMA FORMA DE UM POEMA: **ESTROFES** E **VERSOS**.

   A) CONTE AS ESTROFES DO TEXTO E COMPLETE O ☐ COM A INFORMAÇÃO.

   NESSA LETRA DE CANÇÃO HÁ ☐ ESTROFES.

   B) PINTE A **ESTROFE** QUE TEM A MAIOR QUANTIDADE DE VERSOS.

   C) DEPOIS DE CANTAR, FALE E PINTE AS PALAVRAS QUE RIMAM NA LETRA DA CANÇÃO. A SEGUIR, COPIE NAS LINHAS DOIS PARES DE PALAVRAS QUE RIMAM.

   D) COPIE A SEGUIR DOIS PARES DE PALAVRAS QUE RIMAM.

   ____

   ____

   ____

3 RELEIAM JUNTOS A PRIMEIRA ESTROFE DO TEXTO.

SE UM BICHINHO NASCEU
JÁ HAVIA OUTRO BICHO MAIOR
SE ESSE BICHINHO CRESCEU
LOGO VEM UM MENOR

RESPONDAM.

A) QUEM PODE SER O **OUTRO BICHO MAIOR**?

B) QUAL PODE SER O **BICHO MENOR** QUE VEM DEPOIS DO BICHO QUE CRESCEU?

4 JUNTOS, FAÇAM UMA LISTA DOS BICHOS QUE, DE ACORDO COM A LETRA DE CANÇÃO, SÃO SEMPRE PEQUENOS.

AJUDEM A PROFESSORA A REGISTRAR NA LOUSA E EM SEGUIDA COPIEM NAS LINHAS ABAIXO.

5 ESCREVA A SEGUIR O NOME DE OUTRO BICHO QUE VOCÊ CONHECE QUE É SEMPRE PEQUENO.

6 NA LETRA DE CANÇÃO, QUAL É O BICHO QUE SÓ CABE NO MAR?

7 COPIE DO TEXTO A EXPRESSÃO QUE INDICA QUE O JACARÉ É UM BICHO GRANDE.

___

Camila de Godoy/Arquivo da editora

8 CONVERSEM SOBRE A LETRA DE CANÇÃO.

A) MARQUEM COM UM **X** A RESPOSTA QUE MELHOR EXPRESSA A FINALIDADE DESSA LETRA DE CANÇÃO.

- [ ] DIVERTIR, ENTRETER.
- [ ] CONTAR UMA HISTÓRIA.
- [ ] CONTAR UM FATO.
- [ ] INFORMAR.

B) CONVERSEM: QUE PESSOAS SE INTERESSAM POR LETRAS DE CANÇÃO OU GOSTAM DELAS?

HORA DE ORGANIZAR O QUE ESTUDAMOS

LEIAM O ESQUEMA COM A PROFESSORA.

LETRA DE CANÇÃO

↓

TEXTO EM VERSOS PARA SEREM CANTADOS

↓ VERSOS | ↓ ESTROFES | ↓ RIMAS | ↓ RITMO

AÍ VEM... LETRA DE CANÇÃO

LEIA ESTA OUTRA LETRA DE CANÇÃO COM A PROFESSORA.

SONS DA FLORESTA

VOCÊ JÁ PAROU PARA PERCEBER
QUANTOS SONS NA FLORESTA PODEM APARECER?
TEM UNS QUE SÃO BONS DE SE ESCUTAR
MAS TEM OUTROS QUE SÃO DE ARREPIAR

ZIU ZIU BZIU PLIC CHUÁ
CRI CRI UAH
ZIU ZIU PLIC CHUÁ
CRI CRI UAHHHHHHHHHHHH

QUANDO A CHUVA CAI DE LEVE E DEVAGAR
É GOSTOSO DE OUVIR PRA RELAXAR
MAS SE A CHUVA VEM FORTE COMO TEMPESTADE
É SINAL QUE VAMOS TER BARULHOS DE VERDADE

ZIU ZIU BZIU PLIC CHUÁ
CRI CRI UAH
ZIU ZIU PLIC CHUÁ
CRI CRI UAHHHHHHHHHHHH

"ZIU ZIU BZIU", ZUMBIU DONA ABELHA
RESPONDE A COBRA COM UMA CHIADEIRA
O BESOURO TEM UM ZUNIDO BEM GRAVE
MAS O CRI CRI DO GRILO SOA SUAVE

ZIU ZIU BZIU PLIC CHUÁ
CRI CRI UAH
ZIU ZIU PLIC CHUÁ
CRI CRI UAHHHHHHHHHHHH

ACORDOU O LEÃO COM UMA FOME DANADA
ACABOU O SOSSEGO DA BICHARADA
QUANDO ELE RUGE TUDO FAZ TREMER
É MELHOR SAIR CORRENDO PARA SE ESCONDER

Camila de Godoy/Arquivo da editora

RITA RAMEH E LUIZ WAACK. **POR QUÊ?**. INDEPENDENTE. SÃO PAULO: DIST. TRATORE, 2006. 1 CD, FAIXA 13.

PRÁTICA DE ORALIDADE

CONVERSA EM JOGO

MÚSICA NO DIA A DIA

VOCÊ GOSTOU DAS LETRAS DE CANÇÃO? GOSTA DE CANTAR? VOCÊ ACHA IMPORTANTE OUVIR MÚSICA OU CANTAR NO DIA A DIA? FALE SUA OPINIÃO E OUÇA A DE SEUS COLEGAS. LEMBRE-SE: NEM TODOS PENSAM DA MESMA FORMA.

CANÇÃO: CANTANDO E ENCANTANDO

1. ORGANIZEM-SE EM DIFERENTES GRUPOS.
2. CADA GRUPO DEVE ESCOLHER UMA LETRA DE CANÇÃO DE QUE TODOS OS PARTICIPANTES GOSTEM. SE POSSÍVEL, TRAGAM A GRAVAÇÃO PARA A SALA DE AULA.
3. ENSAIEM E, NO DIA COMBINADO, OS GRUPOS PODERÃO APRESENTAR O QUE ENSAIARAM. SE QUISEREM, PODEM DANÇAR ENQUANTO CANTAM.
4. AO FINAL, CONVERSEM SOBRE O QUE ACHARAM DA ATIVIDADE. NÃO SE ESQUEÇAM: EXPRESSEM A OPINIÃO DE VOCÊS E OUÇAM COM RESPEITO AS OPINIÕES DOS COLEGAS, MESMO QUE SEJAM DIFERENTES DAS SUAS.

TECENDO SABERES

ANIMAIS SILVESTRES

1. NA LETRA DE CANÇÃO "BICHINHOS", FALA-SE DO TATU. VOCÊ CONHECE ESSE ANIMAL SILVESTRE? LEIA JUNTO COM OS COLEGAS ALGUMAS INFORMAÇÕES SOBRE ELE

TATU-CANASTRA

É O MAIOR DOS TATUS EXISTENTES, PODENDO ATINGIR ATÉ 1 METRO E MEIO E PESAR 65 QUILOS. SUA ALIMENTAÇÃO É BASEADA EM FORMIGAS E CUPINS [...].

Kevin Schafer/Projeto Tatu-Canastra/ICAS (Instituto de Conservação de Animais Silvestres)

TATU-CANASTRA.

PASSA O DIA RECOLHIDO EM TOCAS ESCAVADAS NO SOLO. ESSAS TOCAS MEDEM ATÉ 5 METROS DE COMPRIMENTO E 1 METRO E MEIO DE PROFUNDIDADE. DURANTE A NOITE, SAI EM BUSCA DE ALIMENTO.

TATU-BOLA

ESSE ANIMAL É CONHECIDO COMO TATU-BOLA POR TER A CAPACIDADE DE DOBRAR SEU CORPO PARA SE PROTEGER, ASSUMINDO A APARÊNCIA DE UMA BOLA. [...]

DEVIDO À SUA ALTA VISIBILIDADE E FACILIDADE DE CAPTURA POR HUMANOS, ESSA ESPÉCIE SOFRE COM A CAÇA PARA DIVERSOS FINS, SEJA COMO ALIMENTO, ANIMAL DE ESTIMAÇÃO OU ARTIGO PARA TURISTAS.

TRECHOS PESQUISADOS EM FERRAMENTA DE BUSCA DISPONÍVEL EM: <WWW.PUCGOIAS.EDU.BR/HIDASI/HOME/>. ACESSO EM: 06 ABR. 2020.

Luiz Claudio Marigo/Nature PL/Fotoarena

TATU-BOLA.

2 ANTES DE LER O TEXTO SOBRE O TATU-BOLA, VOCÊ JÁ SABIA QUE OS TATUS SOFREM COM A CAÇA? VOCÊ ACHA IMPORTANTE PRESERVAR ESSE ANIMAL? POR QUÊ? CONVERSE COM OS COLEGAS.

PRODUÇÃO DE TEXTO

VERSOS PARA LETRA DE CANÇÃO

ATIVIDADE ORAL E ESCRITA

VOCÊS VÃO COMPLETAR VERSOS PARA AMPLIAR A LETRA DE CANÇÃO.

PLANEJAMENTO

1. PARA COMPLETAR OS VERSOS, VOCÊS DEVERÃO PENSAR EM ANIMAIS QUE CONHEÇAM.
2. DECIDAM: VOCÊS VÃO FALAR DE BICHOS GRANDES, PEQUENOS, SELVAGENS, DÓCEIS, FEROZES, QUE VOAM, QUE VIVEM NA ÁGUA...

3. ESCREVAM O NOME DO BICHINHO QUE ESCOLHERAM.

____

ESCRITA

1. DEPOIS DE ESCOLHEREM OS BICHINHOS, PENSEM EM COMO FAZER PARA QUE OS VERSOS SOBRE ELES COMBINEM COM A LETRA DE CANÇÃO.
2. SE ACHAREM IMPORTANTE, PROCUREM PALAVRAS QUE RIMEM.

____

____

3. REGISTREM OS VERSOS NO QUADRO A SEGUIR.

TEM MUITO BICHO QUE É SEMPRE ____________________

MESMO ______________________________

SÃO MAIS ________________________ **QUE EU,**
QUE EU.

REVISÃO E REESCRITA

1. RELEIAM O QUE FOI ESCRITO.
2. SE TIVEREM DÚVIDAS SOBRE A ESCRITA, PEÇAM AUXÍLIO À PROFESSORA.
3. REESCREVAM O QUE FOR NECESSÁRIO.

APRESENTAÇÃO

1. ENSAIEM E PREPAREM-SE PARA LER OS VERSOS PARA OS COLEGAS EM SALA DE AULA.
2. SE GOSTAREM DO RESULTADO, PREPAREM-SE PARA FAZER UMA APRESENTAÇÃO PARA OUTRAS PESSOAS.
3. OUÇAM A APRESENTAÇÃO DOS COLEGAS COM ATENÇÃO.

LÍNGUA: USOS E REFLEXÃO

AUMENTATIVO E DIMINUTIVO

A LETRA DA CANÇÃO FALA EM BICHOS GRANDES E BICHOS PEQUENOS. GATO É PEQUENO E JACARÉ É GRANDE.

HÁ OUTROS JEITOS DE INDICAR O TAMANHO DOS SERES E DAS COISAS.

1 LEIAM JUNTOS E OBSERVEM AS PALAVRAS.

- GATO
- GATÃO
- GATINHO
- JACARÉ
- JACAREZÃO
- JACAREZINHO

PINTEM:

A) DE **VERDE** O PEDAÇO DA PALAVRA QUE INDICA QUE O ANIMAL É GRANDE.

B) DE **AZUL** O PEDAÇO DA PALAVRA QUE INDICA QUE O ANIMAL É PEQUENO.

2 CONVERSEM: QUANDO USAMOS A PALAVRA **GATÃO** SIGNIFICA QUE ESSE BICHO É MAIOR DO QUE NÓS?

TODOS PASSAM POR ETAPAS: NASCEM, CRESCEM E MORREM.

OBSERVE A FOTO DA COELHA E SEUS FILHOTES:

OS FILHOTES SÃO BEM MENORES DO QUE A MAMÃE COELHA.

VEJA COMO PODERÍAMOS FALAR SOBRE O TAMANHO DESSES COELHOS:

Eric Isselee/Shutterstock

- MAMÃE **COELHA** É **GRANDE**: É UMA **COELHONA**.
- O FILHOTE É UM **COELHO** BEM **PEQUENO**: É UM **COELHINHO**.

3 AS PALAVRAS PODEM SER ALTERADAS PARA AJUDAR A INDICAR O TAMANHO. OBSERVE A FOTO:

John Michael Evan Potter/Shutterstock

ELEFANTE

ELEFANTÃO
PALAVRA NO
AUMENTATIVO

ELEFANTINHO
PALAVRA NO
DIMINUTIVO

PINTE NOS QUADROS ACIMA AS PARTES DAS PALAVRAS QUE INDICAM DIFERENTES TAMANHOS DO ELEFANTE.

QUANDO A PALAVRA É MODIFICADA PARA INDICAR **TAMANHO GRANDE**, DIZEMOS QUE ESTÁ NO **AUMENTATIVO**.

QUANDO A PALAVRA É ALTERADA PARA INDICAR **TAMANHO PEQUENO**, DIZEMOS QUE ESTÁ NO **DIMINUTIVO**.

AGORA VOCÊ

1 OBSERVE A FOTOGRAFIA.

AS IMAGENS NÃO ESTÃO REPRESENTADAS EM PROPORÇÃO.

Norma Murace Melia/EyeEm/Getty Images

CAVALO

CAVALO GRANDE
____

CAVALO PEQUENO
____

A) COMPLETE OS QUADROS ESCREVENDO AS PALAVRAS NO AUMENTATIVO E NO DIMINUTIVO.

B) PINTE NAS PALAVRAS QUE VOCÊ ESCREVEU AS PARTES QUE ESTÃO DIFERENTES.

2 OBSERVE AS IMAGENS.

Fotos: Carlos Cubi/Arquivo da editora

CHINELO

CHINELINHO

CHINELÃO

A) ESCREVA O AUMENTATIVO E O DIMINUTIVO DE CADA PALAVRA A SEGUIR.

Fotos: Dimedrol68/Shutterstock

PANELA

____

____

Fotos: vipman/Shutterstock

CAMISETA

____

____

B) PINTE AS PARTES DIFERENTES NAS PALAVRAS QUE VOCÊ ESCREVEU PARA INDICAR O AUMENTATIVO E O DIMINUTIVO.

3 OBSERVEM A PALAVRA **GOLFINHO**.
CONVERSEM: ESSA PALAVRA ESTÁ NO DIMINUTIVO? POR QUÊ?

4 PINTE PALAVRAS NO QUADRO QUE TAMBÉM TERMINAM EM INHO E **NÃO** INDICAM DIMINUTIVO.

CARRINHO SAPATINHO CARINHO
PORQUINHO ESPINHO

5 OBSERVEM ESTE MODO DE FORMAR O DIMINUTIVO:

TATU → TATUZINHO   IRMÃO → IRMÃOZINHO

ESCREVAM O DIMINUTIVO DAS PALAVRAS DO QUADRO ABAIXO, COLOCANDO-AS NAS LISTAS CORRESPONDENTES.

CORAÇÃO	PAPEL	SOFÁ	AMOR
MAR	ANIMAL	PÉ	BALÃO

amenic181/Shutterstock

CAFÉ

Dorottya Mathe/Shutterstock

CÃO

Fernando Favoretto/Criar Imagens

PASTEL

Elnur/Shutterstock

COLAR

CAFEZINHO	CÃOZINHO	PASTELZINHO	COLARZINHO

6 PINTE AS PALAVRAS QUE TERMINAM EM ÃO E **NÃO** INDICAM AUMENTATIVO.

MENINÃO	BALÃO	BOLÃO	AVIÃO	GATÃO

NEM TODAS AS PALAVRAS COM FINAL **ÃO** INDICAM **AUMENTATIVO**.
NEM TODAS AS PALAVRAS COM FINAL **INHO** INDICAM **DIMINUTIVO**.

HORA DE ORGANIZAR O QUE ESTUDAMOS

COM A PROFESSORA, ESCREVAM UM EXEMPLO EM CADA QUADRO.

PALAVRAS

- AUMENTATIVO → INDICAM TAMANHO GRANDE → ______________________
- DIMINUTIVO → INDICAM TAMANHO PEQUENO → ______________________

PALAVRAS EM JOGO

LETRAS D E T

1. OBSERVE AS FOTOS E LEIA O NOME DESTES DOIS BICHINHOS.

Stephan Morris/Shutterstock

DONINHA

Kevin Schafer/Projeto Tatu-Canastra/ ICAS (Instituto de Conservação de Animais Silvestres)

TATU

PINTE COM CORES DIFERENTES A LETRA QUE INICIA ESSES NOMES.

2 **PALAVRAS NO LUGAR CORRETO.** LEIAM EM VOZ ALTA AS PALAVRAS DO QUADRO A SEGUIR.

TIA	DOMINÓ	TUBO	DEDAL	DADO
DEDO	TOMADA	TELA	TAPETE	DELEGADO

ESCREVAM NOS **TATUS** APENAS AS PALAVRAS DO QUADRO QUE COMEÇAM COM A LETRA T.

Ilustrações: Silvana Rando/Arquivo da editora

3 ESCOLHAM TRÊS PALAVRAS DO QUADRO DA ATIVIDADE ANTERIOR QUE COMECEM COM A MESMA LETRA DE **DONINHA** E ESCREVAM NAS LINHAS A SEGUIR:

____

____

____

4 **FRASES MALUCAS.** ESCOLHA AS PALAVRAS DO QUADRO ABAIXO PARA COMPLETAR AS PERGUNTAS.
DICA: PRESTE ATENÇÃO NAS RIMAS.

TIA	PENTE	TELA	DIA	DENTE	DELA

A) QUEM DIZ BOM- ______________ PARA A ______________?

B) QUEM COMPRA A ______________ QUE É ______________?

C) QUEM LEVA UM ______________ DE ______________?

5 OBSERVE AS FOTOS DOS BRINQUEDOS.

1

Luisa E Guajardo Diaz/Shutterstock

2

Paul Burdett/Shutterstock

3

Rob Byron/Shutterstock

4
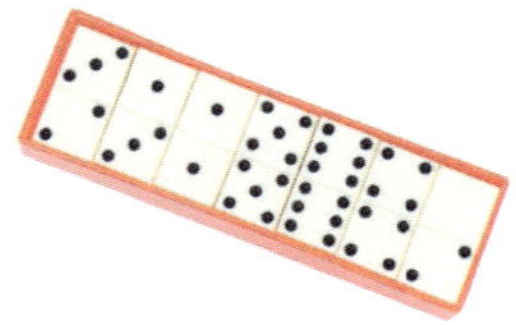
Spasta/Shutterstock

5

Hurst Photo/Shutterstock

6

Dado Photos/Shutterstock

7

STILLFX/Shutterstock

8

happymay/Shutterstock

9

Veniamin Kraskov/Shutterstock

10

Simon Markhof/Shutterstock

COLOQUE EM CADA ☐ O NÚMERO CORRESPONDENTE AO NOME DE CADA BRINQUEDO.

☐	PETECA	☐	JOGO DE DADOS
☐	CATA-VENTO	☐	CORNETA
☐	DOMINÓ	☐	JOGO DE DAMAS
☐	MARIONETE	☐	IOIÔ
☐	BOLAS DE GUDE	☐	PIÃO

6 HORA DE TRAÇAR AS LETRAS D E T NAS PÁGINAS 59 E 69 DO **CADERNO DE ATIVIDADES**.

SÍLABAS

1. LEIA E CANTE.

SEU JOAQUIM

SEU JOAQUIM, QUIM, QUIM
OLHOU PRA MIM, MIM, MIM
PEDIU UMA SOPA, PA, PA
E UM PUDIM, DIM, DIM.

DOMÍNIO PÚBLICO.

Ilustrações: Silvana Rando/ Arquivo da editora

A) EM QUANTOS PEDAÇOS DA PALAVRA OU IMPULSOS DA VOZ É FALADA A PALAVRA **JOAQUIM**? ________.

CADA PEDAÇO DA PALAVRA OU IMPULSO DA VOZ É UMA **SÍLABA**.

B) PINTE, NO NOME DE SEU JOAQUIM, O PEDAÇO, ISTO É, A SÍLABA QUE SE REPETE NO VERSO.

SEU JOAQUIM, QUIM, QUIM

C) PINTE, EM CADA VERSO DA QUADRINHA, AS SÍLABAS QUE SE REPETEM.

2. COMPLETE A BRINCADEIRA ESCREVENDO A ÚLTIMA SÍLABA DE CADA VERSO, PARA QUE ELA SE REPITA.

LÁ VEM SEU JUCA

LÁ VEM SEU JUCA, ________
DA PERNA TORTA, ________
DANÇANDO A VALSA, ________
COM A MARICOTA, ________.

TRADIÇÃO POPULAR.

3 ESCREVA CADA SÍLABA DAS PALAVRAS EM UM ☐.

JUCA

MARICOTA

4 JUNTE AS SÍLABAS ESCRITAS NO SACO DE FEIJÃO PARA FORMAR PALAVRAS.

ESCREVA AS PALAVRAS AQUI:

____

____

____

____

____

LEIA PARA OS COLEGAS AS PALAVRAS FORMADAS E OUÇA AS QUE ELES FORMARAM.

MEMÓRIA EM JOGO

LEIA, TREINE E MEMORIZE O TEXTO.

TUBA

CABE TUDO,
NUMA TUBA,
CABE UM GATO.
CABE UM SINO,
UM SAPATO
E UM MENINO. [...]

LEO CUNHA. **CLAVE DE LUA**. SÃO PAULO: PAULINAS, 2001. P. 20.

Ilustrações: Silvana Rando/Arquivo da editora

NA PÁGINA 266, HÁ UMA ATIVIDADE COM ESSE TEXTO. CONFIRA!

ASSIM TAMBÉM APRENDO

JOGO DOS 7 ERROS

- RESOLVA ESTE DESAFIO: ENCONTRE E CIRCULE O QUE ESTÁ DIFERENTE NO JOGO DOS 7 ERROS!

Maciej Es/Shutterstock

O QUE ESTUDAMOS

AUTOAVALIAÇÃO

PINTE OU FAÇA UM **X** NA COLUNA QUE MOSTRA COMO VOCÊ SE SAIU NESTA UNIDADE.

UNIDADE 2		AVANCEI	PRECISO ESTUDAR MAIS
GÊNERO	LEITURA E INTERPRETAÇÃO DE **LETRA DE CANÇÃO**		
	PRODUÇÃO DE TEXTO: AMPLIAÇÃO DE VERSOS DE LETRA DE CANÇÃO		
ESTUDO SOBRE A LÍNGUA	AUMENTATIVO E DIMINUTIVO DE PALAVRAS		
	LETRAS E SONS: D/T		
	SÍLABAS NAS PALAVRAS		
ORALIDADE	PARTICIPAÇÃO NAS ATIVIDADES ORAIS		

SUGESTÕES DE...

CDs

Reprodução/Tratore Distribuidora

***BRASILEIRINHOS*: MÚSICA PARA OS BICHOS DO BRASIL, DE PAULO BIRA COM PARTICIPAÇÃO DE DIVERSOS ARTISTAS; PRODUZIDO PELO SELO INDEPENDENTE E DISTRIBUÍDO PELA TRATORE.**
COMPOSTAS COM BASE EM UMA SÉRIE DE LIVROS DE LALAU E LAURABEATRIZ, AS CANÇÕES DESSE CD TRATAM DA NOSSA FAUNA, APRESENTANDO DIVERSAS CARACTERÍSTICAS DE ANIMAIS COMO O TAMANDUÁ E A ARARINHA-AZUL.

Reprodução/Selo SESC

***NA CASA DA RUTH*, DE FORTUNA E HÉLIO ZISKIND, GRAVADO E MIXADO NO ESTÚDIO DO SESC VILA MARIANA.**
OS POEMAS DE RUTH ROCHA GANHAM NOVOS RITMOS AO SEREM TRANSFORMADOS EM LETRA DE CANÇÃO.

Unidade

3 História em quadrinhos

NESTA UNIDADE VOCÊ VAI...

- LER E INTERPRETAR HISTÓRIA EM QUADRINHOS;
- PRODUZIR TEXTO PARA BALÕES DE FALA;
- ESTUDAR O USO DE LETRAS MAIÚSCULAS E LETRAS MINÚSCULAS;
- RELEMBRAR O USO DA LETRA L EM **INÍCIO** DE SÍLABA: ESCRITA E SOM;
- ESTUDAR A LETRA L NO **MEIO** E NO **FINAL** DE SÍLABAS;
- PARTICIPAR DE ATIVIDADES ORAIS.

Fabiana Faiallo/Arquivo da editora

- HÁ MUITOS JEITOS DE REGISTRAR HISTÓRIAS. QUE TIPO DE HISTÓRIA O GAROTO DA CENA LÊ COM TANTO INTERESSE?
- VOCÊ JÁ LEU HISTÓRIAS SEMELHANTES À QUE O MENINO ESTÁ LENDO?
- CONVERSE COM OS COLEGAS: QUE TIPO DE HISTÓRIA VOCÊS MAIS GOSTAM DE LER?

Para iniciar

Que tal começar com uma brincadeira?

Sente-se na roda e espere.

Você e os colegas vão brincar de **telefone sem fio**.

Aguardem as instruções e divirtam-se!

Silvana Rando/Arquivo da editora

A seguir, você vai conhecer uma história em quadrinhos sobre um segredo. Será que esse segredo pode ser contado? O que pode acontecer se um segredo for espalhado?

Para descobrir o que aconteceu com o segredo, tente ler sozinho esta história em quadrinhos. Se precisar de ajuda, peça a um colega ou à professora.

Leitura: história em quadrinhos

© Ziraldo Alves Pinto/Acervo do cartunista

ZIRALDO. **AS MELHORES TIRADAS DO MENINO MALUQUINHO**. SÃO PAULO: MELHORAMENTOS, 2000. P. 94.

Sobre o autor

Letícia Moreira/Folhapress

O MINEIRO **ZIRALDO ALVES PINTO** É UM PREMIADO ESCRITOR DE LIVROS INFANTOJUVENIS. ENTRE SUAS OBRAS DESTACAM-SE **O MENINO MALUQUINHO**, **O BICHINHO DA MAÇÃ** E **A TURMA DO PERERÊ**.

Reprodução/Editora Melhoramentos

Interpretação do texto

Atividade oral e escrita

1. De quem era o segredo e o que aconteceu na história?

2. Quem foi o primeiro amigo a ouvir o segredo?

3. Copie do primeiro quadrinho o pedido que Maluquinho faz ao amigo.

4. O amigo atendeu ao pedido? Explique.

5. Observe outra vez este quadrinho e releia o balão de fala.

BALÃO DE FALA INDICANDO A FALA DO MENINO MALUQUINHO.

© Ziraldo Alves Pinto/Acervo do cartunista

a) O que significa **BZZ, BZZ, BZZ...** nesse balão de fala?

b) A expressão **BZZ, BZZ, BZZ...** aparece várias vezes na história quando um personagem conta algo para outro. Complete a sequência com o nome dos personagens que a usam.

1. MALUQUINHO → CONTOU PARA → 2. ____________ → CONTOU PARA → 3. ____________ → CONTOU PARA → 4. ____________ → CONTOU PARA → 1. MALUQUINHO

6 Observe a expressão do rosto de Maluquinho no último quadrinho da história. O que será que ele percebeu? Converse com os colegas e registre a resposta de vocês.

____

____

____

____

____

____

7 A história mostra que o segredo era engraçado.

Marque um **X** nas expressões das falas que indicam isso.

- [ ] BZZ, BZZ, BZZ...
- [ ] RÁ!RÁ!RÁ!
- [ ] EPA!
- [ ] UAU!
- [ ] HEM?
- [ ] RI!RI!

8 Releia os quadrinhos e responda: Por que as palavras **UAU** e **EPA** estão escritas em letras bem grandes? Marque um **X** no ☐ com a resposta certa.

© Ziraldo Alves Pinto/Acervo do cartunista

☐ PARA INDICAR SOM BAIXO.

☐ PARA INDICAR SOM ALTO.

☐ PARA INDICAR SUSSURRO.

9 No início da história, Maluquinho pede a Junim que não espalhe o segredo.

a) Releia o quadrinho e veja o que ele fala para Carol no final.

© Ziraldo Alves Pinto/Acervo do cartunista

b) O Menino Maluquinho se interessa em saber segredos? O que demonstra existir ou não esse interesse?

____

____

10 Marque um **X** nas respostas corretas. Podemos dizer que a história em quadrinhos lida é feita para:

- [ ] DIVERTIR O LEITOR.
- [ ] INFORMAR SOBRE UM ASSUNTO.
- [ ] DAR INSTRUÇÕES.
- [ ] CONTAR UMA HISTÓRIA.

11 Depois de ler a história em quadrinhos, conversem sobre a questão: O que pode acontecer quando um segredo se espalha?

Hora de organizar o que estudamos

Leiam com a professora o esquema/diagrama a seguir.

HISTÓRIA EM QUADRINHOS

↓

HISTÓRIA CONTADA COM IMAGENS E BALÕES DE FALA

Prática de oralidade

Conversa em jogo

"Faça o que eu digo, mas não faça o que eu faço!"

Vocês já ouviram essa frase? Ela costuma ser dita quando uma pessoa dá um conselho, mas ela mesma não o segue. Na história, Maluquinho primeiro diz para o amigo não espalhar o segredo. Releia:

Mas no final ele também quis espalhar o segredo.

© Ziraldo Alves Pinto/Acervo do cartunista

O que vocês pensam sobre isso? Conversem e deem sua opinião.

Leitura dramatizada

Agora é sua vez de representar as ações e as falas de cada um dos personagens:

MALUQUINHO | JUNIM | JULIETA | CAROL

© Ziraldo Alves Pinto/Acervo do cartunista

1. Forme um grupo com mais 3 colegas para ensaiar.
2. Capriche no tom de voz da fala do personagem que você vai representar e não se esqueça dos gestos e da expressão facial que devem acompanhá-la. A professora vai chamar cada um dos grupos para dramatizar a história.
3. Ouçam com atenção a dramatização dos grupos. Em seguida, conversem sobre o que pode ser melhorado em cada uma das apresentações para que a história possa ser bem compreendida pelo espectador.
4. Também é possível apresentar a dramatização para outros colegas da escola em outras salas de aula ou mesmo no pátio, na hora do intervalo.

Tecendo saberes

Leia o texto a seguir e descubra um pouco mais sobre as primeiras histórias em quadrinhos surgidas no Brasil.

ZIRALDO FOI O AUTOR DA PRIMEIRA REVISTA DE HISTÓRIA EM QUADRINHOS, TODA COLORIDA, INTEIRAMENTE FEITA NO BRASIL.

O NOME DESSA REVISTA PARA CRIANÇAS É **PERERÊ**.

EM MEADOS DE 1960, ZIRALDO FOI CONVIDADO PARA FAZER UMA REVISTA DE HISTÓRIA EM QUADRINHOS NACIONAL. ELE APROVEITOU A PERSONAGEM SACI-PERERÊ, QUE APARECIA EM CENAS MUDAS NA REVISTA **O CRUZEIRO**, E CRIOU UMA TURMA PARA ACOMPANHÁ-LO NESSA AVENTURA.

ASSIM CONSEGUIU ATINGIR UM SONHO DE INFÂNCIA: TORNOU-SE DESENHISTA DE HISTÓRIAS EM QUADRINHOS COM O LANÇAMENTO DA REVISTA **PERERÊ**, EM OUTUBRO DE 1960.

LUIS SAGUAR. **ALMANAQUE DO ZIRALDO**. SÃO PAULO: MELHORAMENTOS, 2007. P. 30-31.

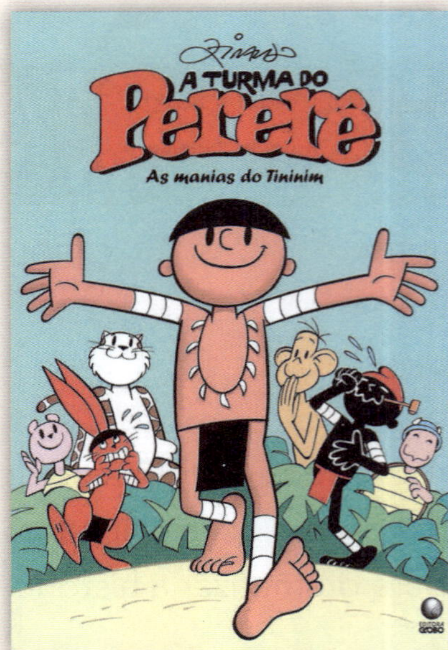

Reprodução/Editora Globo

CAPA DA REVISTA **A TURMA DO PERERÊ** DE 2007.

Reprodução/Editora Melhoramentos

ANÚNCIO DO LANÇAMENTO DA REVISTA DA TURMA DO PERERÊ NA REVISTA **O CRUZEIRO**, 1960.

Produção de texto

Balões de fala para história em quadrinhos

Você vai escrever os textos nos balões de fala da história em quadrinhos a seguir. Nessa história, Kiki resolveu mudar seu casaco. Veja.

ADÃO ITURRUSGARAI. **KIKI: A PRIMEIRA VEZ**. SÃO PAULO: DEVIR, 2003. (ADAPTADO.)

1. **Escrita**: Escreva nos balões o que você acha que Kiki está falando.
2. **Revisão**: Confira a escrita das palavras e a pontuação.
3. **Apresentação**: Mostre seu trabalho aos colegas e observe o deles.

Língua: usos e reflexão

Uso de letras maiúsculas e de letras minúsculas

Atividade oral e escrita

Veja como foram escritos os títulos destes livros.

Reprodução/Editora Ática

Reprodução/Editora FTD

O que há de diferente nesses títulos? Converse com os colegas e a professora.

Alfabeto de letras maiúsculas e de letras minúsculas

Atividade oral e escrita

Na escrita podemos empregar **letras maiúsculas** e **letras minúsculas**. Observe.

MAIÚSCULAS	A	B	C	D	E	F	G	H	I	J	K	L	M
Minúsculas	a	b	c	d	e	f	g	h	i	j	k	l	m
MAIÚSCULAS	N	O	P	Q	R	S	T	U	V	W	X	Y	Z
Minúsculas	n	o	p	q	r	s	t	u	v	w	x	y	z

1. Complete os balões com as letras maiúsculas correspondentes.

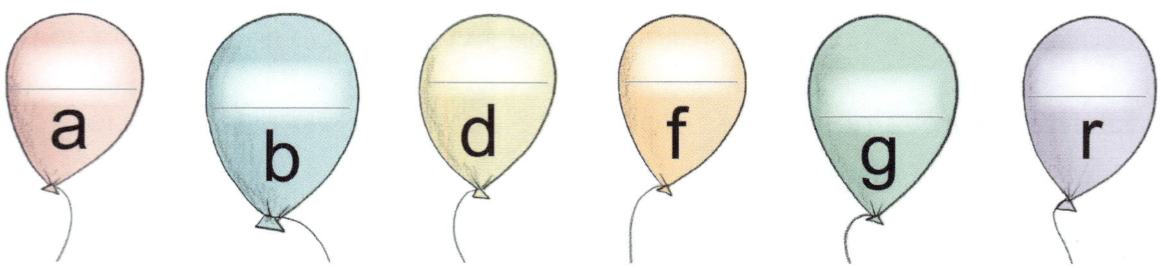

2 Ligue as palavras iguais.

MENINA	Julieta
JULIETA	menina
GATO	Junim
JUNIM	gato
ELEFANTE	Daniela
DANIELA	elefante

a) Essas palavras podem ser separadas em 2 listas.
Escreva-as nas listas correspondentes e circule a primeira letra de cada uma.

Nomes de pessoas	Nomes comuns
Julieta	gato

b) Conversem: O que vocês observaram nas listas?

Hora de organizar o que estudamos

Leiam com a professora o esquema/diagrama a seguir.

Letra inicial → Maiúscula → Nomes de pessoas

Letra inicial → Minúscula → Nomes comuns

Palavras em jogo

Letra L em início de sílaba

Atividade oral e escrita

1 Leia o nome de cada personagem.

Ilustrações: © Ziraldo Alves Pinto/ Acervo do cartunista

JULIETA

MALUQUINHO

a) Fale os nomes em voz alta.

b) Quantos impulsos ou sílabas há em cada nome?

- MALUQUINHO: ______________________________
- JULIETA: ______________________________

c) Pinte as sílabas que começam com a letra L nesses nomes.

d) Copie as sílabas que você pintou. ______________________

e) Nesses 2 nomes, a letra L está:

- [ ] NO MEIO DA SÍLABA.
- [ ] NO FINAL DA SÍLABA.
- [ ] NO INÍCIO DA SÍLABA.
- [ ] NO FINAL DA PALAVRA.

2 Leia em voz alta as palavras da lista.

Em seguida, escreva na LATA apenas os nomes de alimentos.

LARANJA
LUVA
BOLO
BULE
LIMÃO
LEITE
CARAMELO
CAMELO
BALA
BOLA
BOLACHA
LAGARTIXA
LIMONADA
ELEFANTE

Silvana Rando/Arquivo da editora

3 Releia apenas as palavras que foram colocadas na lata, na atividade 2.

a) Pinte as sílabas que têm a letra L.

b) Em que posição o L está nessas **sílabas**?

- [ ] NO MEIO DA SÍLABA.
- [ ] NO FINAL DA SÍLABA.
- [ ] NO INÍCIO DA SÍLABA.

4 Separe as sílabas das palavras a seguir e pinte aquelas que começam com a letra L. Atenção: em algumas palavras vão sobrar quadrinhos em branco.

a)	LEÃO	→				
b)	CAMELO	→				
c)	LAGARTIXA	→				
d)	ELEFANTE	→				

5 Hora de traçar a letra L na página 64 do **Caderno de Atividades**.

Letra L intrometida

Atividade oral e escrita

Você viu a letra L no início das sílabas.

1 Circule a sílaba que começa com a letra L no nome que aparece no balão de fala a seguir.

© Ziraldo Alves Pinto/Acervo do cartunista

Vamos ver o que acontece quando a letra **L** se intromete no **meio** de uma sílaba.

2 Leia esta tirinha do Clóvis, outro personagem de histórias em quadrinhos.

© Paulo Stocker/Acervo do cartunista

PAULO STOCKER. **CLÓVIS**. DISPONÍVEL EM: <http://stockadas.zip.net/>. ACESSO EM: 16 NOV. 2016.

a) O que o personagem fez para se salvar da enchente?

____

b) Escreva o nome do personagem. ___________________________

c) Separe as sílabas desse nome. ___________________________

d) Repita em voz alta a primeira sílaba do nome. Depois, converse com os colegas: Que movimento a língua faz na boca ao falar essa sílaba?

3 Leia os nomes das crianças em voz alta. Em seguida, pinte os que têm a letra **L** intrometida, como em **CLÓVIS**.

CAROLINA

CORA

FLÁVIA

CARLOS

CLARA

FÁTIMA

FLORA

CLÁUDIO

Ilustrações: Silvana Rando/Arquivo da editora

4 Releia este quadrinho da história do Menino Maluquinho.

© Ziraldo Alves Pinto/Acervo do cartunista

CLARO!

Se tirarmos o L intrometido da palavra **claro**, que palavra se forma? Escreva.

CLARO → ____________________

5 Coloque a letra L na sílaba adequada para formar o nome de cada figura.

a) FECHA → ____________________ 

b) PUMA → ____________________ 

Ilustrações: Silvana Rando/Arquivo da editora

6 Coloquem a letra L na primeira sílaba e descubram as palavras. Depois, leiam juntos os pares de palavras.

a) CIMA → ____________________

b) FORA → ____________________

c) PACA → ____________________

d) FOCO → ____________________

e) CORO → ____________________

f) CARIDADE → ____________________

7 Descubram onde a letra **L** deve ser colocada para formar palavras.

a) BUSA → ____________

b) FANELA → ____________

c) BOCO → ____________

d) PANETA → ____________

e) CARINETA → ____________

f) GOBO → ____________

8 Alguém fez um texto, mas se esqueceu de colocar a letra **L** em algumas palavras. Veja como ficou estranho.

CÁUDIO VAI AO CUBE DE BICICETA.
NO CAMINHO TEM UMA PACA: SIGA A FECHA.

Silvana Rando/Arquivo da editora

Reescreva o texto, corrigindo as palavras.

CLÁUDIO ____________

Banco de imagens/Arquivo da editora

Letra L em final de sílaba

Atividade oral e escrita

Vamos ver o que acontece se a letra L estiver no final da sílaba.

1 Releia este quadrinho da história do Menino Maluquinho.

© Ziraldo Alves Pinto/Acervo do cartunista

a) Qual é o nome da menina com quem Julieta está falando?

____

b) Separe as sílabas do nome dessa menina.

____

c) No nome que você escreveu, a letra L está no:

☐ INÍCIO DA SÍLABA. ☐ FINAL DA SÍLABA.

☐ MEIO DA SÍLABA.

2 Leia em voz alta as palavras. Depois, marque um **X** nos nomes em que a letra L aparece em final de sílaba, como em CA**RO**L.

☐ ELIANA	☐ ALICE	☐ OLGA	☐ ELIAS
☐ RAUL	☐ ÉLTON	☐ ÁLVARO	☐ AÍLTON

3 Siga o modelo e forme outras palavras usando a letra L.

TACO → TALCO

a) AMA → ______________ c) CAMA → ______________

b) POVO → ______________ d) CAÇA → ______________

4 Copie as palavras do quadro na coluna adequada. Para isso, observe o som do final das palavras.

FUNIL	MEL	CARACOL	SUL	FUTEBOL
RAUL	CANAL	PASTEL	AVENTAL	CANIL

VARAL	ANEL	ANIL
______	______	______
______	______	______

ANZOL	AZUL
______	______
______	______

5 Leiam juntos.

SAL	MINGAU	ANEL	CHAPÉU
MAL	MAU	ABRIL	ABRIU

Pintem as duas letras que estão no final de cada palavra.
Conversem: O que há de semelhante e o que há de diferente na terminação dessas palavras? Registrem o que observaram.

______

______

______

Memória em jogo

1. Leiam juntos a lenga-lenga.

TÁ DE MAL
COME SAL
DEIXA PENDURADO
NO VARAL
PRA COMER
NO NATAL!

DOMÍNIO PÚBLICO.

Silvana Rando/Arquivo da editora

Na página 266, há uma atividade sobre ela. Confiram.

2. Exercite a leitura e prepare-se para ler a lenga-lenga em voz alta.

Assim também aprendo

- Não contar para outros o segredo que alguém lhe confiou é um cuidado que todos devemos ter.
  Mas será que devemos ter cuidado com o que falamos apenas com relação a um segredo?
  Leia a tirinha para descobrir e divirta-se.

QUINO. **TODA MAFALDA**. SÃO PAULO: MARTINS FONTES, 2003. P. 148.

O que estudamos

Autoavaliação

Pinte ou faça um **X** na coluna que mostra como você se saiu nesta unidade.

UNIDADE 3		AVANCEI	PRECISO ESTUDAR MAIS
GÊNERO	LEITURA E INTERPRETAÇÃO DE **HISTÓRIA EM QUADRINHOS**		
	PRODUÇÃO DE BALÕES DE FALA PARA UMA HISTÓRIA EM QUADRINHOS		
ESTUDO SOBRE A LÍNGUA	USO DE LETRAS MAIÚSCULAS E DE LETRAS MINÚSCULAS		
	LETRA L INTROMETIDA		
	LETRA L NO INÍCIO, NO MEIO E NO FINAL DE SÍLABA		
ORALIDADE	PARTICIPAÇÃO NAS ATIVIDADES ORAIS		

Sugestões de...

Livros

***Luluzinha:* um dia de cão, de John Stanley e Irving Tripp, publicado pela editora Devir.**

Luluzinha é quase uma heroína: uma garota esperta que vive várias aventuras com seus amigos. Ela tira de letra qualquer situação! Sempre encontra um plano mirabolante para tirar todos do apuro.

***Snoopy:* sempre alerta!, de Charles M. Schulz, publicado pela editora L&PM.**

O personagem principal dessas histórias é Charlie Brown, que tem um cachorro de estimação, Snoopy. Nesse livro, os dois se envolvem em muitas histórias.

Unidade

4 Relato pessoal

Nesta unidade você vai...

- ler e interpretar relato pessoal;
- produzir relato oral;
- produzir relato escrito;
- estudar o uso de parágrafo e de sinais de pontuação;
- estudar o uso das letras M e N no **início** de sílaba;
- estudar o uso das letras M e N no **final** de sílaba;
- estudar o uso do til (~);
- participar de atividades orais.

Fabiana Faiallo/Arquivo da editora

- Você já viveu situações que ficaram marcadas em sua memória?
- Será que há fatos que ficam tão fortes em nossa lembrança que não os esquecemos mais?
- Que tipo de acontecimento pode ficar gravado em nossa mente?

Para iniciar

- Ligue os pontos seguindo a ordem alfabética.

Camila de Godoy/Arquivo da editora

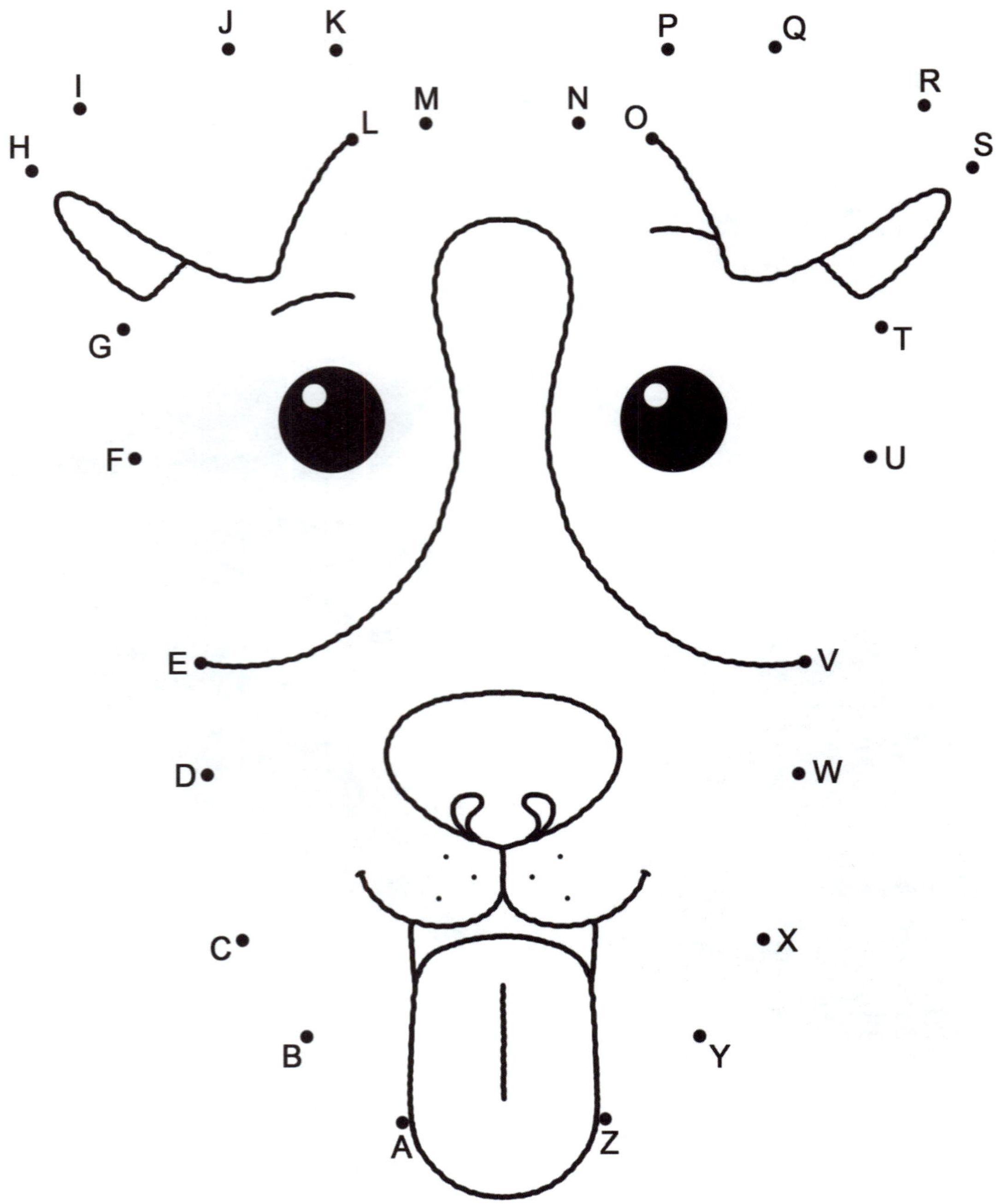

O que você encontrou?

____

Que tipo de presente você gosta de ganhar quando faz aniversário?

Você já ganhou algo que pediu muito para ganhar?

A personagem do texto que você vai ler até desistiu de pedir o que gostaria de ganhar.

O que será que ela queria tanto? Será que ganhou o que queria? Leia para descobrir.

Leitura: relato pessoal – diário

Não, eu não estava acreditando que ele era meu. Ter um cachorrinho era um sonho que já durava muito tempo! Eu já tinha até desistido de pedir.

Mas agora era de verdade, era pra valer! Eu tinha um cachorrinho: filho de bassê com vira-lata, o rabinho já curto, dentinhos afiados feito agulhas!

Chegou numa cestinha acolchoada e forrada pela minha vó Rita, com a ajuda da Tiana, na certa. Até uma mantinha de tricô com restos de lã elas fizeram.

Que presentão de aniversário! E que surpresa! Eu não desconfiei de nada, nadinha!

Só faltava um nome para ele.

[...]

Cristina Porto e Michele Iacocca. **Serafina sem rotina**. São Paulo: Ática, 2008. p. 23.

Sobre os autores

Reprodução/https://www.youtube.com/watch?v=j_KdegTgj_A

Reprodução/https://www.youtube.com/watch?v=fQbHKR7MVK8

Cristina Porto nasceu em 1949 em Tietê, São Paulo. É autora de mais de 50 livros voltados ao público infantojuvenil.

Michele Iacocca nasceu na Itália em 1942. É escritor e ilustrador de muitos livros.

Cristina e Michele são parceiros nos livros com as histórias da Serafina, como a que você acabou de ler.

Reprodução/Editora Ática

Interpretação do texto

Atividade oral e escrita

1 Um relato pessoal conta fatos vividos por quem escreve. Responda às questões sobre o relato pessoal lido.

a) Quem fez o relato?

____

b) O que ela queria muito?

____

c) Qual foi a surpresa que ela recebeu?

____

d) Quando o fato aconteceu?

____

2 Marque com um **X** o ☐ com a resposta correta. Serafina...

☐ desconfiou que ganharia um cachorro.

☐ escolheu rapidamente um nome para o cachorro.

☐ recebeu o cachorro em uma cesta feita pela avó.

☐ fez uma mantinha de tricô para o cachorro.

3 Numere os fatos de acordo com o que foi relatado:

☐ Só faltava um nome para ele.

☐ Mas agora era de verdade, era pra valer! Eu tinha um cachorrinho...

☐ Ter um cachorrinho era um sonho que já durava muito tempo!

4 Desenhe como você imagina o presente de Serafina.

> ... o rabinho já curto, dentinhos afiados feito agulhas. Chegou numa cestinha acolchoada e forrada...

5 O relato que você leu não tem título. Que título você daria a esse texto?

____

6 Copie a frase final do texto.

____

7 Que nome você daria ao cachorrinho?

____

8 O texto que você leu é um relato pessoal.

a) Copie uma frase que mostra que é a própria menina que conta o fato.

____

____

b) Marque com um **X** o ☐ com a afirmação que completa adequadamente a frase. Esse texto conta um fato que a menina:

☐ viveu. ☐ imaginou. ☐ viu na TV.

Hora da leitura. Treine a leitura desse relato para ler com expressividade, em casa ou na escola, para um familiar ou um colega.

Hora de organizar o que estudamos

- Leiam com a professora o esquema/diagrama a seguir.

Relato pessoal
↓
Texto que narra fatos vividos pela própria pessoa que conta

Tecendo saberes

Releia:

> Eu tinha um cachorrinho: filho de bassê com vira-lata.

Saiba um pouco mais sobre as características desses cães.

Bassê:

- pernas curtas;
- orelhas longas e caídas;
- corpo comprido;
- conhecido como cão farejador.

Maria Symchych/Shutterstock

Vira-lata:

- o nome "vira-lata" vem do fato de esse animal revirar latas de lixo em busca de alimento;
- devido à mistura de raças, apresenta cor e tamanho variados;
- também é chamado de cão "sem raça definida".

Dora Zett/Shutterstock

Prática de oralidade

Relato oral

Eu nunca vou me esquecer daquele dia!

Você já passou por uma situação que o marcou tanto que está sempre em sua memória?
Foi uma situação de medo, de surpresa, de alegria ou de tristeza?
Aguarde a orientação da professora e, quando chegar sua vez, faça o relato do que você viveu para seus colegas.

Produção de texto

Relato pessoal

Do relato oral ao relato escrito

1 Você fez para seus colegas o relato oral de um fato que você viveu.
Agora, com a ajuda da professora, você vai registrar por escrito o que relatou.

Preparação

1. Relembre o fato que você relatou.
2. Não se esqueça de responder a todas estas questões no texto.

- O que aconteceu?
- Quem estava presente no acontecimento?
- Quando aconteceu?
- Onde aconteceu?

Escrita

1. Se tiver dificuldade para escrever, peça ajuda a um colega ou à professora.
2. Não se esqueça de usar os sinais de pontuação no final das frases (lembre-se da entonação da voz).
3. Utilize letra maiúscula no início de frases e no início de nomes de pessoas. Se tiver dúvida, pergunte à professora onde você precisará incluir parágrafo. Se quiser, faça um desenho para ilustrar seu texto.

Meu nome é

Um dia aconteceu um fato de que nunca vou me esquecer:

Revisão e reescrita

1. Depois de pronto, faça a releitura com a professora ou com um colega.
2. Reescreva palavras ou frases, se for necessário.

Edição

Você e seus colegas vão reunir os relatos que fizeram em um livro intitulado **Um dia de que não vou me esquecer**. Se preferirem, escolham outro título, decidido por toda a turma. Para organizar o livro, será necessário fazer a edição.

1. Se puderem, digitem os textos. Vocês podem pedir ajuda à professora.
2. Depois de prontos os textos, criem uma capa e vejam a maneira de reunir todo o material em um só livro. Para isso, peçam a ajuda da professora para grampear, costurar ou espiralar as folhas.
3. Levem o livro para casa e leiam para seus familiares e amigos que gostem de emoções.

2 Escolha relatos de que tenha gostado, inclusive o seu, e prepare a leitura em voz alta, de forma bem expressiva, para que outras pessoas possam apreciar melhor essa produção.

Língua: usos e reflexão

Pontuação e parágrafo

Releiam juntos um trecho do relato de Serafina na página 87.

> Não, eu não estava acreditando que ele era meu. Ter um cachorrinho era um sonho que já durava muito tempo! Eu já tinha até desistido de pedir.
>
> Mas agora era de verdade, era pra valer! Eu tinha um cachorrinho: filho de bassê com vira-lata, o rabinho já curto, dentinhos afiados feito agulhas!

Esse relato é um texto em prosa, pois não apresenta versos nem rimas. Ele é escrito em **parágrafos**.

Parágrafo é o espaço maior no início das frases do texto em prosa.

1 Pintem no trecho acima os espaços que indicam os parágrafos.

a) Completem: Nesse trecho há ____________ parágrafos.

b) Circule as letras que iniciam os parágrafos.
Pinte o quadro com o tipo de letra encontrado.

MAIÚSCULAS	minúsculas

2 Releiam este outro parágrafo do relato:

> Chegou numa cestinha acolchoada e forrada pela minha vó Rita, com a ajuda da Tiana, na certa. Até uma mantinha de tricô com restos de lã elas fizeram.

a) Circulem as letras maiúsculas, observando em que momento foram usadas.

b) Além do **início de parágrafo** ou **de frase**, a letra maiúscula foi empregada em outro momento. Qual?

____

Utilizamos **letras maiúsculas** no **início de parágrafos** e de **frases** e no início de **nomes de pessoas**.

Hora de organizar o que estudamos

Leiam com a professora o esquema/diagrama a seguir.

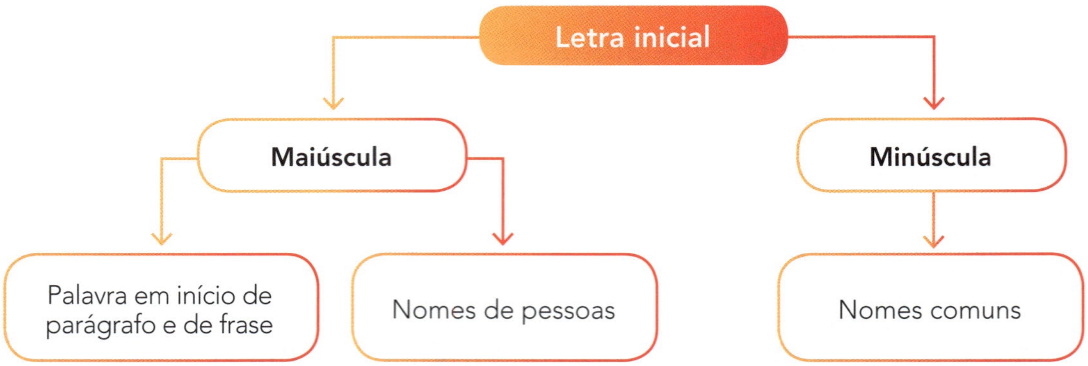

3 Releia com a professora o trecho a seguir.

> Não, eu não estava acreditando que ele era meu. Ter um cachorrinho era um sonho que já durava muito tempo! Eu já tinha até desistido de pedir.

Esse trecho é um parágrafo do texto. Cada sinal destacado marca o fim de uma frase. Quantas frases há nesse parágrafo?

____

4 Considere esta frase:

> Que presentão de aniversário!

Esse sinal de pontuação foi empregado para expressar:

- [ ] alegria.
- [ ] raiva.
- [ ] espanto.
- [ ] dúvida.
- [ ] cansaço.
- [ ] indignação.

O sinal destacado é chamado de **ponto de exclamação**.

Agora você

Leia a frase e coloque o sinal de pontuação mais adequado para a ideia expressa em cada quadro.

a) Eu tinha um cachorrinho ______ COM TRISTEZA

b) Eu tinha um cachorrinho ______ COM ALEGRIA

c) Eu tinha um cachorrinho ______ PERGUNTANDO

d) Eu tinha um cachorrinho ______ AFIRMANDO

Palavras em jogo

Letra N em início de sílaba

1 A personagem do relato chama-se SERAFINA. Observe a sílaba final desse nome.

SE	RA	FI	NA

Copie a sílaba final desse nome: ______.

2 Vejam este quadro de letras.

M	E	L	A	D	O	C	A	N	Á	R	I	O	M	O	L	A	F	G	B	E	H
M	E	N	I	N	A	N	O	V	E	L	A	N	E	V	E	D	T	E	O	N	D
N	U	C	A	M	O	L	E	Q	U	E	N	A	V	I	O	B	O	N	E	C	A

a) Qual foi a primeira palavra que vocês conseguiram achar? Conte para o colega e ouça a palavra que ele encontrou.

b) Escrevam as palavras do quadro que são iniciadas pela letra N.

______

______

Silvana Rando/Arquivo da editora

c) Agora descubram mais palavras no quadro. Escrevam nas linhas a seguir:

- uma palavra com a sílaba NA no início: ______________________
- uma palavra com a sílaba NA no meio: ______________________
- uma palavra com a sílaba NA no final: ______________________

3 Pinte a sílaba que se inicia com N no meio de cada palavra.

CANETA	BANANA	PINOTE	CANUDO	MENINO

Letra N no final de sílaba

Você viu palavras em que a letra N aparece no início da sílaba. Mas essa letra pode aparecer em outra posição também. Veja.

1 Com a professora, leiam estes pares de palavras.

Cícero Rodrigues/Arquivo da editora

Ron Chapple/Getty Images

Fotos593/Shutterstock

Birgit Reitz-Hofmann/Shutterstock

POTE → PONTE MATA → MANTA

O que vocês observam em relação ao som das palavras quando se acrescenta a letra N no final da sílaba? Conversem sobre suas descobertas.

2 Coloquem a letra N no final da primeira sílaba e formem novos pares. Depois, leiam cada par de palavras em voz alta.

a) NUCA → ______________

b) BETO → ______________

c) MUDO → ______________

d) CATO → ______________

e) SETE → ______________

f) RODA → ______________

3 Escolha as sílabas do quadro que completam adequadamente as palavras.

AN	EN	IN	ON

a) ________FEITE
b) ________DA
c) ________TA
d) ________DÍGENA
e) ________JO
f) ________ÇA

4 Hora de traçar a letra N na página 65 do **Caderno de Atividades**.

Mesmo som, outra letra: letra M no final da sílaba

1 Observe os pares de palavras.

BOBINHA → BOMBINHA

TAPA → TAMPA

O que acontece quando se acrescenta a letra M? Converse com os colegas.

2 Leia as palavras.

ANJO

AMPOLA

Ilustrações: Silvana Rando/Arquivo da editora

O que as sílabas coloridas dessas palavras têm de igual e o que têm de diferente? Troque ideias com os colegas.

3 Agora observe.

Ilustrações: Silvana Rando/ Arquivo da editora

TAMPA | LÂMPADA | POMBA | TAMBOR

a) Pinte a letra que vem depois da letra **M** em cada palavra.

b) Que letras você pintou? ______________________

c) Escreva a seguir o que descobriu.

____

4 **M** ou **N**? Forme palavras acrescentando uma dessas letras.

a) BOBEIRO: ______________

b) LÂPADA: ______________

c) TROBA: ______________

d) ELEFATE: ______________

5 Leia as palavras da coluna 1.

Forme novas palavras colocando **M** ou **N** e escreva-as na coluna 2.

COLUNA 1	COLUNA 2
JATO	______________
SOBRA	______________
LOBO	______________
LIDA	______________

Til (~)

1 Leia as palavras e pinte as sílabas que têm o mesmo som.

IRMÃ

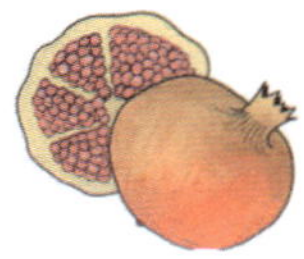

ROMÃ

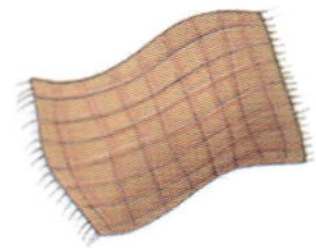

MANTA

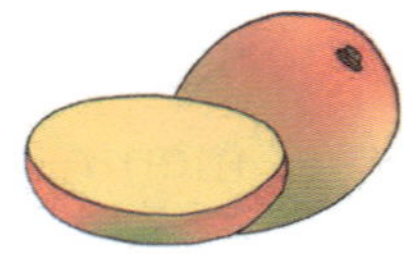

MANGA

Ilustrações: Silvana Rando/ Arquivo da editora

Responda:

a) O que é igual nessas sílabas que você pintou? ______________________

b) O que há de diferente entre elas? ______________________

c) Copie o sinal usado em cima da letra A para dar o som nasal nas duas primeiras palavras que você leu acima. ______

Esse sinal se chama **til**.

2 Coloque o sinal de **til** nas palavras, para que elas possam ser lidas corretamente.

MAÇA

MAE

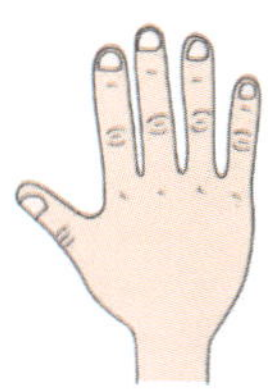

MAO

ÍMA

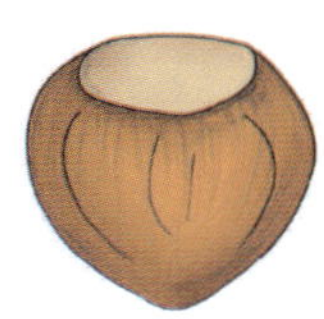

AVELA

Ilustrações: Silvana Rando/ Arquivo da editora

3 Leia as palavras da coluna 1.

Forme novas palavras colocando o final ÃO. Escreva as palavras na coluna 2.

COLUNA 1	COLUNA 2
BALA	______________
MILHO	______________
VIOLA	______________
TROVA	______________

Memória em jogo

Leia os versos e tente memorizá-los.

A menina anda
no salto da mãe
feito corda bamba.

Leo Cunha. **Haicais para filhos e pais**. Rio de Janeiro: Galerinha Record, 2013. p. 23.

Silvana Rando/Arquivo da editora

Na página 267, há uma atividade com esse texto. Confira.

Assim também aprendo

- Que tal fazer uma dobradura diferente de cachorro?
  Você vai precisar de cola e de 7 círculos dobrados ao meio:
  - 1 círculo maior para o corpo – use pratinho de sobremesa para contornar;
  - 1 círculo médio para a cabeça – use pires de xícara de café para contornar;
  - 5 círculos pequenos para patas e orelhas – use a boca de um copo para contornar.

Para completar o cachorrinho, use círculos pequenos para o focinho, a língua e a bola azul.

Monte seu cachorrinho colando os círculos assim:

Camila de Godoy/Arquivo da editora

O que estudamos

Autoavaliação

Pinte ou faça um **X** na coluna que mostra como você se saiu nesta unidade.

Unidade 4		Avancei	Preciso estudar mais
Gênero	Leitura e interpretação de **relato pessoal**		
	Produção de um relato oral e de um relato escrito		
Estudo sobre a língua	Pontuação e parágrafo		
	Uso de letra maiúscula no início de palavra		
	Letras M e N no início de sílaba		
	Letra N no final de sílaba		
	Letra M no final de sílaba		
	Uso do til (~)		
Oralidade	Participação nas atividades orais		

Sugestões de...

DVD

O continente gelado, de Amyr Klink, produzido pela PlayArte.
Este filme registra momentos de viagens do navegador Amyr Klink pelos mares.

Reprodução/PlayArte Home Video

Livro

QuadradoMingo, de Flavio de Souza, publicado pela editora FTD.
Neste livro, o autor faz, com muito humor, relatos de fatos que acontecem em um prédio.

Reprodução/Editora FTD

Unidade

5 Verbete e curiosidade

Nesta unidade você vai...

- ler e interpretar verbete de enciclopédia e curiosidade;
- produzir verbete e curiosidade;
- estudar parágrafo e pontuação;
- reconhecer nomes no masculino e no feminino;
- relembrar a letra **R** e o som que ela representa;
- estudar a letra **R** no **meio** de sílaba;
- participar de atividades orais.

- Sobre qual assunto você acha que os alunos estão pesquisando?
- Será que esse assunto interessa a você?
- Há sempre alguma coisa nova para aprender sobre um assunto que nos interessa?
- Onde você procura informações sobre os assuntos de seu interesse?

Lucas Reis Pereira/Arquivo da editora

Para iniciar

1 Você reconhece este animal?

Camila de Godoy/Arquivo da editora

2 Vamos construir um parecido?

1. Recorte e monte o modelo do corpo que está na página 285.
2. Desenhe e pinte as listras pretas.
3. Recorte as orelhas, o rabo e o círculo que está na página 283 e desenhe a cara do animal.
4. Monte-o e divirta-se.

O que você sabe sobre tigres?

Quando um assunto nos interessa, podemos buscar informações em enciclopédias, dicionários, livros, *sites*...

Leia as informações sobre o tigre na **Leitura** desta e da próxima página.

Leitura 1: verbete

Tigre

O tigre é o maior dos felinos (grupo que inclui, dentre outros, o gato, a onça e o leão). Assim como o leão, é um animal muito forte e caçador implacável. Encontrados naturalmente apenas em partes da Rússia, da China e do sul da Ásia, os tigres vivem em florestas, pastagens e pântanos. Seu nome científico é *Panthera tigris*.

Disponível em: <https://escola.britannica.com.br/artigo/tigre/482675>. Acesso em: 6 mar. 2020.

Vladimir Wrangel/Shutterstock

Tigre siberiano, Rússia.

Interpretação do texto

Atividade oral e escrita

Marque com **X** as informações sobre o tigre nesse verbete.

- [ ] É animal forte como o leão.
- [ ] Pode ser encontrado na China.
- [ ] É maior que o leão e a onça.
- [ ] Vive apenas em florestas.

Leitura 2: curiosidade

Por que os tigres têm listras?

É muito fácil reconhecer um tigre, com listras pretas cobrindo o corpo alaranjado.

Essas marcas o ajudam a se misturar à luz e à sombra da floresta.

Ele consegue se aproximar rápida e sorrateiramente sem ser visto, principalmente ao pôr do sol, quando gosta de sair para caçar.

Claire Llewellyn e outros. **Como? Onde? Por quê?:** perguntas e respostas sobre o mundo animal. Tradução de Carolina Caires Coelho. São Paulo: Girassol, 2007. p. 41.

Interpretação do texto

Atividade oral e escrita

1. Marque com um **X** o que é próprio dos tigres.

- Cor preta ☐
- Listras pretas ☐
- Listras brancas ☐
- Cor laranja ☐
- Listras laranja ☐
- Olhos negros ☐

2 Pinte o quadro que indica a parte do dia em que o tigre sai para caçar.

Manhã cedo

Final da tarde

Noite escura

Suratn Sridama/Shutterstock

3 **Sorrateiramente** quer dizer **escondido**, **disfarçado**. Complete a frase a seguir prestando atenção no significado dessa palavra.

O tigre anda sorrateiramente quando ______________________________

____.

4 Agora, converse com os colegas e a professora:

a) Você já viu um tigre de perto? Onde?

b) Por que os tigres têm listras? Essa característica os ajuda de alguma forma na natureza? Como?

5 Marque um **X** na resposta correta. A intenção do verbete e da curiosidade sobre o tigre é:

- [ ] divertir
- [ ] informar
- [ ] emocionar
- [ ] convencer

Hora de organizar o que estudamos

Leia o esquema com a professora e os colegas.

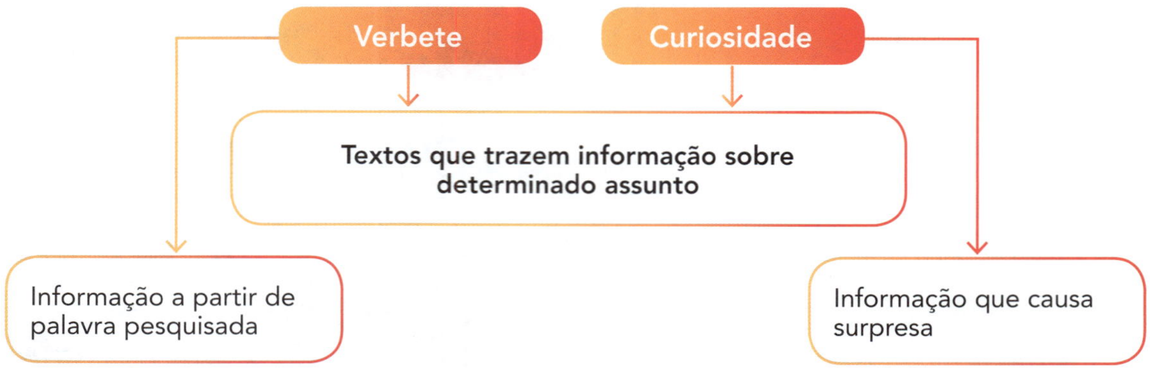

Prática de oralidade

Exposição oral em duplas

Preparo

1. Escolham um texto que traga informações sobre um animal.
2. Conversem a respeito das principais informações que o texto apresenta.
3. Combinem a vez de cada um fazer a exposição para os colegas.
4. Separem o material de apoio que vão utilizar durante a apresentação.
5. Façam um roteiro para treinar a apresentação.
6. Se surgirem dúvidas na etapa de preparo, peçam orientações à professora.

Exposição

1. Aguardem a vez de vocês.
2. Ouçam com atenção as exposições dos colegas.
3. Dirijam-se educadamente aos colegas se tiverem dúvidas. Usem expressões de gentileza: por favor, muito obrigado, etc.
4. Prestem atenção nas observações que a professora fizer às outras duplas; elas podem ser úteis para a apresentação de vocês.
5. Quando chegar o momento da exposição de vocês, lembrem-se de falar em voz alta, com clareza e voltados para os colegas.
6. No final, perguntem se alguém tem alguma dúvida e procurem responder da melhor forma.

Tecendo saberes

As tigresas dão cria a 2 ou 3 tigrinhos de cada vez.

Por volta das 8 semanas de idade, os pequenos tigres juntam-se à mãe na procura de alimento. Por volta dos 6 meses, os filhotes já estão prontos para aprender como caçar.

Michael Neue/Shutterstock

Fonte de pesquisa: <www.mundodosanimais.pt/mamiferos/tigre-grandes-felinos/>. Acesso em: 25 fev. 2017.

O tigre e o gato pertencem à mesma família de animais, a dos felinos.

Conversem: Depois de ler as informações sobre o tigre no verbete e nas curiosidades, o que é possível observar também nos gatos? A professora vai registrar as respostas na lousa.

Aí vem... verbete

Leia com a professora e os colegas o verbete de uma enciclopédia digital com informações sobre a girafa.

A girafa é o animal mais alto que existe atualmente — chega a medir 5,5 metros de altura ou mais. Ela é um mamífero que vive nas savanas da África oriental, e seu nome científico é *Giraffa camelopardalis*.

O corpo da girafa é curto, mas suas pernas e seu pescoço são bem compridos. [...]

A fêmea dá à luz um filhote por vez. Geralmente, o filhote consegue acompanhar a mãe poucas horas depois de nascer. Uma girafa vive entre 20 e 25 anos.

Disponível em: <https://escola.britannica.com.br/artigo/girafa/481376>. Acesso em: 6 mar. 2020.

Paul Banton/Shutterstock

Girafa em uma pastagem, Quênia.

Escolha um trecho das informações sobre a girafa que chamou sua atenção e treine para ler em voz alta para seus colegas ou para as pessoas da sua família.

Produção de texto

Texto informativo

Vocês vão organizar um painel informativo sobre a zebra.

Preparação

1. Vocês leram informações sobre o tigre. Leiam agora algumas informações sobre a zebra.

Nick Biemans/Shutterstock

2. Escolham as informações que acharem mais curiosas.
3. Vocês também deverão pesquisar em uma enciclopédia impressa ou digital alguma informação sobre a zebra para produzir um verbete.

Escrita e revisão

1. Ajudem a professora a escrever o verbete. Escolham uma curiosidade para registrar.
2. Releiam os textos fazendo as correções necessárias, antes de a professora passá-los a limpo na cartolina.
3. Façam desenhos para ilustrar o texto.

Edição e exposição

1. Com a professora, juntem os textos e as imagens para montar um painel.
2. Escolham um local para expor o painel da zebra na escola para que colegas de outras turmas possam ler todas as informações.

Língua: usos e reflexão

Parágrafo e pontuação

Atividade oral e escrita

1 Com a professora, observem como o texto que vocês leram foi organizado.

> É muito fácil reconhecer um tigre, com listras pretas cobrindo o corpo alaranjado.
>
> Essas marcas o ajudam a se misturar à luz e à sombra da floresta.
>
> Ele consegue se aproximar rápida e sorrateiramente sem ser visto, principalmente ao pôr do sol, quando gosta de sair para caçar.

Relembrando:

Parágrafo é o espaço maior no início das frases do texto em prosa.

2 Releiam o texto reproduzido na atividade 1.

a) Pintem os espaços que correspondem aos parágrafos.

b) Contem os parágrafos e completem.

Nesse texto sobre o tigre há ☐ parágrafos.

3 Releiam a seguir o texto sobre a girafa e pintem os espaços que correspondem aos parágrafos.

> A girafa é o animal mais alto que existe atualmente — chega a medir 5,5 metros de altura ou mais. Ela é um mamífero que vive nas savanas da África oriental, e seu nome científico é *Giraffa camelopardalis*.
>
> O corpo da girafa é curto, mas suas pernas e seu pescoço são bem compridos. [...]
>
> A fêmea dá à luz um filhote por vez. Geralmente, o filhote consegue acompanhar a mãe poucas horas depois de nascer. Uma girafa vive entre 20 e 25 anos.

4 Com a professora, leiam estas frases.

- Por que os tigres têm listras?
- Essas marcas os ajudam a se misturar à luz e à sombra da floresta.

a) Pintem de **verde** o sinal que está no final de cada frase.

b) Conversem sobre as diferenças entre as frases na leitura em voz alta. Qual das frases faz uma afirmação?

c) Copie no ☐ o sinal de pontuação que está no final da frase que faz uma pergunta: ☐.

Na escrita, os **sinais de pontuação** indicam como a frase deve ser lida para que seja compreendida corretamente pelos leitores.

Hora de organizar o que estudamos

Leiam com a professora o que indicam os sinais de pontuação. Completem os quadros vazios com os sinais correspondentes.

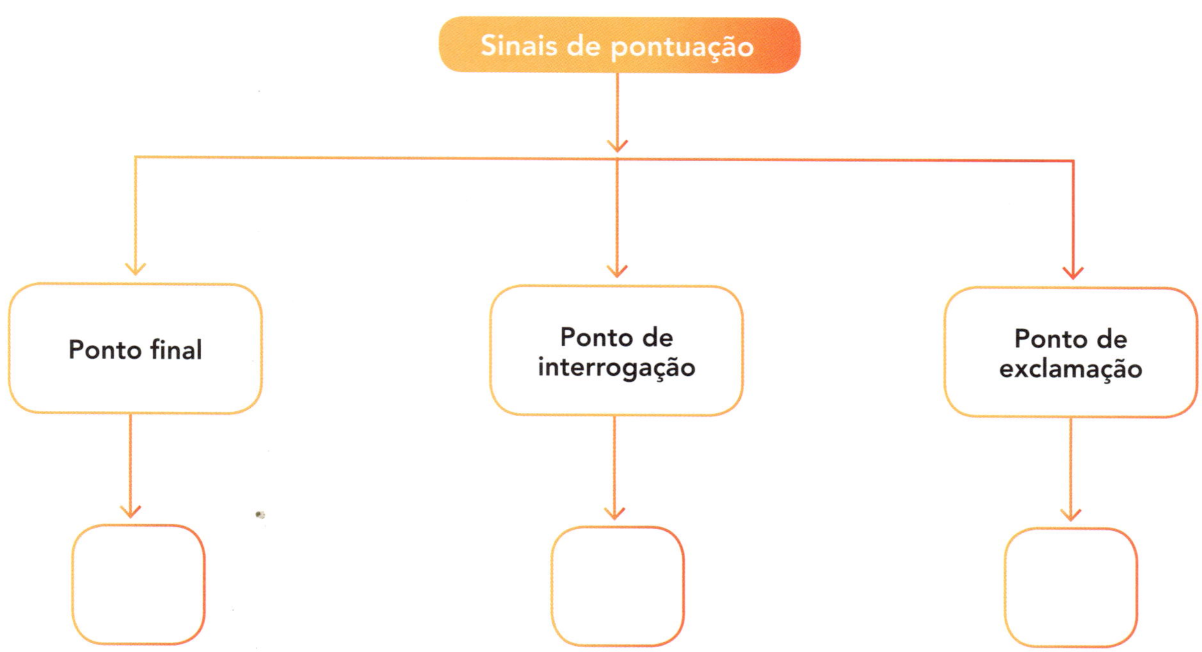

Agora você

Leiam juntos a história "Do contra".

Coloquem em cada ☐ os sinais de pontuação adequados para dar sentido às frases de cada balão de fala.

Mauricio de Sousa. **Turma da Mônica**: almanaque historinhas de uma página. n. 9. Barueri: Panini Comics.

Masculino e feminino

Atividade oral e escrita

1 Releia estas frases.

- Por que **os tigres** têm listras?
- **As tigresas** dão cria a 2 ou 3 tigrinhos de cada vez.

Que diferenças você percebe nas palavras destacadas?

nattanan726/Shutterstock

2 Os nomes de animais podem ser **masculinos** ou **femininos**. Complete com o feminino de cada nome.

O PORCO	A PORCA
O MACACO	
O URSO	
UM COELHO	
UM POMBO	

Unidade 5

3 Alguns nomes, ao passar do masculino para o feminino, mudam bastante. Complete a lista e observe os nomes.

O TIGRE	A TIGRESA
O GALO	
O BOI	
UM CÃO	
O LEÃO	
UM CAVALO	

4 Os nomes de pessoas, animais e coisas podem ser masculinos ou femininos. Forme pares, seguindo o exemplo.

Masculino	Feminino
O MENINO	A MENINA
O PRIMO	
O AMIGO	
UM TIO	
UM PROFESSOR	
O DIRETOR	

5 Complete.

a) Antes da palavra masculina usa-se o artigo _______ ou _______.

b) Antes da palavra feminina usa-se o artigo _______ ou _______.

Hora de organizar o que estudamos

Leia o esquema com a professora e os colegas.

Nomes

- **Masculino**
  - O menino
  - Um menino
- **Feminino**
  - A menina
  - Uma menina

Palavras em jogo

Letra R

Palavras no rio.
Leiam as palavras do quadro.

RATO	RAMO	RÃ	RABANETE	REMO
CARETA	RIPA	PERA	RODA	RENA

Depois escrevam no rio as palavras que começam com a letra R.

Dica: Não vale nome de bicho.

Silvana Rando/Arquivo da editora

Letra R intrometida

Atividade oral e escrita

1 Vamos falar em voz alta estas palavras.

Ilustrações: Silvana Rando/Arquivo da editora

PATO → PRATO   BOTA → BROTA

O que vocês observaram?

2 Coloque a letra R entre a consoante e a vogal das sílabas destacadas e leia em voz alta a palavra formada. Depois, escreva-a.

TAÇA	TIO	TOPA
______	______	______
CAVO	FIO	LAVA
______	______	______

3 Complete o nome de cada bicho. Não se esqueça da letra R intrometida.

Stephen N Haynes/Shutterstock

Nashepard/Shutterstock

Vilainecrevette/Shutterstock

TI ______	CO ______	______ GUIÇA

4 Leia o trava-língua.

Um croque
No coco do crocodilo
Acordou o grilo [...]

Almir Correia. **Trava-língua, quebra-queixo, rema-rema, remelexo**. São Paulo: Cortez, 2010. p. 11.

Ilustrações: Silvana Rando/Arquivo da editora

5 Repita o **trava-língua** até não travar mais a língua!

6 Agora fale estas palavras.
Observe que a letra R está entre a consoante G e as vogais.

GRAÇA	GRILO	GRITO
GROSSA	GRELHA	GRUTA

7 Junte as sílabas com a letra R intrometida a outras sílabas e forme palavras. Escreva as palavras no cofre.

LI	GÃO
DRA	CA
PRO	BRI
MO	TO
VRO	PRI

8 Descubra as respostas das adivinhas.

Dica: Só valem como resposta palavras com a letra **R** intrometida.

a) Do que muita gente gosta e vem em cima do bolo?

c ____ ____ ____ ____

b) Que objeto muita gente usa para fritar ovos?

____ ____ ____ ____ ____ d e i r a

c) O que deixa muita gente assustada nos dias de chuva forte?

____ ____ ____ v ã o

d) O que todos gostam de ver no céu à noite?

e s ____ ____ ____ ____ ____

e) O que todos sentem quando estão felizes?

a ____ e ____ ____ ____ ____

9 Complete com as palavras que dão sentido ao texto.

Use as palavras do quadro.

NEGROS	PRÍNCIPE	PRINCESA	CRISTIANO

A linda ______________________

de cabelos ______________________

espera pelo amado ______________________

de nome ______________________.

Silvana Rando/Arquivo da editora

10 Há vários alimentos nesta barraca de feira.
Observe.

Ilustrações: Silvana Rando/Arquivo da editora

Acrescente a letra **R** e escreva o nome de alguns desses alimentos.

a) bócolis ⟶ ______________________

b) cenoua ⟶ ______________________

c) abanete ⟶ ______________________

d) epolho ⟶ ______________________

e) couve-flo ⟶ ______________________

11 Hora de traçar a letra **R** na página 68 do **Caderno de Atividades**.

Memória em jogo

Leia, pratique e memorize o texto.

Bate-boca

[...]
É quebra-queixo,
É trinca-dente,
É troca-tudo,
É trava-língua.
[...]

Edu Lobo e Paulo César Pinheiro. **Bate-boca**. Disponível em: <www.edulobo.com.br/site/pop_letras.php?action=pcp/bate_boca.txt>. Acesso em: 3 jul. 2017.

Na página 267, escreva os versos como lembrar.

Assim também aprendo

Trava-línguas

- Repita mais estes trava-línguas até destravar!

Um papo de pato num prato de prata
Troco toco preto por toco crespo.

André e David de Carvalho. **Como brincar à moda antiga**. Belo Horizonte: Ilê, 1999.

Silvana Rando/Arquivo da editora

Três pratos de trigo
Para três tigres tristes.

Ciça. **O livro do trava-língua**. Rio de Janeiro: Nova Fronteira, 1986.

Bagre branco, branco bagre.

Disponível em: <www.recantodasletras.com.br/gramatica/218592>. Acesso em: 11 jun. 2020.

O que estudamos

Autoavaliação

Pinte ou faça um **X** na coluna que mostra como você se saiu nesta unidade.

Unidade 5		Avancei	Preciso estudar mais
Gênero	Leitura e interpretação de textos informativos: **verbete** e **curiosidade**		
	Produção de verbete e curiosidade para painel informativo		
Estudo sobre a língua	Parágrafo e pontuação		
	Masculino e feminino		
	Letra R intrometida		

Sugestões de...

Livros

***Bichos nojentos*, de Nick Arnold, publicado pela editora Melhoramentos.**
Esse livro traz muitas informações sobre insetos e o que eles fazem para enganar os predadores. Além disso, há desenhos bem engraçados.

Reprodução/Editora Melhoramentos

***Como? Onde? Por quê?*: perguntas e respostas sobre o mundo animal, de Claire Llewellyn, traduzido por Carolina Caires Coelho, publicado pela editora Girassol.**
Nesse livro, você vai encontrar várias perguntas e respostas sobre o mundo animal, com informações interessantes e muitas vezes surpreendentes!

Reprodução/Editora Girassol

Unidade

6 Fábula

Nesta unidade você vai...

- ler e interpretar uma fábula;
- identificar os elementos que compõem a fábula;
- reproduzir uma fábula oralmente e por escrito;
- estudar o uso de sinais de pontuação e de parágrafo;
- estudar o uso de R e RR nas palavras e os sons que representam;
- estudar os sons R brando e R forte;
- estudar o uso da letra R em **final** de sílaba;
- participar de atividades orais.

- Você conhece histórias com alguns dos animais representados nas imagens?
- Converse com os colegas sobre as histórias que esses animais fazem você lembrar.

Lucas Reis Pereira/Arquivo da editora

Para iniciar

O corvo está com sede. Ajude esse pássaro a encontrar água.

Material

- 1 folha quadrada de papel
- Canetinhas para desenhar a cara do corvo

Como fazer

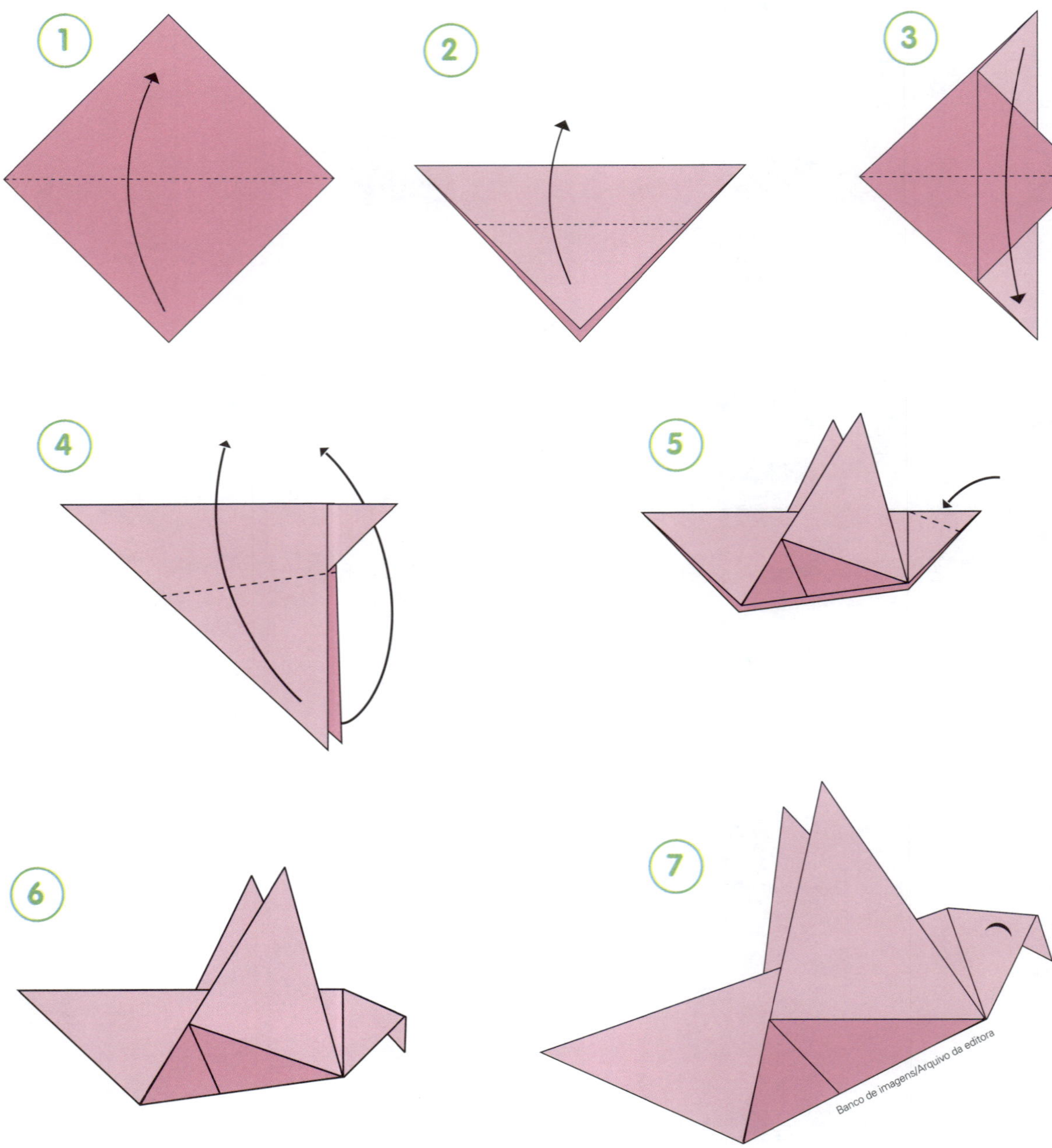

Banco de imagens/Arquivo da editora

Antigamente contavam-se muitas histórias com animais para transmitir ensinamentos. Eram histórias geralmente curtas e chamadas de **fábulas**. Até hoje lemos muitas fábulas.

Você conhece alguma fábula?

A seguir, você verá uma fábula sobre um corvo. Sabe o que é um corvo?

Tente ler sozinho a história para ver o que acontece. Peça ajuda se não conseguir e depois acompanhe a leitura que será feita pela professora.

Leitura: fábula

O corvo e o jarro

Havia um corvo que não encontrara uma gota de água durante dias. Estava morto de sede e mal tinha forças para voar. Imagine a felicidade dele quando encontrou um jarro de água.

Ao colocar o bico dentro do jarro, viu que havia pouca água e que ele não conseguiria alcançá-la. Ele tentou e tentou, mas acabou desistindo, desesperado.

O corvo sabia que não tinha forças para continuar sua busca por água e que a morte estava próxima. Mas um pensamento repentino surgiu em sua mente. Pegou uma pedra e jogou dentro do jarro. Depois, pegou outra pedra e jogou-a também. E outra... e mais outra...

Finalmente, o nível da água subiu e, após jogar mais algumas pedras, ele conseguiu matar a sede e salvar sua vida.

Moral: Quando faltam forças, a inteligência pode vencer.

Esopo. **200 fábulas de Esopo.** São Paulo: Girassol, 2014. p. 416 e 417. (Adaptado.)

Sobre o autor

Reprodução/Biblioteca Ambrosiana, Milão, Itália.

Esopo, segundo alguns relatos, era um escravo grego, contador de histórias, que viveu por volta do século VI (6) a.C. Não há datas exatas de seu nascimento e morte.

Reprodução/Editora Girassol

Interpretação do texto

Atividade oral e escrita

As imagens não estão representadas em proporção.

1. Faça um círculo na imagem que representa o personagem da fábula que você leu.

Edwin Butter/Shutterstock

Darlene Hewson/Shutterstock

Billion Photos/Shutterstock

Ysbrand Cosijn/Shutterstock

2. Por que o corvo estava fraco e sem forças para voar? Conversem e, juntos, escrevam uma resposta. Copie nas linhas a seguir.

____

____

3. Converse com os colegas sobre como imaginam o lugar por onde o corvo andava.

Depois, façam um círculo sobre a imagem que mais se aproxima do lugar imaginado:

a) 

Ilustrações: Camila de Godoy/Arquivo da editora

b) 

c) 

4 Marque o ☐ que completa a frase a seguir.

O corvo ficou feliz quando encontrou um jarro de água, mas logo ficou decepcionado porque...

- ☐ o jarro estava quebrado e a água vazou.
- ☐ a água estava estragada.
- ☐ a água era pouca e o bico não a alcançava.
- ☐ ele não alcançava o jarro.

5 Releia:

Mas um **pensamento repentino** surgiu em sua mente.

a) Como essa frase pode ser reescrita, mantendo o mesmo significado? Converse com os colegas e registre a seguir.

____

____

____

b) Qual foi o pensamento que salvou a vida do corvo?

____

____

6 Numere as frases de acordo com a ordem dos fatos na história:

- ☐ Jogou uma pedra dentro do jarro, depois outra e mais outra...
- ☐ Colocou o bico dentro do jarro e viu que tinha pouca água.
- ☐ Um corvo não encontrava água por vários dias.
- ☐ O corvo matou a sede e salvou sua vida.
- ☐ O corvo encontrou um jarro de água.

7 Releia o trecho:

> Pegou uma pedra e jogou dentro do jarro. Depois, pegou outra pedra e jogou-a também. E outra... e mais outra...

a) O sinal de pontuação no final do trecho chama-se **reticências** (...). Como pode ser lida a frase com esse sinal? Ensaie e espere sua vez de ler.

b) Converse com os colegas sobre o que esse sinal pode estar indicando.

c) Além de ter usado a inteligência, ao colocar pedra por pedra, mesmo não sentindo forças, o corvo mostra que é:

- [ ] medroso.
- [ ] insistente.
- [ ] preguiçoso.
- [ ] bravo.

8 O texto que você leu é uma fábula. As fábulas existem há muito tempo. Geralmente são histórias curtas, com a presença de animais como personagens, e trazem ensinamentos. Por isso apresentam sempre uma moral, um ensinamento no final.

a) Volte ao texto e pinte a frase que expressa uma moral, um ensinamento para essa fábula.

b) Converse com os colegas sobre o que essa moral pretende ensinar.

9 Essa fábula não está escrita em versos, pois as frases vão até o final da linha. Observe um espaço no início de cada conjunto de linhas do texto. Esse espaço é chamado de parágrafo.

a) Volte ao texto e pinte os espaços que correspondem aos parágrafos.

b) Conte os parágrafos e complete.

A fábula "O corvo e o jarro" tem ☐ parágrafos.

10 Conversem sobre o que acharam da fábula e que tipo de leitor pode gostar de ler fábulas.

Prática de oralidade

Conversa em jogo

Quando faltam forças, a inteligência pode vencer.

Conversem sobre a moral da fábula. Pensem nas questões a seguir:

- A inteligência sempre pode substituir a falta de forças para fazer alguma coisa?
- Vocês concordam com a ideia expressa nessa moral?
- Que outra moral poderia ser escrita para essa história?

Reprodução oral da história

Com um colega, observe as figuras a seguir. Elas representam as partes da fábula "O corvo e o jarro".

Ilustrações: Camila de Godoy/Arquivo da editora

Lembrem-se da história e preparem-se para recontá-la observando as figuras. Um aluno pode ajudar o outro a lembrar de algumas partes.

1. A professora chamará algumas duplas de alunos para recontar.
2. Os outros alunos devem prestar atenção, sem interromper, até o final.
3. Depois, conversem e verifiquem se todas as partes da história foram seguidas nas apresentações ou se faltou alguma parte importante.

Hora de organizar o que estudamos

Com a professora, vamos ler o que aprendemos.

Fábula

↓

História imaginada, geralmente curta

- Os personagens geralmente são animais
- Traz uma moral ou ensinamento

Aí vem... fábula

1. Leia com a professora esta outra fábula.

A tartaruga e a lebre

Uma tartaruga e uma lebre discutiam para saber quem era a mais veloz. Por isso, combinaram uma data para uma corrida e um local aonde deveriam chegar.

No dia certo, partiram.

A lebre, que contava com sua rapidez natural, não se preocupou com a corrida. Caiu à beira de uma estrada e adormeceu.

Já a tartaruga, que sabia que era lenta, não perdeu tempo e, deixando a lebre dorminhoca para trás, venceu a aposta.

Moral: Devagar e sempre se chega na frente.

Esopo. **Fábulas de Esopo**. Porto Alegre: L&PM Pocket, 1999. p. 164. (Adaptado.)

Felipe Camêlo/Arquivo da editora

2. Escolha uma das fábulas desta unidade para ler para alguém que gosta de ouvir histórias. Para isso, prepare a leitura em voz alta.

Tecendo saberes

Na fábula "O corvo e jarro", o personagem agiu com inteligência. Leia o texto a seguir com a professora.

Corvos sabem fazer planos como humanos e macacos

Cientistas da Suécia demonstram que a ave consegue abrir mão de recompensa imediata para obter ganho mais vantajoso

Helena Osvath/Universidad de Lund/Associated Press/Glow Images

Em um experimento separado, um corvo usou um galho como ferramenta para tirar um alimento de um tubo; embora tenha obtido sucesso, o corvo percebeu que manejar o galho é difícil demais para ele e inventou outro método para resolver o problema: ele passou a encher o tubo com pedaços de casca de árvore e bicá-los até que a comida caísse do outro lado.

Fábio de Castro. **O Estado de S. Paulo**. Disponível em: <http://ciencia.estadao.com.br/noticias/geral,corvos-sabem-fazer-planos-como-humanos-e-macacos,70001889782>. Acesso em: 10 abr. 2020.

1. De que forma essa informação pode se relacionar com a fábula "O corvo e o jarro"?

2. Você conhece outros animais que também agem de forma inteligente? Converse com os colegas sobre isso.

Produção de texto

Reprodução de fábula

Acompanhem a leitura que a professora vai fazer desta outra fábula de Esopo.

O leão e o ratinho

Um leão, cansado de tanto caçar, dormia espichado debaixo da sombra boa de uma árvore. Vieram uns ratinhos passear em cima dele e ele acordou. Todos conseguiram fugir, menos um que o leão prendeu debaixo da pata. Tanto o ratinho pediu e implorou que o leão desistiu de esmagá-lo e deixou que fosse embora. Algum tempo depois o leão ficou preso na rede de uns caçadores. Não conseguindo se soltar, fazia a floresta inteira tremer com seus urros de raiva. Nisso apareceu o ratinho, e com seus dentes afiados roeu as cordas e soltou o leão.

Moral: Uma boa ação ganha outra.

Esopo. **Fábulas de Esopo**. São Paulo: Companhia das Letrinhas, 1994. p. 38.

Camila de Godoy/Arquivo da editora

Planejamento

1. Juntos, relembrem a história:
   a) Como ela se inicia?
   b) Como os fatos se complicam?
   c) Qual é o momento de maior suspense?
   d) Como é o final?

Escrita

Na página seguinte, há cenas que ilustram esses momentos importantes da fábula "O leão e o ratinho". Observem bem as imagens.

1. Depois de repassar os momentos da história, recontem oralmente a fábula "O leão e o ratinho", com a ajuda da professora.

2. Em seguida, falem para a professora o que deve ser escrito em cada uma das partes, de acordo com os momentos indicados em cada ilustração. A professora vai registrar na lousa para que vocês copiem nas linhas de cada quadro.

Ilustrações: Camila de Godoy/Arquivo da editora

Revisão

1. Releiam as frases registradas em cada quadro.
2. Agora é o momento de registrar a história juntando as frases elaboradas e acrescentando detalhes, quando necessário. No quadro abaixo, há palavras para ligar as partes de sua história. Leiam o quadro com a professora e vejam como as frases podem ser registradas.

Título: ______________________________

Era uma vez ______________________________

____

____

Então ______________________________

____

____

____

Daí ______________________________

____

____

____

Algum tempo depois ______________________________

____

Finalmente ______________________________

____

____

____

3. Releiam a história que vocês escreveram.
   - Faltou algum fato importante?
   - As frases ficaram claras?
   - Vocês deixaram os espaços para iniciar os parágrafos?
   - Empregaram os pontos adequados no final das frases?
   - Empregaram letra maiúscula no início das frases?
4. Se quiserem, copiem o texto final no caderno e façam um desenho para ilustrá-lo.

Língua: usos e reflexão

Parágrafo e pontuação

Atividade oral e escrita

1 Releiam a fábula "A tartaruga e a lebre" e, em seguida, um trecho da letra da canção "Bichinho". Observem como esses textos estão organizados.

Texto 1

Uma tartaruga e uma lebre discutiam para saber quem era a mais veloz. Por isso, combinaram uma data para uma corrida e um local aonde deveriam chegar.

No dia certo, partiram.

A lebre, que contava com sua rapidez natural, não se preocupou com a corrida. Caiu à beira de uma estrada e adormeceu.

Já a tartaruga, que sabia que era lenta, não perdeu tempo e, deixando a lebre dorminhoca para trás, venceu a aposta.

Moral: Devagar e sempre se chega na frente.

Esopo. **Fábulas de Esopo**. Porto Alegre: L&PM Pocket, 1999. p. 164. (Adaptado.)

Texto 2

Se um bichinho nasceu
Já havia outro bicho maior
Se esse bichinho cresceu
Logo vem um menor

Sandra Peres e Luís Tatit. CD **Carnaval Palavra Cantada**. Faixa 4. Ed. Palavra Cantada, 2007.

2 Relacione cada ideia a um dos textos.

Coloque **1** para indicar a fábula e **2** para indicar a letra de canção.

- [ ] texto escrito em versos
- [ ] texto sem rimas
- [ ] texto com parágrafos
- [ ] texto com rimas
- [ ] texto com linhas contínuas
- [ ] texto com estrofes

3 Acompanhe com atenção a releitura que a professora fará do primeiro parágrafo da fábula.

> Uma tartaruga e uma lebre discutiam para saber quem era a mais veloz. Por isso, combinaram uma data para uma corrida e um local aonde deveriam chegar.

Observe o que acontece com a voz da professora cada vez que ela chega ao sinal (.). Esse sinal é chamado de **ponto final**.

Ponto final é um **sinal de pontuação** que marca o fim da frase.

4 Contem os pontos finais e respondam:

a) Quantas frases há no trecho?

____

b) Pintem a letra que inicia o parágrafo e a letra que vem depois do ponto final.

c) O que se pode observar com relação a essas letras que vocês pintaram?

____

5 Releiam agora um trecho da fábula "O leão e o ratinho":

> [...] Nisso apareceu o ratinho, e com seus dentes afiados roeu as cordas e soltou o leão.

a) Quantas frases existem nesse parágrafo?

____

b) Como é a letra que inicia o parágrafo?

____

6 O ponto final pode indicar que alguém faz uma declaração, afirmando alguma coisa.

Mas há um sinal de pontuação que pode indicar quando ficamos admirados, espantados, surpresos ou até amedrontados.

Leiam em voz alta as frases abaixo, seguindo as indicações.

a) Ler bem sério:

> Nisso apareceu o ratinho, e com seus dentes afiados roeu as cordas e soltou o leão.

b) Ler com espanto, surpresa:

> Nisso apareceu o ratinho, e com seus dentes afiados roeu as cordas e soltou o leão!

Esse sinal de pontuação (!) é chamado de **ponto de exclamação**. Ele pode indicar espanto, admiração, medo, surpresa.

7 Conversem: A voz se comportou da mesma forma nas duas frases? Qual foi a diferença? Escrevam as conclusões da turma.

____

____

____

Hora de organizar o que estudamos

Leiam o esquema com a professora e vejam quais foram os sinais de pontuação que já estudamos.

Sinais de pontuação no final de frases

- (.) **Ponto final**
- (?) **Ponto de interrogação**
- (!) **Ponto de exclamação**

Agora você

1 Leia a fábula a seguir.

O cachorro e o pedaço de carne

Um cão atravessava um riacho com um pedaço de carne na boca. Quando viu seu reflexo na água, pensou que fosse um outro cão carregando um pedaço de carne ainda maior. Soltou então o pedaço que carregava e se jogou na água para pegar o outro.

Não ficou nem com um nem com outro, pois o primeiro foi levado pela correnteza e o segundo não existia.

Moral: Não se deve deixar o certo pelo duvidoso.

Esopo. **Fábulas de Esopo**. Tradução de Antônio Carlos Vianna. Porto Alegre: L&PM, 1999. p. 34.

Copie a moral da fábula. Depois, converse com seus colegas sobre o que essa moral pretende ensinar e escreva abaixo.

____

____

____

2 Pinte no texto os espaços que marcam o início de cada parágrafo. Depois, complete: Esse texto tem [ ] parágrafos.

3 Agora é sua vez de ler trechos da fábula.

a) Quando for chamado, leia em voz alta, seguindo a indicação de como ler. Depois, coloque o ponto adequado no final de cada frase.

Como ler	Frases
Muito sério	Não ficou nem com um nem com outro, pois o primeiro foi levado pela correnteza e o segundo não existia ____
Com muito entusiasmo	Não ficou nem com um nem com outro, pois o primeiro foi levado pela correnteza e o segundo não existia ____
Muito bravo, indignado	Não ficou nem com um nem com outro, pois o primeiro foi levado pela correnteza e o segundo não existia ____

b) Converse com os colegas sobre as diferenças de sentido que os pontos fizeram no final das frases. Registre abaixo o que vocês descobriram.

Palavras em jogo

Letra R

Atividade oral e escrita

Você leu a fábula "O corvo e o jarro".

Observe que letra R está presente nas duas palavras:

CORVO	JARRO

Ao falar essas palavras, o som da letra R é o mesmo? O que se pode observar de diferente? Converse com os colegas.

Essas diferenças que você observou acontecem porque a letra R pode ter o som alterado dependendo da posição que ela ocupa na palavra.

Vamos ver como isso acontece.

1 Leiam as palavras do quadro e depois copiem no ratinho as palavras que têm a letra R no início, como na palavra **RATINHO**.

RÃ
RIACHO
CARNE
ÁRVORE
REDE
CORDAS
URROS
RAIVA

Camila de Godoy/Arquivo da editora

2 Circulem as sílabas que iniciam as palavras que vocês escreveram no ratinho.

3 Leiam as palavras em voz alta e observem o som da letra R em cada uma delas.

Mesma letra, outro som: R ou RR

Atividade oral e escrita

1 Agora vocês vão comparar a letra R em posições diferentes nas palavras.

RATO	CARRAPATO

Ilustrações: Silvana Rando/Arquivo da editora

Observem as partes destacadas nas palavras e façam **X** nos ☐ com a resposta certa.

a) O som das partes destacadas é:

☐ semelhante. ☐ diferente.

b) A escrita é:

☐ semelhante. ☐ diferente.

2 Leiam agora este outro par de palavras.

	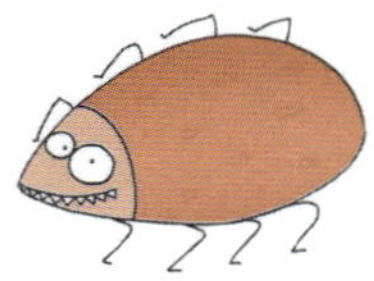
CARACOL	CARRAPATO

Ilustrações: Silvana Rando/Arquivo da editora

Observem as partes destacadas nas palavras e marquem **X** no ☐ com a resposta certa. Como é o som?

☐ Semelhante.

☐ Diferente, e o som representado pelo **RR** é o mais forte.

☐ Diferente, e o som representado pelo **R** é o mais forte.

3 Agora vamos ver outro som que a letra **R** pode produzir. Juntos, leiam o par de palavras:

ARANHA — ARRANHA

a) Complete as palavras com a letra **R** para formar pares semelhantes ao que você observou acima.

CARO — CA_____O

MURO — MU_____O

b) Juntos, leiam os pares formados. Conversem e escrevam no caderno o que observaram.

4 Com a ajuda da professora, leiam as palavras do quadro em voz alta.

CARRETEL	GARRAFA	CARA	PIRULITO	RUA
RABANETE	RIO	CHAVEIRO	TIARA	MARIONETE

Unidade 6

a) Coloquem as palavras nas caixas adequadas, de acordo com o som do R.

R fraco, brando	R forte
__________	__________
__________	__________
__________	__________
__________	__________
__________	__________
__________	__________

b) Pintem as letras R nas palavras que vocês escreveram nas caixas e observem onde estão colocadas.

5 Nas palavras abaixo está faltando R ou RR?
Descubram as palavras. Depois, escrevam cada uma com todas as letras.

a) OUPA __________ d) BUACO __________

b) ISADA __________ e) BAIGA __________

c) ABÓBOA __________ f) COIDA __________

6 Pesquisem 4 palavras com R **brando** (fraco) ou R **forte**. **Atenção**: as palavras devem ser diferentes das já estudadas.

a) Dite essas palavras para um colega.

b) Escreva as palavras que ele ditar.

c) Confiram a escrita de cada palavra.

R em final de sílaba

Atividade oral e escrita

As imagens não estão representadas em proporção.

1 Leia em voz alta o nome das imagens representadas abaixo.

Mário Ângelo/Folhapress

OCA

Brandon Cole/Visuals Unlimited/Getty Images

ORCA

Observe o que acontece quando o R entra no final da sílaba.

2 Leia em voz alta as palavras abaixo e continue observando o que acontece quando a letra R entra no final da sílaba.

BABA BARBA	MATA MARTA	FOCA FORCA	PEDE PERDE

3 Coloque a letra R nas palavras abaixo e descubra outra palavra.
Depois, ligue cada palavra ao desenho correspondente.

a) Cata: ________ b) Copo: ________ c) Fada: ________

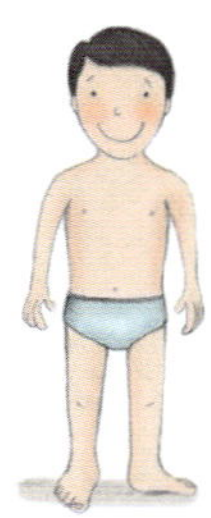

4 Leia o texto e complete as palavras.

Carlos quer vo______, mas como não tem asas, vai peda______ sua bicicleta, correr com os amigos, an______ de *skate*, pe______ onda, su______ em árvore, pu______ no pula-pula e, depois de tudo isso, vai descan______ e dor______.

Memória em jogo

Leia, pratique e memorize.

O rato rói a roupa do rei de Roma.
O rei derruba o jarro.
O jarro arranha a aranha.
A aranha vira fera.
A fera fere o jacaré.
Que corre e dá no pé...

Texto escrito pelas autoras.

Silvana Rando/Arquivo da editora

Na página 267, há uma atividade para você fazer com esse texto.

Assim também aprendo

- Leve o corvo até o jarro de água.

Camila de Godoy/Arquivo da editora

O que estudamos

Autoavaliação

Pinte ou faça um **X** na coluna que mostra como você se saiu nesta unidade.

Unidade 6		Avancei	Preciso estudar mais
Gênero	Leitura e interpretação de **fábula**		
	Reprodução de fábula		
Estudo sobre a língua	Parágrafo e pontuação		
	Letra R		
	R ou RR		
	Estudo dos sons: R brando e R forte		
	R em final de sílaba		
Oralidade	Participação nas atividades orais		

Sugestões de...

Livro

***Fábulas tortas*, de Dilea Frate, publicado pela editora Companhia das Letrinhas.**

Neste livro você vai ler fábulas bem diferentes das que conhece. As coisas acontecem de um jeito incomum: dona Felicidade precisa pular as pedras que a dona Dificuldade põe em seu caminho; um superpiolho é vencido pela menina Lelê e sua bisavó, e muito mais...

Reprodução/Companhia das Letras

HQ

***Fábulas*, de Monteiro Lobato, adaptada por Miguel Mendes, publicada pela editora Globo.**

Veja só: fábulas de um famoso escritor brasileiro, autor do **Sítio do Picapau Amarelo**, no formato de história em quadrinhos.

Reprodução/Editora Globo

Unidade

7 Relato de experimento

Nesta unidade você vai...

- ler e interpretar um relato de experimento;
- produzir em grupo um relato de experimento;
- reconhecer sílabas nas palavras;
- formar palavras com sílabas variadas;
- empregar a letra H no **início** de palavras;
- empregar LH e NH em palavras;
- participar de atividades orais.

- Observe a imagem. O que será que as crianças estão observando?
- Você já fez um experimento assim? Converse com os colegas.
- Você sabia que podemos descobrir muitas coisas interessantes fazendo experimentos?

Lucas Reis Pereira/Arquivo da editora

Para iniciar

Que tal aprender uma mágica? Você vai precisar de:

- 1 copo com água;
- 1 pedaço de barbante;
- um pouco de sal;
- 1 cubo de gelo.

koosen/Shutterstock

Chones/Shutterstock

Jay Pierstorff/Shutterstock

givaga/Shutterstock

Agora, siga estes passos:

1. Molhe o barbante na água do copo e depois passe sal nele.
2. Coloque o cubo de gelo no copo com água.
3. Espalhe sal sobre o cubo de gelo.
4. Segure uma ponta do barbante e encoste a outra ponta no cubo de gelo.
5. Conte até 10.
6. Puxe o barbante.

E a mágica acontece!

Camila de Godoy/Arquivo da editora

O cubo de gelo fica grudado, pendurado no barbante!

Gostou do experimento? Que tal aprender outro bem divertido?

Você já ouviu falar em ovo saltador?

É possível transformar um ovo cru em um ovo que você pode fazer dar pequenos saltos, como se ele fosse de borracha.

Quer saber como fazer isso? Leia o experimento.

Leitura: relato de experimento

O ovo saltador

O que usar:

- Um ovo cru;
- Uma vasilha transparente grande e com tampa;
- Uma garrafa de vinagre.

O que fazer:

1. Primeiro coloque o ovo na vasilha.

2. Cubra-o totalmente com o vinagre.

Ilustrações: Camila de Godoy/Arquivo da editora

3. Em seguida feche bem a vasilha.

4. Espere 48 horas. Você verá como o vinagre vai atuando sobre a casca do ovo.

Ilustrações: Camila de Godoy/Arquivo da editora

5. Passadas as 48 horas, tire o ovo da vasilha e, com cuidado, lave-o com água.

6. O ovo não tem mais casca e está maior. Faça-o dar pequenos saltos!

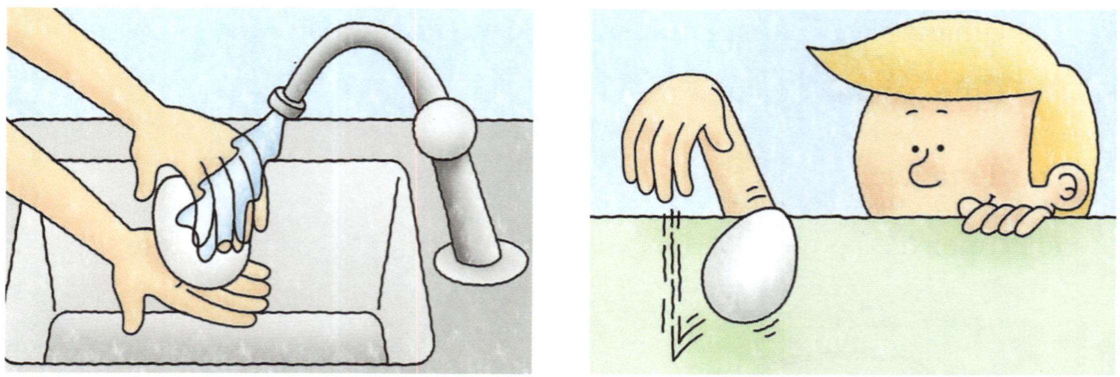

Mônica Alves (tradução). **Minhas primeiras experiências.** São Paulo: Girassol, 2018. p. 12 e 13.

Atenção: O ovo usado no experimento deve ser jogado no lixo. Ele não pode ser comido!

Reprodução/Editora Girassol

Agora entenda como isso acontece:

1. O vinagre faz a casca do ovo se desmanchar.
2. Ele entra no ovo, provoca um inchaço e, por isso, o ovo aumenta de tamanho.
3. Desse modo, o ovo fica mais elástico e saltitante se você o soltar de uma altura pequena.

Interpretação do texto

Atividade oral e escrita

1 Qual é o assunto desse texto?

____

____

2 Qual é o principal ingrediente para deixar o ovo como se fosse de borracha?

____

3 Numere de acordo com a ordem do experimento:

☐ Esperar 48 horas.

☐ Lavar o ovo.

☐ Fechar a vasilha.

☐ Cobrir o ovo com vinagre.

4 Das etapas do experimento, qual você achou a mais interessante? Por quê?

____

____

____

____

5 Marque com **X** o ☐ que indica a finalidade ou a intenção desse texto:

☐ Apresentar uma notícia.

☐ Apresentar um experimento.

☐ Contar uma história.

Hora de organizar o que estudamos

Com a professora, vamos ler o que aprendemos.

Relato de experimento

Texto que apresenta um experimento

Etapas
- O que usar
- O que fazer
- O que acontece

Intenção
Mostrar o resultado de uma experiência

Tecendo saberes

Os cientistas e seus experimentos ajudaram a descobrir coisas importantes.

Que tal brincar de pequeno cientista?

Não se esqueça: Para descobrir coisas interessantes fazendo experimentos, são necessários alguns cuidados, como:

- Pedir ajuda a um adulto.
- Tomar cuidado com o material utilizado.

Vamos fazer um experimento com uma flor. Siga as instruções.

O que usar:

- 1 flor branca;
- 1 copo com água;
- anilina ou corante alimentício.

Alexandre Dotta/Science Source/Fotoarena

O que fazer:

- Misture o corante na água do copo.
- Coloque a flor branca dentro do copo.
- Espere 24 horas.

O que acontece:

Anote em seu caderno tudo o que vai acontecendo com a flor.

O que você descobriu?

Prática de oralidade

Conversa em jogo

Você já fez algum experimento interessante? O que você descobriu? Conte para seus colegas e ouça o que eles vão contar.

Produção de texto

Relato de experimento

Vocês vão escolher um dos 3 experimentos. Nas fichas abaixo está apenas a etapa **O que fazer**.

Experimento 1

O que fazer:

1. Encha a bexiga.
2. Dê um nó na boca, para o ar não sair.
3. Esfregue a bexiga na lã.
4. Aproxime a bexiga de pedacinhos de papel picado.

Experimento 2

O que fazer:

1. Faça uma bolinha com o lenço de papel.
2. Coloque a bolinha dentro do copo.
3. Prenda a bolinha no fundo com fita adesiva.
4. Vire o copo de cabeça para baixo.
5. Mergulhe o copo na bacia com água, sem incliná-lo.

Experimento 3

O que fazer:

1. Desenhe uma flor no papel.
2. Corte a flor com a tesoura.
3. Dobre a flor nas linhas pontilhadas.
4. Coloque a flor de papel na tigela com água.

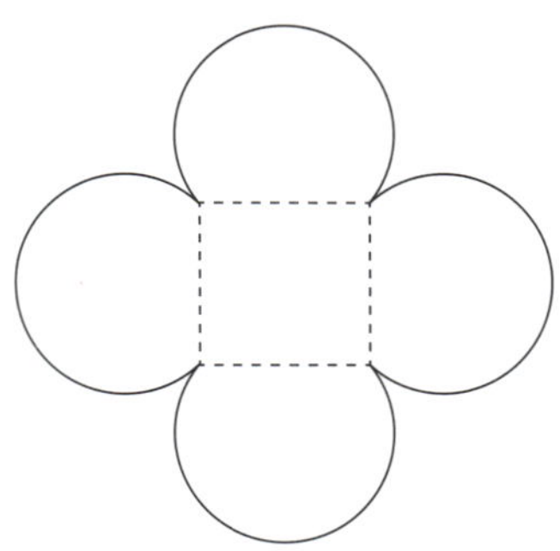

Banco de imagens/Arquivo da editora

Planejamento

Preparem a lista do material necessário para o experimento escolhido.

Escrita

1. Registrem na ficha abaixo a lista do material.
2. Copiem os passos da etapa **O que fazer**.
3. Escrevam o que aconteceu depois de realizado o experimento.
4. Registrem o que vocês descobriram fazendo o experimento escolhido.
5. Escolham um título para o experimento.

Título: ______________________________

O que usamos:

____

____

____

O que fizemos:

____

____

____

O que aconteceu:

____

____

____

O que descobrimos:

____

____

____

Revisão

1. Releiam a ficha do relato do experimento e reescrevam o que for necessário.
2. Aguardem a vez para apresentar aos colegas o relato do experimento feito por vocês.
3. Que tal gravar um vídeo relatando o experimento feito e as descobertas realizadas? Aguardem as instruções da professora.

Palavras em jogo

Sílabas

Atividade oral e escrita

1 Com a professora, falem em voz alta as palavras abaixo. Caprichem na pronúncia!

OVO | SALTADOR | EXPERIMENTO

2 Escreva em cada quadro o número de sílabas que vocês perceberam ao falar cada palavra.

OVO → _______ SÍLABAS

SALTADOR → _______ SÍLABAS

EXPERIMENTO → _______ SÍLABAS

3 Pinte a palavra com a maior quantidade de sílabas. Depois, copie-a na linha a seguir.

____

Agora você

1 Descubra o que está em cada presente colocando as sílabas na ordem correta.

NE TA
LU

MI NHÃO
CA

TE FO
NE LE

BO CA
NE

Ilustrações: Silvana Rando/
Arquivo da editora

_______________ _______________ _______________ _______________

Observe as palavras que você escreveu e pinte a que tem o maior número de sílabas.

2 Coloque as sílabas em ordem e descubra o nome das pessoas.

E JU
LI TA

ÃO JO

MO NE
SI

CA RE
BE

_______________ _______________ _______________ _______________

a) Pinte o nome que tem uma sílaba com som nasal.

b) Circule:

- de **vermelho** o nome que rima com **microfone**.
- de **azul** o nome que rima com **careta**.

3 Complete cada cartão com uma palavra das atividades 1 e 2.
Dica: O nome do presente **rima** com o nome de quem vai ganhá-lo.

Ilustrações: Silvana Rando/ Arquivo da editora

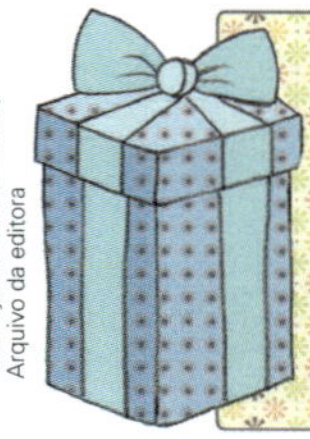

____
É PARA JULIETA.

CAMINHÃO É PARA
______________________.

____
É PARA SIMONE.

BONECA É PARA
______________________.

4 Leia as palavras no quadro e descubra mais presentes que Julieta, João, Simone e Rebeca podem ganhar.
Dica: O nome do presente deve **rimar** com o nome de quem pode ganhá-lo.

MALETA	BOLA	CÃO	CANECA	CAMISETA
FONE	PIÃO	MICROFONE	CORNETA	BALÃO

a) Presente de Rebeca: palavra com 3 sílabas. ______________________

b) Presente de João: palavra com 1 sílaba. ______________________

c) Presente de Simone: palavra com 4 sílabas. ______________________

d) Presente de Julieta: palavra com 3 sílabas. ______________________

Letra H no início de palavra

Atividade oral e escrita

1 Veja as imagens e leia as palavras.

As imagens não estão representadas em proporção.

Photos.com/Getty Images

HOMEM

kiberstalker/Shutterstock

HARPA

Peter Lilja/Taxi/Getty Images

HIENA

a) Pinte a primeira sílaba de cada palavra.

b) Faça um círculo na letra que vem depois da letra H.

c) Conversem: Que tipo de letra veio depois da letra H nessas palavras?

2 Leiam as palavras do quadro.

HÁBITO	HEITOR	HINO	HOJE	HUGO

a) Pintem a primeira sílaba de cada uma.

b) Conversem: Qual é o som que vocês ouvem nas sílabas iniciadas com a letra H?

c) O que vocês descobriram? Registrem aqui:

____

____

3 Observe o que foi feito abaixo.

HORA

4 LETRAS:
H-O-R-A

2 SÍLABAS:
HO-RA

Cícero Rodrigues/Arquivo da editora

Preencha os quadros a seguir com o número de letras e sílabas, conforme o modelo da página anterior.

HOJE

_____ LETRAS

____

_____ SÍLABAS

____

HELENA

_____ LETRAS

____

_____ SÍLABAS

____

4 Agora é hora de traçar a letra H na página 61 do **Caderno de Atividades**.

Duas letras, um som: LH

Atividade oral e escrita

Você viu a letra H no início de palavras, mas essa letra pode ser usada de outra forma. Vamos conferir?

1 Leiam a palavra em voz alta:

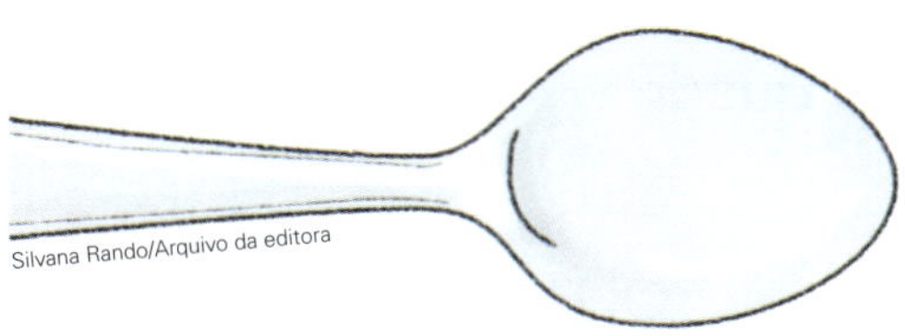

Silvana Rando/Arquivo da editora

COLHERADA

a) Quantas sílabas tem essa palavra? _____________

b) Conversem sobre como podem ser separadas as sílabas dessa palavra.

Registrem aqui: _____________.

c) Copie a sílaba que tem a letra H. _____________

2 Nas frases abaixo, há sempre uma palavra destacada.
Depois da letra L dessa palavra, acrescente a letra H e complete cada frase.

Dica: Você deve ter uma nova palavra em cada frase!

a) A menina que está na **fila** é minha ____________________.

b) Eu levo na **mala** uma bonita ____________________.

c) Quem acende a **velinha** é uma ____________________.

3 Junte as sílabas e encontre na "*pizza*" o nome de cada ingrediente. Escreva os nomes encontrados seguindo a dica.

Dica: Só valem os nomes com LH.

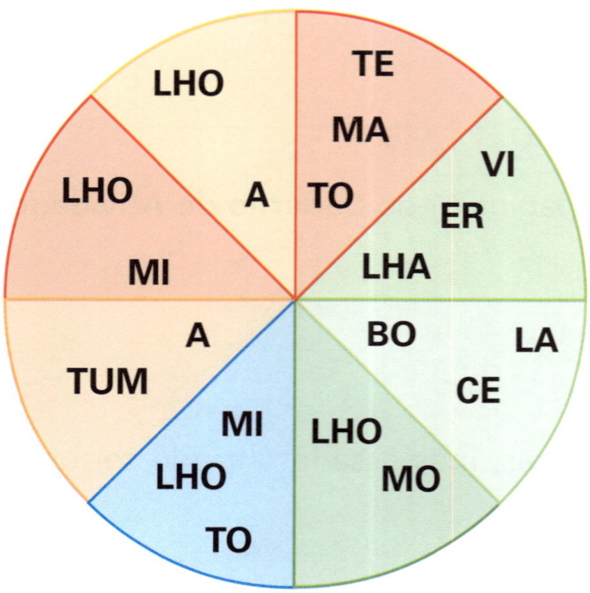

____

____

____

____

____

____

4 Leiam em voz alta as palavras do quadro.

VELHA	FILHA	OLHO	TELHADO

a) Em quantos impulsos vocês falaram essas palavras? Separem as sílabas e indiquem.

VELHA → ______ | ______ | ______ → ______ SÍLABAS

FILHA	→	___	___	___	→	___ SÍLABAS
OLHO	→	___	___	___	→	___ SÍLABAS
TELHADO	→	___	___	___	→	___ SÍLABAS

b) Que letra ficou sempre junto do **H**? ______________________

5 Leiam o trecho de um poema com a professora.

O embrulho do Getúlio

[...]
O que está escondido
Dentro do embrulho?
Será que borbulha?
Será uma agulha?
[...]
Cheio de orgulho
Getúlio abre o embrulho:
Só tem bagulho!

Dilan Camargo. **O embrulho do Getúlio**.
São Paulo: Scipione, 2004. p. 6.

Silvana Rando/
Arquivo da editora

Repitam em voz alta estas palavras, que aparecem nos versos do poema.

EMBRULHO BORBULHA AGULHA
ORGULHO BAGULHO

Duas letras, um som: NH

Atividade oral e escrita

1 Observe as figuras e leia as palavras.

Ilustrações: Silvana Rando/Arquivo da editora

SONO → SONHO

Converse com os colegas: O que aconteceu quando a letra **N** se juntou com a letra **H** na mesma sílaba?

2 Leia.

O tatuzinho viu a vizinha.
Com vergonha, enrolou as patinhas, escondeu o focinho, virou bolinha.

Eva Furnari. **Travadinhas**. São Paulo: Moderna, 1994. p. 20.

a) Fale as palavras e observe o som produzido pelas letras destacadas.

TATUZI**NH**O VERGO**NH**A

b) Escreva as outras palavras desse texto que têm o mesmo som das letras destacadas no quadro acima.

- ______________________
- ______________________
- ______________________
- ______________________

3 Leia o texto abaixo, retirado de um cartaz com um anúncio de sabonete.

Trecho de anúncio de sabonete.

a) Copie:

- a palavra com H no início: ______________
- a palavra com H no meio: ______________

b) Circule no anúncio a letra que vem antes do H na palavra **banho**.

4 Forme outras palavras colocando a letra H entre o N e a vogal. Veja o exemplo.

TINA → TINHA

a) MINA → ______

b) MANA → ______

c) SONO → ______

d) SENA → ______

e) PINO → ______

f) NINO → ______

g) LINO → ______

h) PENA → ______

5 O que você percebe no som representado pelas letras NH nas palavras que você formou na atividade 4?

6 Procure no quadro a palavra que dá nome a cada figura. Depois, escreva-a na linha correspondente.

CANELA	CANUDO	CEGONHA	BOLINHO	
CAMINHÃO	JOANINHA	UNHA	MINHOCA	ARANHA

a) 

____

c) 

____

b) 

____

d) 

____

Ilustrações: Silvana Rando/Arquivo da editora

7 Para cada figura, escreva o nome que indica tamanho menor. Siga o exemplo.
Dica: Use o **NH**.

Felipe Camêlo/Arquivo da editora

PEIXE → PEIXI**NH**O

a) 

____

b) 

____

c) 

____

Ilustrações: Silvana Rando/Arquivo da editora

8 Complete a escrita de outras palavras com NH.

a)

ga________________

b)

ce________________

c)

Ilustrações: Silvana Rando/Arquivo da editora

ra________________

9 Complete a escrita das palavras escolhendo uma das seguintes sílabas.

LHO	CHO	NHO

Felipe Camêlo/Arquivo da editora

golfi________________

Silvana Rando/Arquivo da editora

________________colate

Felipe Camêlo/Arquivo da editora

coe________________

Memória em jogo

Leia, pratique e memorize.

Havia uma telha
E, sobre ela, havia uma abelha.
Havia um galho
E, embaixo dele, havia um telhado.
O galho despencou.
A abelha voou.
E a telha?

A telha no telhado ficou.

Texto escrito pelas autoras.

Silvana Rando/Arquivo da editora

Na página 268, há uma atividade com esse texto. Confira!

Assim também aprendo

- Vamos fazer uma experiência com palavras! Quem conseguirá ir até o final? Siga as regras!

Regras do jogo

1. Forme uma roda com os colegas. A professora inicia o jogo com uma frase bem simples; por exemplo: "Eu ganhei uma laranja".
2. Quem estiver à esquerda da professora deve continuar a brincadeira, repetindo a frase e acrescentando um elemento; por exemplo: "Eu ganhei uma laranja e um tomate". E assim por diante, até que todos tenham participado.
3. Quando alguém esquecer ou mudar a sequência das palavras, o jogo recomeça.

Camila de Godoy/Arquivo da editora

O que estudamos

Autoavaliação

Pinte ou faça um **X** na coluna que mostra como você se saiu nesta unidade.

Unidade 7		Avancei	Preciso estudar mais
Gênero	Leitura e interpretação de **relato de experimento**		
	Produção em grupo de relato de experimento		
Estudo sobre a língua	Sílabas		
	Letra H no início de palavra		
	Duas letras, um som: LH Duas letras, um som: NH		
Oralidade	Participação nas atividades orais		

Sugestões de...

Livros

Reprodução/Publifolhinha

Água (coleção Pequenos cientistas), de Lisa Burke, publicado pela Publifolhinha.
Livro com experimentos com a água. Traz atividades e brincadeiras para os pequenos cientistas.

Reprodução/Edições Usborne

Grandes ideias para pequenos cientistas, vários autores, publicado pela Usborne.
Uma atividade científica incrível para cada dia do ano. São 365 experimentos científicos para fazer em casa.

Unidade

8 Poema

Nesta unidade você vai...

- ler e interpretar poemas;
- recontar em prosa a história de um poema;
- estudar sinônimos e antônimos;
- relembrar: letra X e o som que ela representa;
- relacionar o uso de CH e X;
- participar de atividades orais.

- Você tem algum bichinho de estimação?
- Em sua opinião, peixe pode ser um animal de estimação? Por quê?
- Você conhece alguma história com peixes? Que história poderia ser contada com base na cena representada nestas páginas? Converse com os colegas.

Lucas Reis Pereira/Arquivo da editora

Para iniciar

Que tal aproveitar um CD sem uso e riscado para fazer um peixinho?

Material

- 1 CD sem uso para fazer o corpo;
- canetinhas hidrocor para desenhar as escamas;
- cartolina ou papel colorido para fazer a boca, o olho, as nadadeiras e o rabo;
- cola.

Como fazer

1. Observe a imagem e utilize o material para confeccionar seu peixe de acordo com o modelo.

Edson Antunes/Arquivo da editora

2. Você pode colar seu trabalho em uma folha de cartolina e fazer um fundo de mar para seu peixinho.

É possível criar imagens com palavras?

Para descobrir, leia os versos observando o formato do texto na página, a imagem formada, as cores, as palavras e as letras.

Leitura 1: poema visual

Zigue-zague

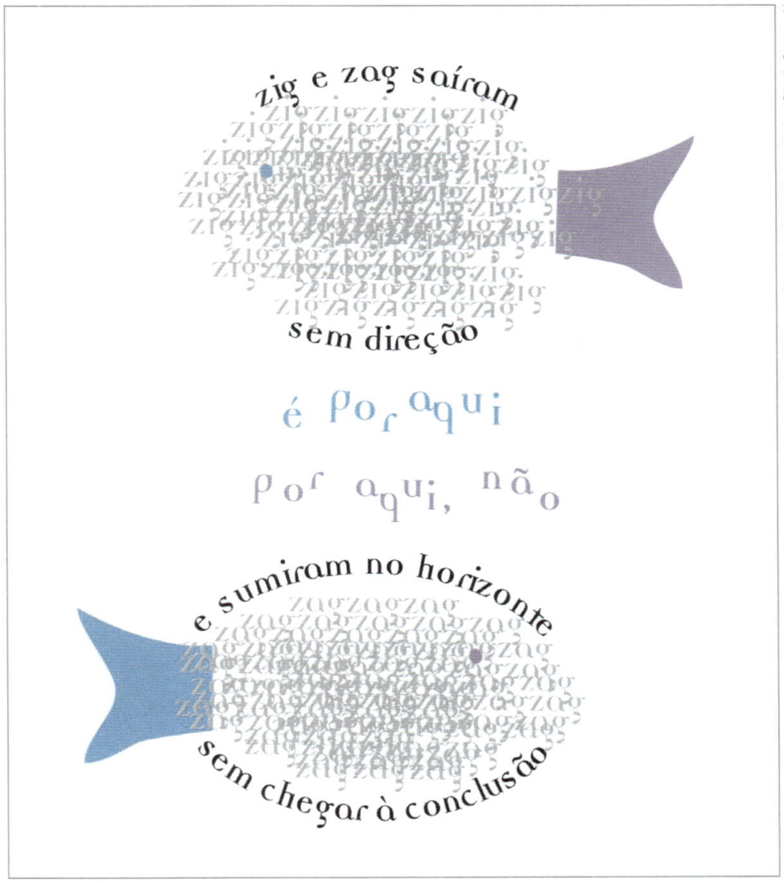

Reprodução/Sérgio Capparelli e Ana Cláudia Gruszynski

Sérgio Capparelli. **Poesia visual**. São Paulo: Global, 2001.

Sobre o autor

Reprodução/Arquivo pessoal

Sérgio Capparelli nasceu em Uberlândia (MG), em 1947. É poeta, escritor de literatura infantojuvenil, jornalista e professor universitário. Além do livro **Poesia visual**, mantém o *site* <www.ciberpoesia.com.br>, que apresenta vários poemas visuais, como "Zigue-zague".

Reprodução/Global Editora

Interpretação do texto

Atividade oral e escrita

1 Qual é o nome de cada um dos peixes?

____

2 Qual é a cor utilizada na escrita desse poema?

____

3 Ligue:

O uso dessa cor no poema ajuda a perceber:

- o corpo dos personagens.
- o lugar onde os personagens estão.
- o que os peixes comem.

4 Faça um **X** no ☐ que indica as respostas corretas.

a) O corpo dos peixes é formado por:

☐ uma palavra. ☐ várias palavras.

☐ por versos. ☐ linhas.

b) O rabo de cada um dos peixes:

☐ tem o mesmo formato. ☐ tem formatos diferentes.

☐ tem cores diferentes. ☐ está em posição diferente.

5 No poema, aparecem falas dos dois personagens. Escreva no espaço o nome correspondente ao autor de cada fala.

Imagens: Reprodução/Sérgio Capparelli e Ana Cláudia Gruszynski

é por aqui	→	______________
por aqui, não	→	______________

6 Copie nas linhas os versos do poema que estão faltando:

zig e zag saíram

____

é por aqui

por aqui, ______________

e sumiram no horizonte

____

7 Quantos versos tem esse poema? ______________

8 Copie do poema as palavras que rimam.

____

9 Conversem: Por que Zig e Zag sumiram no horizonte sem chegar à conclusão?

Vlad61/Shutterstock

Que tal conhecer outro poema que conta a história de um peixe?
O peixe desta história era muito diferente de todos os outros.
Leia o poema para saber por quê.

Leitura 2: poema em verso

O peixe-voador

Era uma vez um peixinho
que não conseguia nadar,
ia e vinha de carona
no embalo das ondas do mar.

Os outros peixinhos tentavam
Aconselhar o seu amigo:
"Nadando mal desse jeito,
logo vai estar em perigo!"

Mas o peixinho só sabia
planar e dar pirueta:
suas nadadeiras se pareciam
com asas de borboleta.

Um dia, foi perseguido
por um grande predador.
Deu um salto e descobriu:
era um peixe-voador!

Jacqueline Salgado. **Trocadilho**. São Paulo: Formato, 2015. p. 20.

Felipe Camêlo/Arquivo da editora

Sobre a autora

Reprodução/Arquivo pessoal

Jacqueline Salgado é uma poeta e artista plástica mineira. Teve diversos poemas e contos premiados e publicados. Além de **Trocadilho**, Jacqueline é autora dos livros infantojuvenis **O quadrado que queria ser círculo** e **Tio Francisco**.

Reprodução/Editora Formato

Interpretação do texto

Atividade oral e escrita

1. O peixinho do poema era diferente dos outros. Em que ele era diferente?

____

2. Responda às questões sobre o poema “O peixe-voador”.

   a) Quantos versos ele tem? ______________

   b) Quantas estrofes? ______________

   c) Quantos versos em cada estrofe? ______________

3. Copie as palavras que, no poema, rimam com:

   a) NADAR → ______________

   b) AMIGO → ______________

   c) PIRUETA → ______________

   d) PREDADOR → ______________

4. Releia estes versos.

   ia e vinha de carona
   no embalo das ondas do mar.

   Marque um **X** no ☐ as alternativas que mostram como o peixinho fazia.

   ☐ Mergulhava para o fundo.

   ☐ Nadava contra as ondas.

   ☐ Não conseguia nadar.

   ☐ Deixava-se levar pelas ondas.

5 Releia.

> Mas o peixinho só sabia
> planar e dar pirueta:

Ligue cada palavra ou expressão ao que o peixinho sabia fazer.

PLANAR

DAR PIRUETA

Ilustrações: Felipe Camêlo/Arquivo da editora

6 Agora, releia mais estes versos.

> "Nadando mal desse jeito,
> logo vai estar em perigo!"

a) Responda: Quem deu esse conselho ao peixinho?

____

b) Converse com seus colegas: Por que deram esse conselho ao peixinho?

7 Todos os peixes têm nadadeiras. Veja a fotografia abaixo e marque um **X** no ☐ com a resposta correta.

As nadadeiras do peixinho do poema eram diferentes, pois:

☐ não podiam ser movimentadas.

☐ pareciam asas de borboleta.

☐ pareciam muito menores que as dos outros peixes.

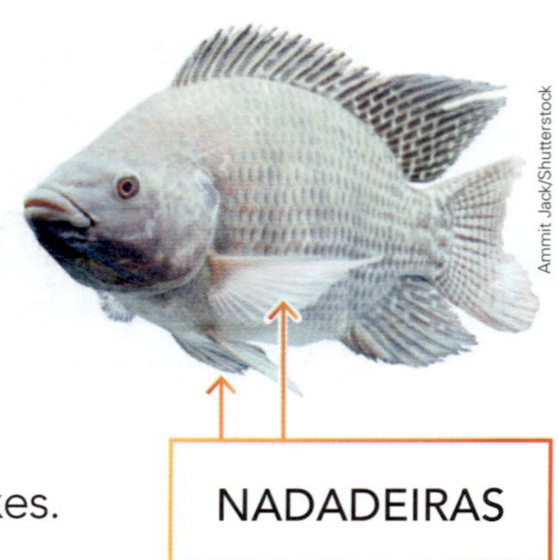

Ammit Jack/Shutterstock

8 Um dia, aconteceu algo que levou o peixinho a fazer uma descoberta.

a) O que aconteceu?

____

____

b) O que o peixinho descobriu?

____

9 Predador é o animal que caça e se alimenta de outro animal de uma espécie diferente.

a) Quem você imagina que era o predador do peixinho do poema?

____

b) Conte para o colega qual foi a sua hipótese e ouça a dele.

10 Marque com um **X** as respostas corretas.

O poema que você leu tem a intenção de:

☐ divertir. ☐ dar instrução. ☐ emocionar. ☐ informar.

Hora de organizar o que estudamos

Leiam o esquema a seguir com a professora.

Poema

↓

Texto escrito em versos distribuídos de forma a criar efeitos visuais e sonoros

↓

Intenção/finalidade
- emocionar, sensibilizar
- divertir

↓

- versos organizados em estrofes ou em formas visuais

Tecendo saberes

Agora que você conheceu a história de um peixe-voador, saiba se ele existe mesmo.

A incrível história do peixe-voador

Passarinhos voam, morcegos voam, baratas voam. E peixes? Também, se forem exemplares das espécies conhecidas como peixes-voadores, que apresentam nadadeiras **peitorais** alongadas usadas para planar. [...]

Ao contrário do que se possa pensar, os peixes-voadores não possuem asas como as aves. O que lhes permite voar são nadadeiras peitorais maiores que as dos outros peixes, com **base rígida** e **ramificações** que aumentam sua área de contato com o ar. Seu voo é também diferente daquele observado nas aves: eles não batem as nadadeiras, mas planam com elas abertas, após tomar impulso pelos batimentos de sua cauda grande e **assimétrica**. [...]

Alexander Kellner. Instituto Ciência Hoje.
Disponível em: <http://chc.org.br/a-incrivel-historia-do-peixe-voador/>.
Acesso em: 10 abr. 2020.

Brent Stephenson/Nature Picture Library/Getty Images

Peixe-voador no oceano Pacífico.

peitorais: relativos a peito.

base rígida: apoio duro.

ramificações: aberturas na forma de ramos.

assimétrica: desigual.

Aguarde sua vez e explique com suas palavras como o peixe-voador pode voar.

Prática de oralidade

Sarau

Nesta unidade vocês leram o poema visual "Zigue-zague" e o poema em versos "O peixe-voador".

Que tal participar de um sarau e conhecer outros poemas? Sarau é uma reunião em que se pode ler, declamar e ouvir poemas!

Preparação

1. Escolham um dos poemas lidos ou outro poema de que vocês gostem.
2. Treinem bem a leitura desse poema.
3. Vocês também podem decorar o texto para fazer a declamação no sarau.
4. Se quiserem, escolham uma música para ser reproduzida, ao fundo, no momento da declamação.

Apresentação

1. No dia do sarau, aguardem a vez de se apresentar.
2. Fiquem tranquilos, pois os participantes serão seus colegas e eles também vão ler ou declamar o poema que escolheram.
3. Leiam ou falem o poema em voz alta, devagar, dizendo primeiramente o título e o nome de quem o escreveu.
4. Ao ler ou declamar, lembrem-se de marcar bem as rimas, para que todos possam apreciá-las em seu poema.
5. Ouçam com atenção os poemas declamados pelos colegas.

Apreciação

1. Conversem com os colegas sobre os poemas de que mais gostaram.
2. Falem sobre o que chamou a atenção: os sons, as rimas, o assunto, as brincadeiras com as palavras.
3. Escrevam os poemas e os coloquem em um mural.
4. Escolham os poemas que vocês gostariam de memorizar para declamar para outras pessoas.

Produção de texto

Reconto da história

Vocês leram o poema que conta a história do peixinho que não conseguia nadar. O poema foi escrito em estrofes, com versos e rimas.

Agora vocês vão contar essa história do peixinho sem se preocupar com os versos e as rimas. Vamos lá?

Preparação

1. Relembrem a história e contem ao colega da dupla.
2. Observem com atenção e destaquem os 3 momentos da história iniciados pelas frases abaixo.
3. Recordem-se da pontuação no final das frases.

Escrita

Cada um vai escrever a história com suas palavras, completando os espaços abaixo.

O peixe-voador

Era uma vez ______________________________

____

Mas ______________________________

____

Um dia, ______________________________

____

Revisão e reescrita

1. Releiam a história.
2. Vejam se não se esqueceram de nada.
3. Reescrevam o que for preciso.
4. Levem para casa e leiam a história para os familiares.

Aí vem... poema

A professora vai ler agora um poema que conta uma história engraçada.
O nome do poema é "A peteca do pinto".
Sobre o que será essa história?
Depois de ouvi-la, reconte a história com suas palavras para outras pessoas.

A peteca do pinto

Um pinto maluco
levado da breca
cismou que queria
brincar com peteca.

E como peteca
em casa não tinha
foi logo pedir
para sua mãezinha.

A Dona Galinha
ouviu o pedido
e disse: "Não tenho,
meu filho querido."

[...]
Então, nessa hora,
o pinto sagaz
notou: "Quantas penas,
ali, bem atrás!"

[...]
Pulou com vontade
e as penas puxou.
A Dona Galinha
um susto levou!
[...]

"Você não tem pena
de mim, nessa hora?"
E o pinto maluco
mostrou: "Tenho agora!"
[...]

Silvana Rando/Arquivo da editora

Nílson José Machado. **A peteca do pinto**. São Paulo: Scipione, 1990. p. 3-6.

Língua: usos e reflexão

Sinônimos e antônimos

Os peixinhos Zig e Zag nadaram sem direção e, por isso, não chegaram a uma conclusão.

Conclusão quer dizer **fim**, **resultado**.

Essas 3 palavras são chamadas de **sinônimos** porque têm **significado semelhante**.

Relembre as falas dos peixinhos:

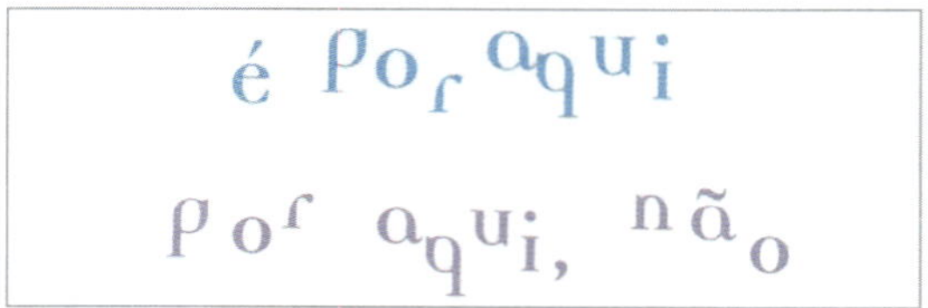

Reprodução/Sérgio Capparelli e Ana Cláudia Gruszynski

Essas falas expressam **sentido contrário** sobre o caminho a seguir. Uma forma de o segundo peixinho expressar o sentido contrário de "é por **aqui**" poderia ser "é por **lá**".

Aqui e **lá** são palavras que indicam sentido contrário.

As palavras que indicam sentido contrário são chamadas de **antônimos**.

Leia a lista a seguir em que cada palavra ou expressão tem o seu antônimo.

LENTA	⟷	RÁPIDA
VAGAROSA	⟷	VELOZ
DEMORADA	⟷	APRESSADA
SEM VELOCIDADE	⟷	COM VELOCIDADE

Ilustrações: Felipe Camêlo/Arquivo da editora

1 Vamos brincar de ser **do contra**. Para cada palavra a seguir, dê um **antônimo**, isto é, outra palavra de sentido contrário.

a) Eu gosto de **escuro**. O do contra gosta de ______________________.

b) Eu gosto de lugar **alto**. O do contra gosta de lugar ________________.

c) Eu gosto de brinquedos **pequenos**. O do contra gosta de brinquedos ______________________.

2 Há várias formas de formar o **antônimo** de uma palavra quando se quer dizer o contrário. Leia:

> O peixinho do poema ficou feliz porque descobriu que era um peixe-voador. Antes, estava infeliz porque não sabia nadar.

Infeliz é o antônimo de **feliz**.

Felipe Camêlo/Arquivo da editora

Escreva nos espaços os **antônimos** de:

a) JUSTO: ______

b) DELICADO: ______

c) SEGURO: ______

d) DEPENDENTE: ______

e) GRATO: ______

f) PERFEITO: ______

g) PURO: ______

h) PRUDENTE: ______

i) PARCIAL: ______

j) JUSTIÇA: ____________________

k) DELICADEZA: ____________________

l) SEGURANÇA: ____________________

m) DEPENDÊNCIA: ____________________

n) GRATIDÃO: ____________________

o) PERFEIÇÃO: ____________________

p) PUREZA: ____________________

q) PRUDÊNCIA: ____________________

r) PAR: ____________________

Camila de Godoy/Arquivo da editora

3 Escreva um **sinônimo** da palavra destacada na frase.

a) Eu estou **alegre**. ____________________

b) Ele tem **pavor** de escuro. ____________________

c) A garota é muito **esperta**. ____________________

d) Entre todos os desenhos, este é o mais **belo**. ____________________

e) Aquela casa é **enorme**. ____________________

Palavras em jogo

Letra X

1 Leia as palavras e circule as sílabas escritas com a letra X.

Ilustrações: Silvana Rando/Arquivo da editora

PEIXE LAGARTIXA

2 Escreva sílabas com X para completar as palavras.

_____LE

_____CARA

Silvana Rando/Arquivo da editora

CAI_____

LI_____

3 Hora de traçar a letra X na página 71 do **Caderno de Atividades**.

Duas letras, um som: CH

Atividade oral e escrita

1 Pensem e respondam oralmente.

a) Como fazer para um **caco** virar um **cacho**?

b) Como fazer para uma **capa** virar uma **chapa**?

2 Leia o par de palavras.

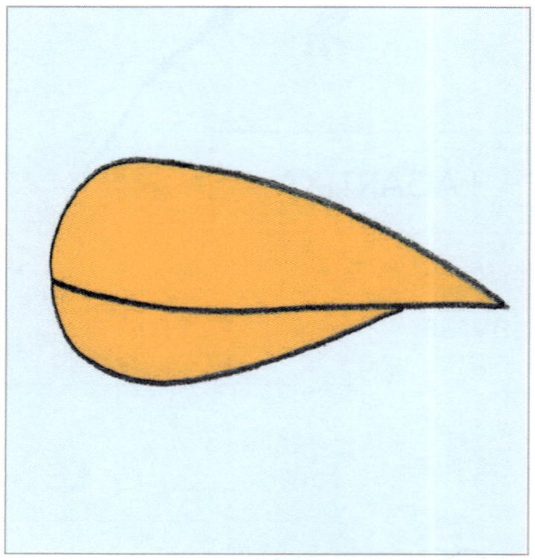

BICO

BICHO

Ilustrações: Silvana Rando/Arquivo da editora

Responda oralmente: Qual é o som criado quando juntamos as letras C e H?

3 Reescrevam as palavras colocando a letra H após a letra C. Leiam em voz alta as palavras formadas.

a) CATO → ______

b) ROCA → ______

c) RECEIO → ______

d) CAMA → ______

e) LANCE → ______

f) TACO → ______

4 Leia as palavras.

CHAPÉU CHINELO CACHORRO CACHECOL

Escreva nos quadros ao redor da figura as palavras correspondentes.

Silvana Rando/ Arquivo da editora

Mesmo som, outras letras: CH e X

1 Acompanhe a leitura da professora.

Me larga
Me espicha
Me beija
Lagartixa
Me acalma
E cochicha
Me rima
Lagartixa...
[...]

Almir Correia. **Trava-língua, quebra-queixo, rema-rema, remelexo**. São Paulo: Cortez, 2010. p. 21.

Silvana Rando/ Arquivo da editora

a) Copie do poema as palavras que rimam com **lagartixa**.

b) Circule as sílabas que rimam nas palavras que você escreveu.
O que há de diferente entre elas e a sílaba final da palavra **lagartixa**?

2 Preencha a **cruzadinha**. Veja o modelo.

Ilustrações: Silvana Rando/Arquivo da editora

3 Observem as figuras.

Escrevam o nome de cada figura na coluna correspondente.

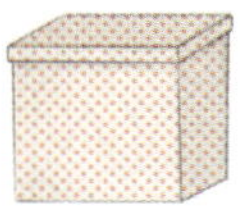

Palavras escritas com X	Palavras escritas com CH

Ilustrações: Silvana Rando/Arquivo da editora

Memória em jogo

Leia e memorize.

Chove chuva chuvisquinho
Minha calça tem furinho.
Chove chuva chuvarada
Minha calça está furada.

Lenice Gomes.
Viva eu, viva tu, viva o rabo do tatu.
São Paulo: Cortez, 2009. p. 11.

Silvana Rando/Arquivo da editora

Na página 268, há uma atividade com esse texto. Confira.

Assim também aprendo

- No início desta unidade, você leu um poema que conta a história de um peixe que sabia voar. Agora você vai ler a história de uma galinha que também aprendeu a voar e não parou por aí! Divirta-se com Bete, uma galinha cheia de habilidades!

Laerte. **Lola, a andorinha**. São Paulo: Cachalote, 2013. p. 58.

O que estudamos

Autoavaliação

Pinte ou faça um **X** na coluna que mostra como você se saiu nesta unidade.

Unidade 8		Avancei	Preciso estudar mais
Gênero	Leitura e interpretação de **poema visual** e **poema em versos**		
	Reconto em prosa da história do poema		
Estudo sobre a língua	Sinônimos e antônimos		
	Letra X		
	Duas letras, um som: CH		
	Mesmo som, outras letras: CH e X		
Oralidade	Participação nas atividades orais		

Sugestões de...

Livros

***Casas*, de Roseana Murray, publicado pela editora Formato.**
Este livro traz vários poemas que mostram um jeito muito especial de ver não só as casas deste mundo, mas também as de outros. O leitor vai se encantar com a casa da avó, a casa mal-assombrada, a casa de vizinho, a casa de índio, a casa de amigo, a caverna, a casa maluca e muito mais!

Reprodução/Formato Editorial

***Ou isto ou aquilo*, de Cecília Meireles, publicado pela editora Global.**
Para este livro, a escritora Cecília Meireles selecionou poemas sobre muito daquilo que é fundamental no mundo das crianças: jogos e brinquedos, a casa da avó, animais, flores e muitas outras coisas.

Reprodução/Editora Global

Unidade

9 Carta pessoal

Nesta unidade você vai...

- ler e interpretar uma carta pessoal;
- estudar as partes de uma carta pessoal;
- verificar as formas de comunicação escrita entre as pessoas: mensagens instantâneas pelo celular e *e-mails*;
- produzir uma carta pessoal;
- estudar mais sobre o uso da letra maiúscula;
- relembrar a letra **S** e o som que ela representa;
- estudar a letra **S** com som de **Z**;
- estudar os usos de **S** e **SS**;
- participar de atividades orais.

- Por meio de cartas podemos receber notícias de alguém e mandar notícias nossas. Você já recebeu cartas? De quem?
- O que você acha que poderia estar escrito nas cartas da cena representada nestas páginas? Por quê?
- Você costuma enviar cartas? Para quem?

Lucas Reis Pereira/Arquivo da editora

Para iniciar

Vamos brincar de vestir bonecos para uma festinha animada?

Nas páginas 287, 289, 291 e 293, você encontra o corpo de um boneco, alguns modelos de cabelo, algumas roupas e alguns pares de sapato.

Recorte o corpo do boneco, pinte-o, escolha o tipo de cabelo, uma roupa e um par de sapatos para ele. Recorte as peças e vista o boneco.

O boneco que você vestiu está pronto para a festa! Mostre-o para os colegas e veja os deles.

Ilustrações: Bruna Assis Brasil/Arquivo da editora

Você já participou de uma festa em que teve de usar fantasia?

Viviana, personagem de uma história, escreveu cartas para vários bichos, convidando-os para uma festa do pijama. Como será uma festa assim?

Observe, na carta que Viviana enviou para a Girafa, os detalhes, o formato e as imagens. Depois, leia silenciosamente essa carta para descobrir como será a festa. Peça ajuda quando tiver dificuldade.

Aguarde para ler com os colegas e com a professora e depois comentar o que observaram.

Leitura: carta pessoal

Viviana, Rainha do Pijama

PARA A GIRAFA,
PERTO DAS ÁRVORES ALTAS,
SAVANA SECA,
ÁFRICA

Cara Girafa,
Chegou a hora da FESTA DO PIJAMA!
Por favor, venha à minha festa do pijama.
Vai ter tremendos balões e também o Leão, o Pinguim e o Jacaré.
E um prêmio para o pijama mais irado.

Com afeto, Viviana
Rainha do Pijama
x x

P.S. Girafa, girafinha,
de pescoço comprido,
que tipo de pijama
é o seu preferido?

Steve Webb. **Viviana, Rainha do Pijama**. São Paulo: Salamandra, 2009. p. 16.

Sobre o autor

O inglês **Steve Webb** estudou projeto gráfico e ilustração e trabalha para várias agências de publicidade. Atualmente é desenhista. Ele escreveu e ilustrou o livro **Viviana, Rainha do Pijama**.

Interpretação do texto

Atividade oral e escrita

1 Converse com seus colegas para responder: Como será a festa citada na carta?

2 O texto que vocês leram é uma carta pessoal. Juntos, observem as partes desta carta.

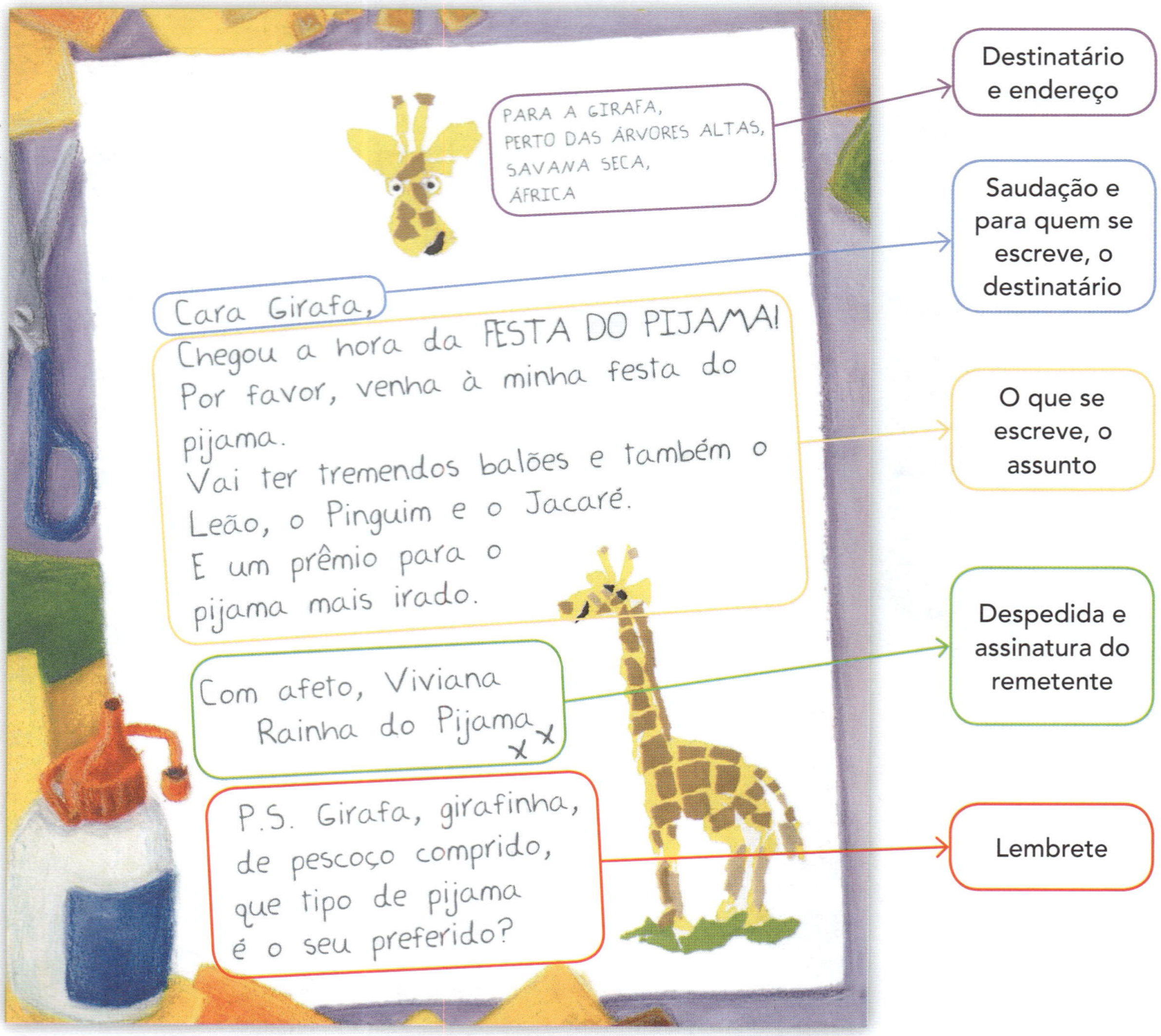

a) Copiem da carta:

- a palavra carinhosa que Viviana usa para **saudar** a Girafa;

____

- a expressão carinhosa que Viviana usa para se **despedir**.

____

b) Qual é o **assunto** da carta?

____

____

c) Juntos, leiam o endereço para onde a carta foi enviada e respondam: Qual foi a provável razão de Viviana ter utilizado uma carta para se comunicar com sua amiga Girafa?

____

____

d) Leiam juntos o texto que está no quadro vermelho no final da carta. Conversem: Por que será que essa parte foi escrita depois da despedida?

3 Na carta, Viviana cita outros animais que já foram convidados. Quem são eles?

____

4 Leiam.

E um prêmio para o pijama mais **irado**.

O que pode significar um **pijama irado**? Conversem e escolham uma palavra que possa substituir **irado**. Registrem essa palavra a seguir.

E um prêmio para o pijama mais _______________

____

_______________.

Reprodução/Editora Salamandra

5 Leiam a carta que a Girafa escreveu como resposta a Viviana.

Cara Viviana,

Neste planeta azul e verde, que Deus nos deu, não existe ninguém mais alta que eu: meu pescoço comprido já tem sua fama. Com a cabeça no céu e meus pés na grama, meu pijama tem nuvens de cima até embaixo.

Pijama mais bonito por aqui não há.
O prêmio já é meu, a vitória é pra já.

Com afeto, Girafa

Reprodução/Editora Salamandra

Steve Webb. **Viviana, Rainha do Pijama**. São Paulo: Salamandra, 2009. p. 17.

Por que vocês acham que a Girafa afirma que seu pijama tem nuvens "de cima até embaixo"? O que ela quis dizer com isso?

6 Confira se a carta da Girafa tem todas as partes necessárias.

a) **Para quem** a Girafa escreveu? ______________________

b) Qual foi o **assunto** da carta? ______________________

c) Como a Girafa se **despede**? ______________________

d) A Girafa escreveu sua carta com um tipo de letra diferente daquele usado por Viviana. Geralmente as cartas à mão são escritas com esse tipo de letra que a Girafa usou, a **letra cursiva**.
Copie no caderno com letra cursiva estes trechos da carta de Viviana.

Cara Girafa,

Por favor, venha à minha festa do pijama.

e) Observe a ilustração ao lado da carta da Girafa, na atividade 5, leia o endereço e escreva com letra cursiva no caderno: Onde mora Viviana?

Hora de organizar o que estudamos

Leiam o esquema a seguir com a professora.

Carta pessoal

Correspondência escrita entre duas pessoas que estão em lugares diferentes

Intenção/finalidade
- Estabelecer comunicação por escrito, a distância

Partes
- Saudação, assunto, despedida e assinatura
- Pode ter P.S. (lembrete)

Tecendo saberes

Às vezes, as cartas percorrem longos caminhos até chegarem ao destino. Veja no mapa-múndi abaixo onde nós estamos: no **Brasil**.

Se você fosse traçar uma linha do Brasil até o lugar onde Viviana mora, a **Inglaterra**, que direção essa linha seguiria?

Para chegar lá, uma cartinha passaria principalmente sobre terra ou sobre mar?

E a carta de Viviana para a Girafa, iria pelo mar ou por terra?

Mapa-múndi

Fonte: IBGE. **Atlas geográfico escolar**. Rio de Janeiro, 2009. (Adaptado.)

Prática de oralidade

Conversa em jogo

Comunicação escrita entre pessoas

Atualmente, há muitas formas de as pessoas se comunicarem. Os meios eletrônicos, como o celular e o computador, têm tornado mais rápida a troca de mensagens escritas entre as pessoas.

Juntos, vejam algumas das formas que Viviana poderia usar para se comunicar por escrito com seus amigos.

- Mensagens escritas instantâneas pelo celular:

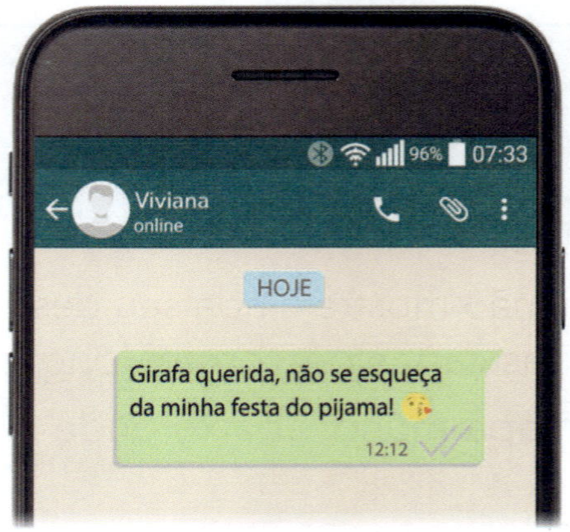

Various-Everythings/Lutsina Tatiana/Shutterstock/ Fotomontagem: Fernanda Crevin

- *E-mail*:

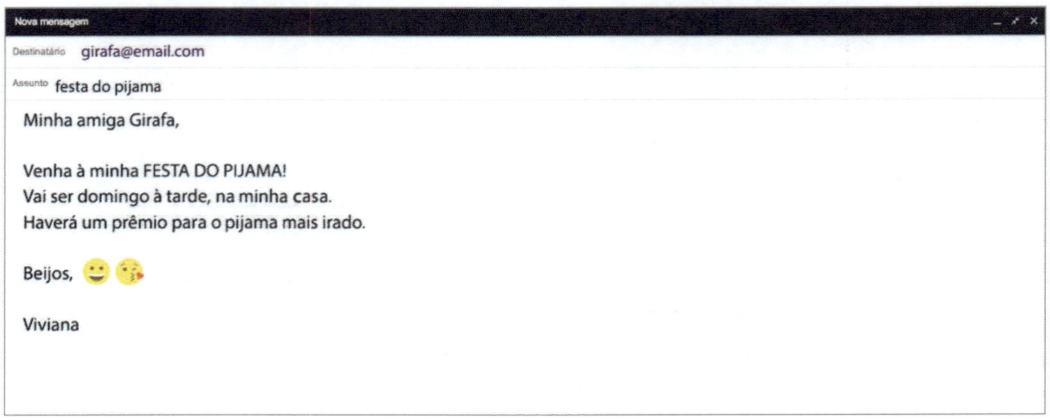

Reprodução/Arquivo da editora

Conversem:

1. Qual dessas formas de comunicação escrita vocês já viram? Conhecem outras? Quais?
2. Qual forma de comunicação vocês usariam para falar com seus amigos?
3. Que diferenças vocês podem observar entre essas formas e as cartas que leram nesta unidade?

Descrever: contar algo nos mínimos detalhes

Na carta da Girafa lemos que o pijama dela é cheio de nuvens. Agora é sua vez de inventar um pijama.

1. Escolha um dos bichos convidados por Viviana:
   - o Leão, que é o rei da floresta;
   - o Pinguim, que mora em um lugar gelado;
   - o Jacaré, que mora na água.
2. Desenhe, em uma folha avulsa, como seria o pijama do animal que você escolheu. Lembre-se de que, na história, o pijama:
   - deverá ser fantástico, imaginativo, "irado";
   - concorrerá a um prêmio.
3. Quando for sua vez, descreva com detalhes o que você desenhou. Nessa hora, não mostre ainda seu desenho, para que os colegas imaginem o pijama apenas por suas palavras.
4. Ao descrever o pijama de seu animal, é importante falar com clareza, sem pressa e em um tom de voz que possa ser ouvido por todos.
5. Em seguida, mostre seu desenho e conte por que imaginou o pijama assim.
6. Ouça o que os colegas vão contar sobre o desenho deles e tente imaginar como é o pijama que cada um desenhou.
7. No final, vocês podem juntar os desenhos e fazer um varal de pijamas!

Produção de texto

Carta pessoal

Agora é você quem vai escrever uma carta.

Planejamento

1. Imagine que Viviana enviou uma carta convidando você para a festa do pijama.
2. Como seria sua carta de resposta? Como seria seu pijama?

Escrita

1. Escreva uma carta para Viviana, Rainha do Pijama.
2. Siga as instruções da professora.

Para quem se escreve: destinatário

O que se escreve: assunto

Despedida e assinatura do remetente

P.S.

P.S., se precisar

Revisão e apreciação

1. Releia sua carta e reescreva o que for necessário. Peça ajuda se precisar. Por fim, copie-a no espaço acima.
2. Quando as cartas estiverem prontas, divirta-se lendo as dos colegas. Vocês também podem montar um varal com as cartas para apreciar melhor o que foi produzido.

Língua: usos e reflexão

Uso de letras maiúsculas

Atividade oral e escrita

1 Volte à página 197 e circule todas as letras maiúsculas que encontrar na carta de Viviana.

Converse com os colegas e com a professora sobre o uso das letras maiúsculas nessa carta e depois faça as atividades a seguir.

2 Ligue os quadros para mostrar por que foram usadas letras maiúsculas em cada situação.

Viviana	início de frase
FESTA DO PIJAMA!	nome de pessoa
Leão	nome de personagem
Chegou a hora da...	destaque para chamar a atenção do leitor

Reprodução/Editora Salamandra

3 Copie da carta da Girafa, na página 200, as palavras ou trechos que indicam:

a) nome do destinatário;

____

b) nome de quem escreve, o remetente;

____

c) início de frase.

____

4 O Leão escreveu uma resposta para Viviana, mas se esqueceu de empregar as letras maiúsculas. Veja como ficou.

cara viviana,

pode contar comigo em sua festa. meu pijama será o de um verdadeiro rei.

da áfrica, com afeto,

leão

Silvana Rando/Arquivo da editora

Copie a resposta do Leão empregando corretamente as letras maiúsculas.

5 Façam, em uma folha avulsa, uma lista de palavras que são usadas com letra inicial maiúscula. Valem: nome de produto, nome de pessoa, nome de cidade, nome de personagem, etc.

Hora de organizar o que estudamos

Leiam o esquema a seguir com a professora.

Uso de letra maiúscula

- Nome de pessoa
- Nome de lugar
- Palavras em destaque para chamar a atenção
- Início de frase

Palavras em jogo

Letra S

Escreva abaixo o nome dos bichos que aparecem no quadro a seguir.

Dica: Só vale nome de bicho iniciado com S.

SOPA	TARTARUGA	CORUJA
SUCATA	SUCURI	SABIÁ
SAIA	ONÇA	SAGUI
SERENO	SAPO	SEMENTE

______________________	______________________
______________________	______________________

Mesma letra, outro som: S com som de Z

Reprodução/Editora Salamandra

Atividade oral e escrita

1. Leia os endereços da Girafa e de Viviana.

PARA A GIRAFA, PERTO DAS ÁRVORES ALTAS, SAVANA SECA, ÁFRICA	VIVIANA, Travessa Arenosa, 22 Colina Verde à Beira-Mar, INGLATERRA

a) Leia em voz alta as palavras a seguir e pinte a letra S.

SAVANA	ARENOSA

b) Em qual dessas palavras a letra S tem o mesmo som da letra Z em **zebra**?

____

2 Pinte as palavras em que a letra S tem o mesmo som da letra Z em **zebra**.

PÁSSARO | CASA | SOPA | CASO | CASEIRO

BESOURO | ASSADO | MÚSICA | RASO

3 Pinte as letras que vêm antes e depois da letra S em cada palavra.

CASA | CASO | CASEIRO

BESOURO | MÚSICA | RASO

Converse com os colegas e com a professora: O que vocês descobriram a respeito do som da letra S nessas palavras?

S ou SS?

Atividade oral e escrita

1 Leia em voz alta esta palavra. TRAVESSA

a) Preste atenção no som produzido por SS.

b) Agora, pinte as palavras em que a letra S tem o mesmo som que SS em **travessa**.

SALA | CASA | LISA | SAPATO

2 Leia e observe o som da letra S em cada uma destas palavras.

ASA

Ilustrações: Silvana Rando/Arquivo da editora

ASSA

Converse com os colegas e respondam: O que vocês observaram sobre o uso de S e SS no meio da palavra?

3 Descubra as palavras a seguir completando com S ou SS.

PA______EIO	TE______OURO	AVI______O
GOSTO______O	PE______OA	A______ADO

4 Observe a separação das sílabas quando a palavra é escrita com SS.

MASSA → | MAS | SA | FOSSA → | FOS | SA |

Como é feita a separação na escrita?

____

5 Separe as sílabas das palavras indicadas.

PASSADO → | | | |

OSSUDO → | | | |

PASSARINHO → | | | | |

6 Hora de traçar a letra S na página 69 do **Caderno de Atividades**.

Memória em jogo

Leia e memorize.

O pássaro pousa
onde a raposa repousa.

Libsa Editorial. **Adivinhas e trava-línguas**. São Paulo: Caramelo, 2009. p. 111.

Silvana Rando/ Arquivo da editora

Na página 268, há uma atividade proposta com esse texto. Confira.

Unidade 9

Assim também aprendo

Carta enigmática

- Descubra quem ganhou o concurso do pijama.

Camila de Godoy/Arquivo da editora

O que estudamos

Autoavaliação

Pinte ou faça um **X** na coluna que mostra como você se saiu nesta unidade.

Unidade 9		Avancei	Preciso estudar mais
Gênero	Leitura e interpretação de **carta pessoal**		
	Partes de uma carta pessoal		
	Produção de carta pessoal		
	Mensagens eletrônicas escritas: *e-mails* e mensagens instantâneas escritas por celular		
Estudo sobre a língua	Uso de letra maiúscula		
	Letra **S** e o som que ela representa		
	Mesma letra, outro som: **S** com som de **Z**		
	Uso de **S** ou **SS**		
Oralidade	Participação nas atividades orais		

Sugestões de...

Livros

Reprodução/Editora Formato

***A carta*, de Carolina Michelini, com ilustrações de Michele Iacocca, publicado pela editora Formato.**
Este livro de imagens conta a história de um garoto que observa o banco vazio em frente à casa dele. Um dia, uma garota se senta lá com um livro e começa a ler. Foi amor à primeira vista.

Reprodução/Editora Salamandra

***De carta em carta*, de Ana Maria Machado, publicado pela editora Salamandra.**
Pepe resolveu escrever uma carta e dizer tudo o que pensava sobre seu avô José. Acabou descobrindo o poder de uma simples cartinha.

Reprodução/Companhia das Letrinhas

***O carteiro chegou*, de Janet & Allan Ahlberg, publicado pela editora Companhia das Letrinhas.**
Neste livro, contado com rimas, há cartas, postais, convites e envelopes de personagens dos contos de fadas.

Unidade

10 História de suspense

Nesta unidade você vai...

- ler e interpretar uma história de suspense;
- produzir outro final para a história;
- refletir sobre a ordem das frases em um texto;
- estudar o uso da letra C na escrita e os sons que representa;
- estudar o uso do Ç na escrita e o som que representa;
- estudar as sílabas QUE, QUI, CE, CI e os sons que representam;
- participar de atividades orais.

Fabiana Faiallo/Arquivo da editora

- Observe a imagem. Que tipo de história você acha que está sendo contada para as crianças?
- Você gosta mais de ouvir ou de contar histórias?
- Você gosta de histórias de suspense? Você se lembra de alguma? Qual?
- Converse sobre essas histórias com os colegas e com a professora.

Para iniciar

Vamos fazer monstrinhos assustadores?

Material

- Canetinha colorida, papel, tinta, pratinho e... um legume!

Escolha o legume e peça a um adulto que o corte ao meio.

Depois, siga o passo a passo.

1. Coloque um pouco de tinta no pratinho e molhe nela a metade do legume que você trouxe.

Ilustrações: Camila de Godoy/Arquivo da editora

2. Carimbe no papel o legume molhado de tinta.

3. Divirta-se desenhando monstrinhos assustadores.

Seus monstrinhos ficaram assustadores?

Susto, medo, arrepios! Do que você tem medo? O que assusta você?

Leia a história de um menino que levou um grande susto! O que será que aconteceu?

Leitura: história de suspense

O barulho fantasma

Camila de Godoy/Arquivo da editora

Mário estava deitado no chão, fazendo a lição.

Escutou um treque-treque e o susto foi tão grande que fez pular seu coração!

[...]

Veio vindo o barulhinho. Mas, pro Mário, era um barulhão. TREQUE! TREQUE!

— Que-que-quem está aí?

— Que-que-quero que responda!

[...]

De repente, Mário sente uma coisa no pescoço.

Vai se virando...

... e o que vê?

Uma mão feita de osso!

[...]

— Socorro! Acudam! Eu morro! É um fantasma! Socorro!

Aí, o barulho para, de repente, bem na porta.

[...]

Camila de Godoy/Arquivo da editora

Aí, ele vê o que era. Não era fantasma nem fera.

Parado no corredor, estava um esqueleto-robô.

Ele andou, pregou susto e parou, porque a corda acabou!

Sonia Junqueira. **O barulho fantasma**. 11. ed. São Paulo: Ática, 2007. (Coleção Estrelinha).

Camila de Godoy/Arquivo da editora

Sobre a autora

Sonia Junqueira nasceu em Três Corações, sul de Minas Gerais, em 1945. Ela é editora e escritora de muitas obras de literatura infantojuvenil.

Reprodução/Editora Ática

Interpretação do texto

Atividade oral e escrita

1 Responda às questões sobre a história de suspense que você leu.

a) Quais são os personagens da história?

____

b) Qual é o personagem principal?

____

c) Mário estava tranquilo no início da história. O que o personagem fazia?

____

d) Onde se passa a história?

____

____

2 Assinale com um **X** o ☐ com a alternativa que completa a afirmação a seguir.

O que causou um susto em Mário foi:

☐ um grito.

☐ seu coração.

☐ um fantasma.

☐ um barulho.

3 Na parte de maior suspense da história, o que Mário viu?

____

4 Em determinado momento, o menino gritou:

— Socorro! Acudam! Eu morro! [...]

Por que Mário se assustou?

Conversem e escrevam a resposta.

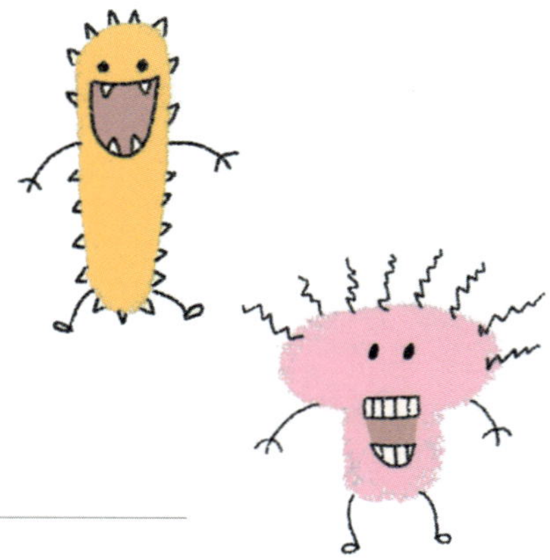

Silvana Rando/Arquivo da editora

____

____

____

5 Releia agora este trecho.

Aí, o barulho para, de repente, bem na porta.

Por que o barulho parou?

____

____

6 Copie o trecho do texto que é o **desfecho**, isto é, que esclarece o mistério.

____

____

____

____

7 Releia esta frase da história:

> Aí, ele vê o que era. [...]

Reescreva a frase substituindo a palavra **Aí** por outra com sentido semelhante.

____

____

8 Sabendo que o "treque-treque" era o som do robô, por que provavelmente o título da história é "O barulho fantasma"? Converse com os colegas e com a professora sobre isso.

Depois, elaborem uma resposta coletiva. A professora vai escrever na lousa.

Registrem a seguir a resposta que vocês construíram.

____

____

9 Assinale com um **X** o ☐ que indica qual pode ser a finalidade das histórias de suspense, como essa que você leu.

☐ Informar sobre um assunto.

☐ Divertir o leitor.

☐ Dar instruções a quem lê.

☐ Fazer uma reclamação.

Hora de organizar o que estudamos

Leiam o esquema a seguir com a professora.

História de suspense

Narrativa imaginada que acontece em torno de um mistério

Partes da história
- início
- acontecimento misterioso
- final ou desfecho surpresa

Elementos da história
- Quem: personagem
- Onde: lugar
- Quando o fato acontece: momento

Prática de oralidade

Conversa em jogo

Ai, que medo!

Vamos falar sobre nossos medos!

1. Do que você tem medo? O que você acha que pode fazer para evitar ou afastar esse medo que sente?
2. Em uma folha avulsa, faça uma lista de 3 a 5 medos que você tem ou de 3 a 5 coisas que assustam você.
3. Aguarde sua vez de falar. Conte quais são os medos de sua lista, mesmo que pareçam bobos.
4. A professora vai fazer uma lista com todos os medos.
5. Na sua vez, conte o que você faz quando está com medo. Por exemplo: para medo de escuro, é bom sempre ter uma lanterna por perto.
6. Ouça com atenção o que os colegas dizem.

Produção de texto

Desfecho de história

Vocês vão pensar em um **final** diferente, isto é, em um novo **desfecho** para a história "O barulho fantasma", vivida por Mário.

Planejamento

1. Imaginem o que Mário poderia ter visto no lugar do robô.
2. Não se esqueçam de que o final deve ser uma surpresa para quem lê.

Escrita

Façam um rascunho para criar o suspense com base neste trecho:

> — Socorro! Acudam! Eu morro! É fantasma! Socorro!
> Aí, o barulho para, de repente, bem na porta.
> [...]

Revisão e reescrita

1. Depois de pronto o desfecho da história de vocês, releiam o rascunho.
2. Façam os acertos necessários.
3. Passem a limpo o novo final em uma folha avulsa.
4. Ilustrem e aguardem para ler e ouvir os finais produzidos pelos colegas.

Exposição

1. Façam um painel com todos os textos.
2. Juntos, deem um nome para esse painel, para deixar claro qual é o tema dos textos que aparecem nele. O painel pode ser exposto em algum espaço da escola onde todos possam ler e sentir medo!

Camila de Godoy/Arquivo da editora

Aí vem... história de suspense

A professora vai ler outra história de suspense. Ouça com atenção.

Encurtando o caminho

Tia Maria, quando era criança, um dia se atrasou na saída da escola, e na hora em que foi voltar para casa já começava a escurecer. Viu uma outra menina passando pelo cemitério e resolveu cortar caminho, fazendo o mesmo trajeto que ela.

Tratou de apressar o passo até alcançá-la e se explicou:

— Andar sozinha no cemitério me dá um frio na barriga! Será que você se importa se nós formos juntas?

— Claro que não. Eu entendo você — respondeu a outra. — Quando eu estava viva, sentia exatamente a mesma coisa.

Angela Lago. **Sete histórias para sacudir o esqueleto**. São Paulo: Companhia das Letrinhas, 2002. p. 15.

Língua: usos e reflexão

Ordem das frases em um texto

1. Organize os elementos do quadro para descobrir a frase escondida.

   Dica: É uma frase de uma das histórias de suspense que você leu nesta unidade.

sente	pescoço.	Mário	repente,
coisa	De	uma	no

2. O que você pensou para organizar a frase?
   Converse com os colegas sobre isso.

Para dar sentido a uma frase escrita, podemos observar os sinais de pontuação, as letras maiúsculas e minúsculas e, ainda, como as palavras estão organizadas.

3. No caderno, organize as frases a seguir, para que o texto se torne uma piada engraçada.
   Depois, copie-a. Não se esqueça dos parágrafos!

— Cinco reais — respondeu o vendedor.

Um garotinho foi ao mercado e perguntou:

— E se eu devolver as cascas?

— Quanto custam os ovos?

Domínio público.

Para expressar o que queremos em um texto escrito, além de usar os sinais de pontuação e as letras maiúsculas e minúsculas e organizar as palavras, é preciso também organizar a **ordem das frases** de acordo com o que queremos expressar.

Palavras em jogo

Letra C

1 Escreva a palavra que dá nome ao que está circulado em cada imagem.

Silvana Rando/Arquivo da editora

Camila de Godoy/Arquivo da editora

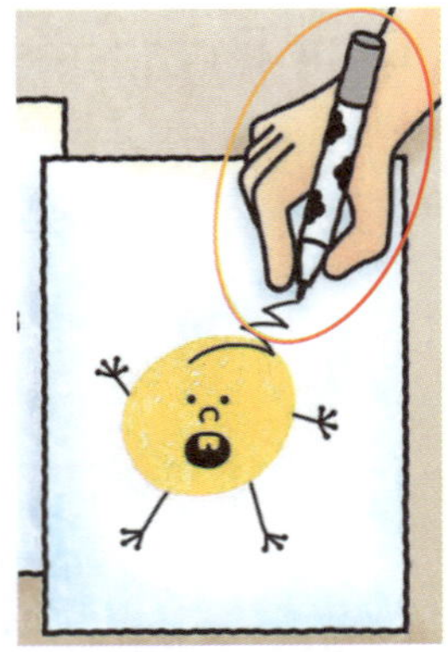

Camila de Godoy/Arquivo da editora

2 **Palavras na caixa**. Escreva na caixa alguns nomes da lista ao lado dela. Só valem **nomes de brinquedo** com as sílabas **CA**, **CO**, **CU**.

Dica: A sílaba não precisa estar no início da palavra.

CUECA
PATINS
BARCO
JOGO
CORDA
PETECA
BOLA
CARRINHO
BONECA

Silvana Rando/Arquivo da editora

Mesmo som, outras letras: QUE e QUI

1 Escreva:

a) a palavra que indica o barulho que assustou Mário em "O barulho fantasma".

____

b) a palavra que dá nome ao que aparece na imagem ao lado.

____

c) a sílaba que se repete nas palavras que você escreveu acima.

____

Ralf Juergen Kraft/Shutterstock

2 **Palavras no quiosque**. Escreva no quiosque alguns dos nomes que aparecem no quadro. Só valem nomes de comidas que **comecem** com **QUE** e **QUI**.

PERIQUITO
QUEIJO
QUIABO
MANDIOQUINHA
QUEIJADINHA
QUINDIM
CANJICA
QUIBE
QUEIXO

Silvana Rando/Arquivo da editora

3 Agora, observe a sequência das sílabas: CA, QUE, QUI, CO, CU. Complete corretamente as palavras com essas sílabas.

a) ______ JU

b) ______ BE

c) ______ BO

d) ______ RIDO

e) ______ CO

f) ______ BRE

Letra Ç

1 Releia este trecho.

> De repente, Mário sente
> uma coisa no pescoço.
> Vai se virando...
> ... e o que vê?
> Uma mão feita de osso!

O que você observa em relação ao som das partes destacadas? Converse com os colegas.

2 Leia estas palavras.

MARCO → MARÇO

Liquidlibrary/Getty Images

MARÇO 2021						
DOM.	SEG.	TER.	QUA.	QUI.	SEX.	SÁB.
	1	2	3	4	5	6
7	8	9	10	11	12	13
14	15	16	17	18	19	20
21	22	23	24	25	26	27
28	29	30	31			

O que você observou na troca de C por Ç? Converse com os colegas e, depois, escrevam uma resposta coletiva.

____

____

3 Coloque o sinal **cedilha** na letra C para mostrar a mudança do som e da palavra. Depois, leia em voz alta as palavras formadas.

COCA → ____________ CACA → ____________

COCO → ____________ PECA → ____________

FACA → ____________ LOUCA → ____________

4 Pinte as letras que aparecem depois do Ç.

Robin Lynne Gibson/Stone/Getty Images

PALHAÇO

Photos.com/Getty Images

PESCOÇO

Ron Chapple/Thinkstock/Getty Images

MOÇA

diogoppr/Shutterstock

CUPUAÇU

5 Complete.

Depois de Ç vêm as vogais ______, ______ ou ______.

Atenção! Nenhuma palavra começa com Ç.

Mesma letra, outro som: CE, CI

Atividade oral e escrita

1 Leia o poema.

De cabeça
Para baixo
Eles dormem
Que sossego...
Debaixo,
Parecem cachos
E mais cachos...
De morcegos.

Luiz Roberto Guedes. **Bicharada de tinta**. São Paulo: FTD, 1996.

Silvana Rando/Arquivo da editora

a) Copie as palavras que aparecem destacadas no poema.

____

b) Conversem: O que vocês podem observar quanto ao som dessas palavras?

c) O que vocês podem observar quanto à escrita delas?

2 Nas palavras abaixo, pinte a letra que aparece logo depois da letra **C**.

Dorling Kindersley/Getty Images

MORCEGO

tristan tan/Shutterstock

CISNE

AbleStock.com/Getty Images

CEBOLA

3 Fale as palavras em voz alta e compare o som da letra **C**.

Olga Guchek/Shutterstock

CAQUI

Valentina Razumova/Shutterstock

CENOURA

david156/Shutterstock

CIDRA

PhillStudio/Shutterstock

COCO

Elena Fragoso/Shutterstock

CUPUAÇU

a) Pinte a primeira sílaba de cada palavra.

b) Copie nos quadros as sílabas que você pintou.

______	______	______	______	______

c) Leia em voz alta as sílabas que você copiou.
O que você descobriu? Conte aos colegas e ouça o que eles descobriram.

4 Observe o som da letra C no caso desta palavra.

MELANCIA

Alfredo Franco/ Arquivo da editora

Circule, nas palavras do quadro abaixo, as que têm a letra C com o mesmo som do C em **MELANCIA**.

CENOURA	ALFACE	COCADA	CEBOLINHA

5 Complete.

Para a letra C ter o som que ela tem em **MELANCIA**,

depois da letra C vêm as vogais ______________ ou ______________.

6 Pesquisem 5 palavras com CE ou CI em jornais e revistas. Depois, copie essas palavras a seguir.

____

____

____

Memória em jogo

Leia para memorizar.

Você quer brincar de pique?
É de pique, picolé.
Quantos piques você quer?

André Carvalho e David de Carvalho. **Como brincar à moda antiga**. Belo Horizonte: Lê, 1999. p. 12.

Silvana Rando/Arquivo da editora

Na página 269, há uma atividade com esse texto para você. Confira.

Assim também aprendo

História em quadrinhos

- Leia e divirta-se.

Ziraldo. **As melhores tiradas do Menino Maluquinho**. São Paulo: Melhoramentos, 2000. p. 90.

O que estudamos

Autoavaliação

Pinte ou faça um **X** na coluna que mostra como você se saiu nesta unidade.

Unidade 10		Avancei	Preciso estudar mais
Gênero	Leitura e interpretação de **história de suspense**		
	Produção de outro desfecho para uma história de suspense		
Estudo sobre a língua	Importância da ordem das frases em um texto.		
	Usos e identificação dos sons que as letras representam: C, Ç; QUE, QUI; CE, CI		
Oralidade	Participação nas atividades orais		

Sugestões de...

Livros

Reprodução/Editora Ática

Contos de enganar a morte, de Ricardo Azevedo, publicado pela editora Ática.

Ricardo Azevedo reconta contos populares que conhece e pesquisa, criando as suas histórias com base nas várias versões que esses contos costumam ter. Os contos têm em comum a morte e a maneira como cada personagem principal tenta "enganá-la". Com poesia e graça, cada história se mostra uma verdadeira declaração de amor à vida.

Reprodução/Companhia das Letrinhas

***O ursinho apavorado*, de Keith Faulkner, tradução de Vitor Kaiser, publicado pela editora Companhia das Letrinhas.**

Esta aventura começa quando o ursinho da história acorda assustado no meio da noite porque ouviu um barulho terrível. O que será que aconteceu? Só lendo para descobrir.

Reprodução/Editora Panini

Terror e suspense, de Mauricio de Sousa, revista em quadrinhos publicada pela editora Panini.

Nesta edição da série de histórias em quadrinhos **Clássicos do cinema**, da Turma da Mônica, os personagens da turma aparecem em clima de terror com histórias que fazem sátiras de diversos filmes de terror e suspense.

Unidade

11 Notícia

Nesta unidade você vai...

- ler e interpretar uma notícia;
- ler foto-legenda;
- ler uma entrevista com um veterinário;
- produzir com os colegas uma manchete e uma notícia;
- estudar o uso da vírgula;
- relembrar a letra **G** e o som que ela representa;
- conhecer os diferentes sons representados pela letra **G** em **GE** e **GI**; **GUE** e **GUI**;
- participar de atividades orais.

- O que as crianças estão fazendo?
- Qual é o assunto que se repete nessa imagem? O que você acha que ele pode indicar?
- Você costuma acompanhar notícias? Se sim, onde?

Lucas Reis Pereira/Arquivo da editora

Para iniciar

Criar imagens pode ser um grande desafio quando juntamos desenho, pintura e... folhas de árvore e pétalas de flor.

Veja como foram criadas as imagens destes animais:

Camila de Godoy/ Arquivo da editora

Quer criar o seu? Siga as instruções:

1. Separe os materiais: folha de papel, lápis, borracha, lápis de cor, cola ou fita adesiva e muitas folhas de árvore e pétalas de flor com tamanhos e formatos diferentes.
2. Pense no bichinho que quer criar.
3. Desenhe-o na folha de papel.
4. Decida que parte do corpo dele pode ser feita com folhas ou pétalas de flor.
5. Reúna as folhas ou pétalas escolhidas para criar penas, pelo, asas, pés ou o que quiser...
6. Pronto: agora é só colar, verificar se a imagem ficou como você queria e mostrar o resultado para seus colegas.

O que você faz para se refrescar durante o verão?

E você sabe o que o zoológico faz para que os animais sofram menos com o calor do verão? Leia esta notícia publicada na internet e descubra.

Leitura: notícia

Picolé e ar-condicionado viram armas contra o calor dos animais do Zoo no Rio

No cardápio estão cestas de frutas e picolé de carne com sangue. Ursos e grandes felinos também têm acesso a sistema de ar-condicionado para não sofrerem com altas temperaturas.

Por RJ1 | 10/01/2019 | 13h42

O forte calor no Rio fez com que o Zoológico do Rio criasse alternativas para refrescar os animais do local. Picolés de frutas e sistema de ar-condicionado viraram armas para que eles fujam das altas temperaturas. Cães e outros animais vêm sofrendo com as altas temperaturas.

O urso Poncho, por exemplo, se deliciava na manhã desta quinta-feira (10) com um picolé: pedaços de coco, mamão, laranja e maçã encravados num grande cubo de gelo. [...]

Disponível em: <https://g1.globo.com/rj/rio-de-janeiro/noticia/2019/01/10/picole-e-ar-condicionado-viram-armas-contra-o-calor-dos-animais-do-zoo-no-rio.ghtml>. Acesso em: 10 mar. 2020.

Veja esta **foto-legenda** com um urso saboreando um picolé de frutas.

Marcos Ramos/Agência O Globo

Urso Zé Colmeia saboreia seu sorvete de frutas na tarde desta terça-feira, no Zoológico do Rio.

FOTO

LEGENDA DA FOTO

Interpretação do texto

Atividade oral e escrita

1. Releia com a professora a notícia e observe as partes dela.

Picolé e ar-condicionado viram armas contra o calor dos animais do Zoo no Rio

MANCHETE: TÍTULO COM LETRAS MAIORES

No cardápio estão cestas de frutas e picolé de carne com sangue. Ursos e grandes felinos também têm acesso a sistema de ar-condicionado para não sofrerem com altas temperaturas.

Por RJ1 | 10/01/2019 | 13h42

O forte calor no Rio fez com que o Zoológico do Rio criasse alternativas para refrescar os animais do local. Picolés de frutas e sistema de ar-condicionado viraram armas para que eles fujam das altas temperaturas. Cães e outros animais vêm sofrendo com as altas temperaturas.

LIDE: PARÁGRAFO QUE TRAZ UM RESUMO COM AS PRINCIPAIS INFORMAÇÕES DO TEXTO

O urso Poncho, por exemplo, se deliciava na manhã desta quinta-feira (10) com um picolé: pedaços de coco, mamão, laranja e maçã encravados num grande cubo de gelo. [...]

CORPO DA NOTÍCIA (trecho)

2. Complete a **manchete** da notícia:

Picolé e ar-condicionado viram armas ______________________

______________________.

3. Marque **X** na resposta. A **manchete** está escrita com letras maiores para:

- [ ] a notícia ficar bonita.
- [ ] chamar a atenção para a notícia.
- [ ] deixar a notícia mais alegre.

4 Jogo rápido.

Complete o quadro com as informações que aparecem no **lide**:

O que aconteceu?	
Onde?	
Quando?	
Por quê?	

5 Na foto-legenda aparece um urso com seu sorvete.

Copie da legenda o nome do urso: ______

6 Marque com **X** o ☐ que indica a intenção desse texto:

☐ CONTAR UMA HISTÓRIA ☐ DIVERTIR E ENTRETER

☐ RELATAR UM ACONTECIMENTO REAL

Hora de organizar o que estudamos

Leiam juntos o esquema.

Notícia

- Manchete
- Lide
- Corpo do texto

Intenção/finalidade

- Relatar um fato real, um acontecimento

Tecendo saberes

A baleia não é um peixe. É um mamífero que vive no mar.

Será que uma baleia pode ser encontrada na mata?

Esta notícia diz que sim. Seria uma notícia falsa?

Entenda como a baleia jubarte foi encontrada em área de mata no Pará

A notícia é verdadeira!

Leiam um trecho dessa notícia:

> Será mesmo que uma baleia jubarte teria sido encontrada no litoral do Pará? E como isso teria acontecido? De acordo com fontes seguras, o animal realmente foi encontrado no dia 22 de fevereiro, em uma área de mata na Ilha do Marajó, no litoral de Soure, no Pará, sem sinais de ferimentos visíveis.
>
> [...] No dia 20 de fevereiro de 2019, uma forte ressaca atingiu o litoral com uma série de altas na maré. Isso pode ter contribuído com a desorientação da baleia. No dia 21 de fevereiro, ondas de até 5 metros de altura assolaram a região, o que explicaria o destino do cetáceo. [...]

Reprodução/Bicho D'Água

Disponível em: <www.meionorte.com/curiosidades/entenda-como-a-baleia-jubarte-foi-encontrada-em-area-de-mata-no-para-356657>. Acesso em: 20 abr. 2020.

Conversem: O que acharam da notícia? Aguardem as instruções da professora.

Com a palavra

Você leu uma notícia sobre a oferta de picolés para ursos e felinos em um zoológico.

Geralmente, quem decide sobre a alimentação dos animais em um zoo são os veterinários.

Leia a entrevista com **Bruno Pimenta Kallas Tessandori**, um veterinário que é também especialista em alimentação animal.

O que o levou a escolher a profissão de veterinário?

O que me motivou foi amar os animais e querer ajudá-los.

O zoológico ofereceu picolés para refrescar os animais no calor. Podemos fazer o mesmo com nossos animais domésticos?

Sim. Picolés na verdade são frutas, verduras, legumes congelados com água (gelo) que acabam refrescando e nutrindo os animais. Não são picolés como os nossos.

Que cuidados devemos ter com a alimentação de nossos animais domésticos?

Cada animal, cada espécie deve ser alimentada com ração específica e com alimentos de preferência sem conservantes: frutas, verduras e legumes. Assim como nós.

Geralmente os veterinários atendem cães e gatos. Que outros animais são atendidos pelos veterinários?

Há veterinários especialistas para vários tipos de animais: cães, gatos, aves, cavalos, bovinos, répteis, anfíbios... Há veterinários que também cuidam de alimentos de origem animal.

Que recado você daria para as crianças sobre os animais que convivem com elas em casa?

Os animais devem ser tratados como alguém da família, com respeito, amor e cuidado.

Bruno Pimenta Kallas Tessandori, veterinário.

Unidade 11

Prática de oralidade

Conversa em jogo

Conversa sobre profissão

Você leu a entrevista de um veterinário, um profissional que cuida da saúde de animais. O que achou mais interessante na entrevista?

Conte aos colegas e ouça a opinião deles.

Notícia falada

Você achou interessante a notícia da baleia jubarte?

Que tal pesquisar com um colega outra notícia interessante?

- Escolham uma notícia e leiam devagar.
- Na sua vez, leiam ou falem a notícia em voz alta, olhando para os colegas.
- Ouçam com atenção as notícias trazidas pelos colegas.

Produção de texto

Manchete

Chegou a hora de ser jornalista. Vamos trabalhar?

Olhem a foto. O que será que aconteceu?

Paul Airlie/Arquivo pessoal

Disponível em: <https://extra.globo.com/noticias/animais/cobra-viaja-da-australia-para-escocia-dentro-de-sapato-de-mulher-23480468.html>. Acesso em: 20 abr. 2020.

Planejamento

1. Ouçam a notícia que a professora vai ler.
2. Pensem em um título, uma **manchete** para a notícia.
3. A manchete deve chamar a atenção e ser escrita com letras grandes e destacadas. Caprichem!

Registro

1. Escrevam a manchete e aguardem a vez de apresentá-la aos colegas.
2. Escolham a manchete mais interessante para copiar no caderno.

Notícia

Observem a foto. O que será que aconteceu com esta baleia?

Reprodução/Thaiwhales

Animal ingeriu cerca de oito quilos de plástico – depois, não conseguiu mais se alimentar.

Vamos escrever a notícia?

Planejamento

1. Leiam conjuntamente a **legenda** da foto.
2. Depois, leiam o quadro com a professora:

O que aconteceu?	Foi encontrada uma baleia morta
Onde?	Na Tailândia
Quando?	No mês de junho
Por quê?	Ela engoliu 80 sacolas plásticas que impediram que ela se alimentasse

3. Vocês vão construir a notícia usando todas as informações do quadro.

Registro

1. A professora vai registrar a notícia no quadro.
2. Escolham uma manchete para a notícia.

Revisão e reescrita

1. Releiam para ver se a notícia ficou clara, se não faltou nenhuma informação.
2. Depois de pronta, copiem a notícia para mostrá-la aos seus familiares.

Língua: usos e reflexão

Uso da vírgula

1. Releia o trecho da notícia que mostra o que foi feito para melhorar a vida dos animais do zoológico.

[...] refeições em forma de sorvete, pulverizadores e ar-condicionado.

Circule o sinal de pontuação empregado no final da frase.

2. Há outro sinal de pontuação empregado. Faça um risco embaixo desse sinal. Qual é o nome desse sinal empregado entre as palavras?

____

3. Agora, leia um trecho de uma letra de canção chamada "Feira".

Cenoura, chuchu, abobrinha, alface fresquinha
Repolho, agrião
Tomilho, alho e salsinha
Ervas, cebolinha e manjericão.

Rita Rameh. **Por quê?** (Independente.). São Paulo: Tratore, 2006. 1 CD. Faixa 6.

Circule o sinal de pontuação empregado no final da estrofe.

4. Há outro sinal de pontuação, empregado entre as palavras.

a) Faça um risco embaixo desse sinal. Qual é o nome desse sinal empregado entre as palavras?

____

b) Conversem: Qual será a razão do uso desse sinal entre as palavras dessa estrofe? Registrem juntos uma resposta.

____

____

5. Releiam juntos a estrofe e respondam: Quando a vírgula não é usada na estrofe?

____

Palavras em jogo

Letra G

1 Palavras na gaveta.

Escreva na gaveta as palavras do quadro abaixo que tenham a letra G.

Dica: Não valem palavras com a letra G no começo.

PREGO	GOMA	GARRAFA	GATO	PAGODE
GOLA	AGULHA	FOGO	GADO	COLEGA

Ilustrações: Silvana Rando/Arquivo da editora

2 Hora de traçar a letra G na página 61 do **Caderno de Atividades**.

Mesma letra, outro som: GE e GI

1 Quem sou eu? Leiam e completem as adivinhas.

a) Dos bichos, sou a mais comprida.
Quer mais uma dica?
Tenho pintinhas na barriga!
Quem sou eu?

____

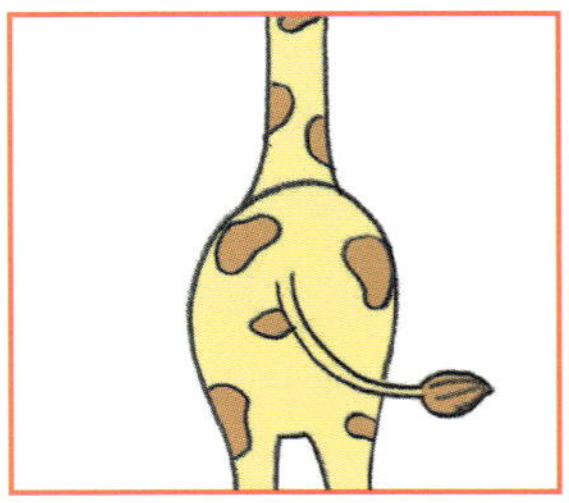

b) Passa o tempo,
tic-tac, tic-tac,
passa a hora.
Quem sou eu?

____

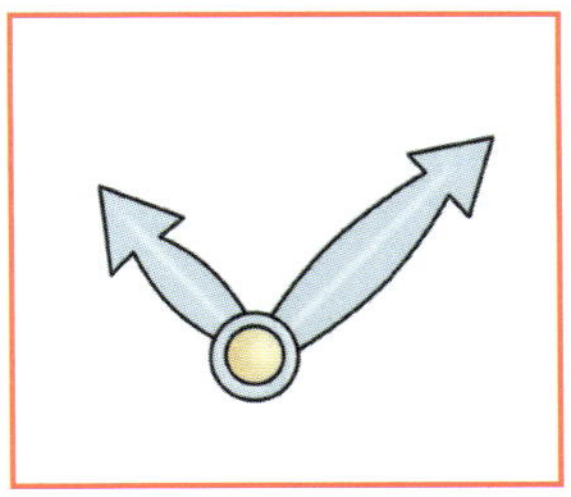

2 Palavras na geladeira.

Escrevam na geladeira as palavras do quadro abaixo em que a letra **G** indica o mesmo som que podemos ouvir em **geladeira**.

GOLA
TIGELA
GEMA
GOMA
AGULHA
GARRAFA
GELO
GELATINA
GELEIA

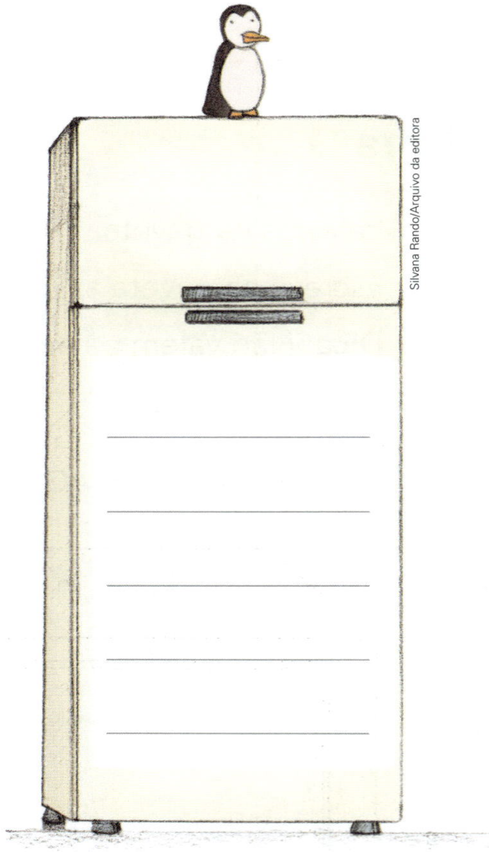

Silvana Rando/Arquivo da editora

Completem a frase.

Na **geladeira** estão as palavras com a sílaba ______.

3 Escolha a palavra do quadro que completa cada balão de fala e descubra o que as meninas estão dizendo.

GIZ	GIRASSOL	GINÁSTICA	GIRAFA	PÁGINA

Ilustrações: Silvana Rando/Arquivo da editora

GUE e GUI

1 Vocês já brincaram de pular corda cantando esta quadrinha?

> Salada, saladinha
> bem temperadinha
> com sal, pimenta
> fogo, foguinho.
>
> Domínio público.

Silvana Rando/Arquivo da editora

a) Releiam estas palavras da quadrinha.

FO	GO

FO	GUI	NHO

b) Agora, leiam estas palavras.

GALO	GOLE	GUERRA	GULA	GUIZO

O que vocês observaram nas sílabas destacadas? Façam um registro no caderno.

2 Leia as palavras com **GUE** e **GUI** e ligue os nomes às figuras correspondentes.

GUIDÃO

Ilustrações: Silvana Rando/Arquivo da editora

FOGUETE

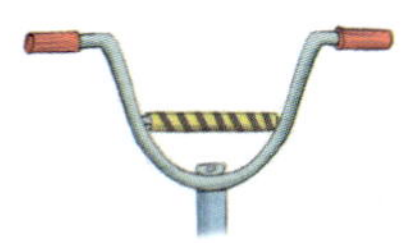

CARANGUEJO

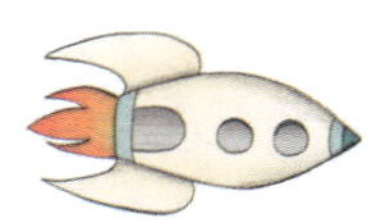

GUITARRA

3 Leia as sílabas nos quadros.

BA	NHO	GUI	GUE	TE	FO	ZO

Agora, complete os quadros abaixo de acordo com as cores e forme palavras.

____	____	____		____	____		____	____	____

______________________ ______________________ ______________________

Memória em jogo

Leia e memorize o texto.

Viagem

A palavra **VIAGEM**
vai levando a gente
longe, longe, longe...
[...]

Elias José. **O jogo das palavras mágicas**. São Paulo: Paulinas, 2000. p. 23.

Silvana Rando/Arquivo da editora

Na página 269, há uma atividade proposta com esse texto. Confira.

Assim também aprendo

- Há muitas coisas interessantes no jornal.
  Qual será a notícia que chamou a atenção do cãozinho Snoopy?

O que estudamos

Autoavaliação

Faça um **X** na coluna que mostra como você se saiu nesta unidade.

Unidade 11		Avancei	Preciso estudar mais
Gênero	Leitura e interpretação de **notícia** e **foto-legenda**		
	Produção de manchete a partir de foto		
	Produção de notícia a partir de foto e legenda		
Estudo sobre a língua	Sinal de pontuação: uso da vírgula		
	Letra G		
	Mesma letra, outro som: GE e GI		
	GUE e GUI		
Oralidade	Participação em atividades orais		

Sugestões de...

Sites

<www.jornaljoca.com.br>

Joca é um jornal quinzenal escrito especialmente para crianças e jovens. Nele há notícias, reportagens, entrevistas. É possível ler a versão impressa ou a publicação *on-line*.

Reprodução/https://www.jornaljoca.com.br

<www.revistaquale.com.br>

A revista *Qualé* é voltada para o público de 7 a 11 anos.
Com linguagem fácil e imagens divertidas, a revista, dedicada a crianças e jovens, apresenta explicações sobre as principais notícias do Brasil e do mundo.

Unidade

12 Gráfico informativo

Nesta unidade você vai...

- ler e interpretar um gráfico informativo;
- produzir um gráfico informativo;
- estudar o singular e o plural;
- recordar a letra Z e o som que ela representa;
- reconhecer duas letras que representam um mesmo som: S e Z;
- estudar as letras Z e S em **final** de sílaba;
- participar de atividades orais.

Fabiana Faiallo/Arquivo da editora

- As crianças da cena estão montando um gráfico. Você sabe o que é um gráfico?
- O gráfico que as crianças estão montando é sobre qual assunto?
- Como você descobriu?

Para iniciar

- Para uma lagarta se transformar em borboleta, ela precisa de um longo ano até criar asas e sair voando. Veja:

Revista **Superinteressante**. Disponível em: <https://super.abril.com.br/ciencia/lagarta-leva-um-ano-para-virar-borboleta/>. Acesso em: 24 abr. 2020.

Mas você pode fazer uma borboleta rapidinho!

Material

- vários lápis coloridos;
- 2 quadrados de papel colorido.

Montagem da borboleta

Dobrar

1. Para formar as asas, dobre os dois quadrados assim:

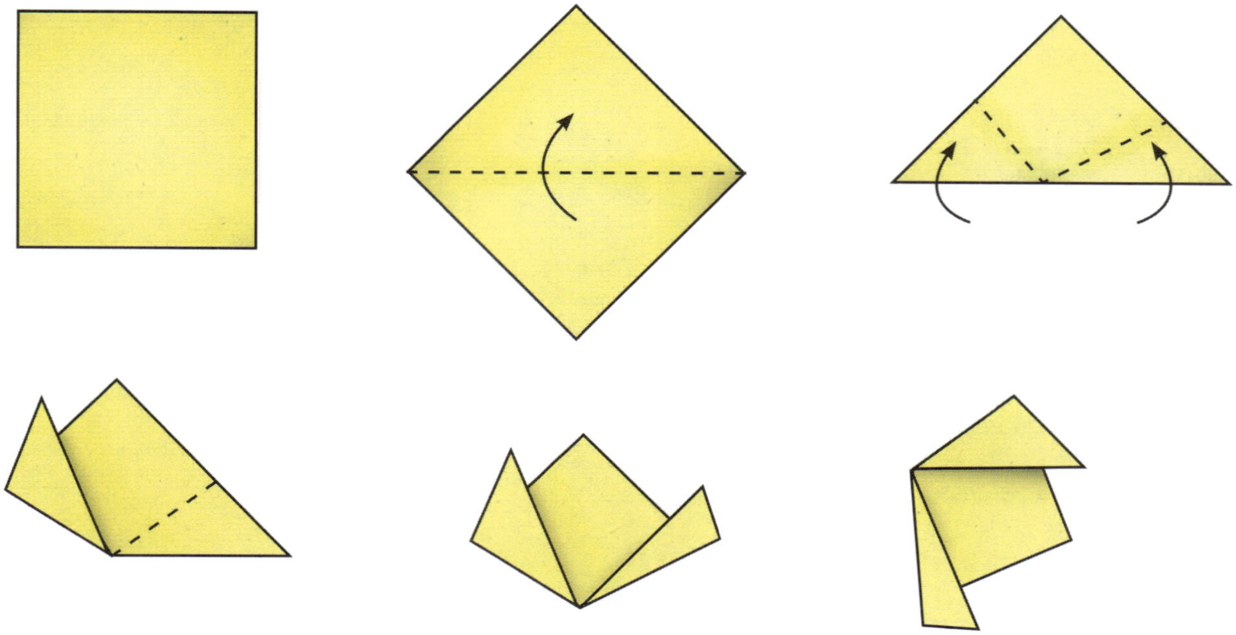

Desenhar

2. Enfeite as asas da borboleta como quiser.
3. Desenhe em um pedaço de cartolina branca o corpo da borboleta.

Recortar e colar

4. Recorte o corpo desenhado da borboleta.
5. Cole as asas da borboleta no corpo.

Mostre seu trabalho para os colegas.

Banco de imagens/Arquivo da editora

Você já leu gráficos?

Observe no gráfico a seguir apenas: o título, as ilustrações, as linhas brancas. Qual será o assunto desse gráfico?

Leitura: gráfico informativo

As imagens não estão representadas em proporção.

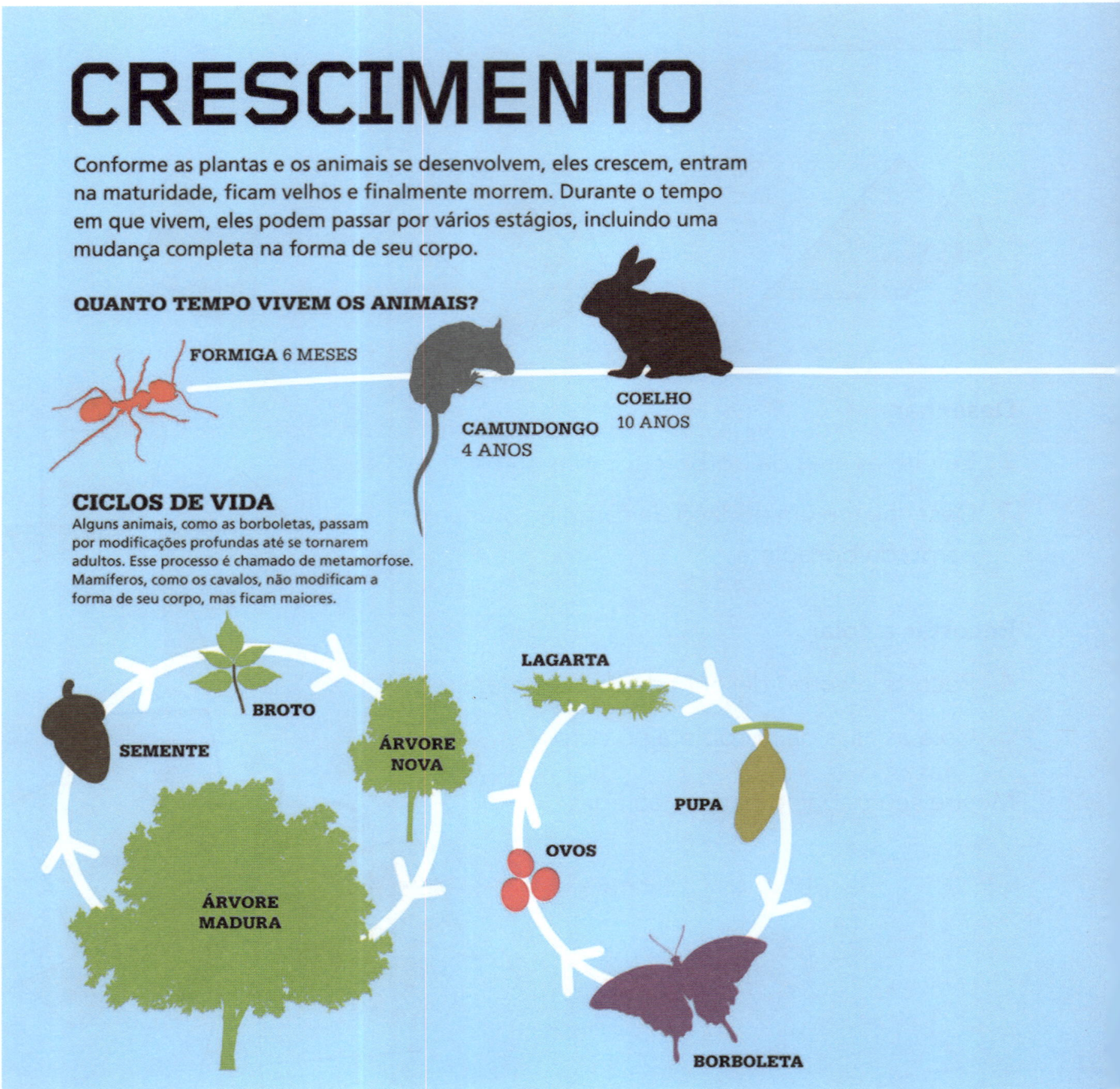

Reprodução/Editora Sextante

Sobre os autores

Will Ireland/Arquivo pessoal

Jon Richards é um editor inglês e escreveu cerca de cinquenta livros sobre meio ambiente e tecnologia. Já viajou para os quatro cantos do mundo. **Ed Simkins** atua como *designer* no mercado editorial.

Reprodução/Editora Sextante

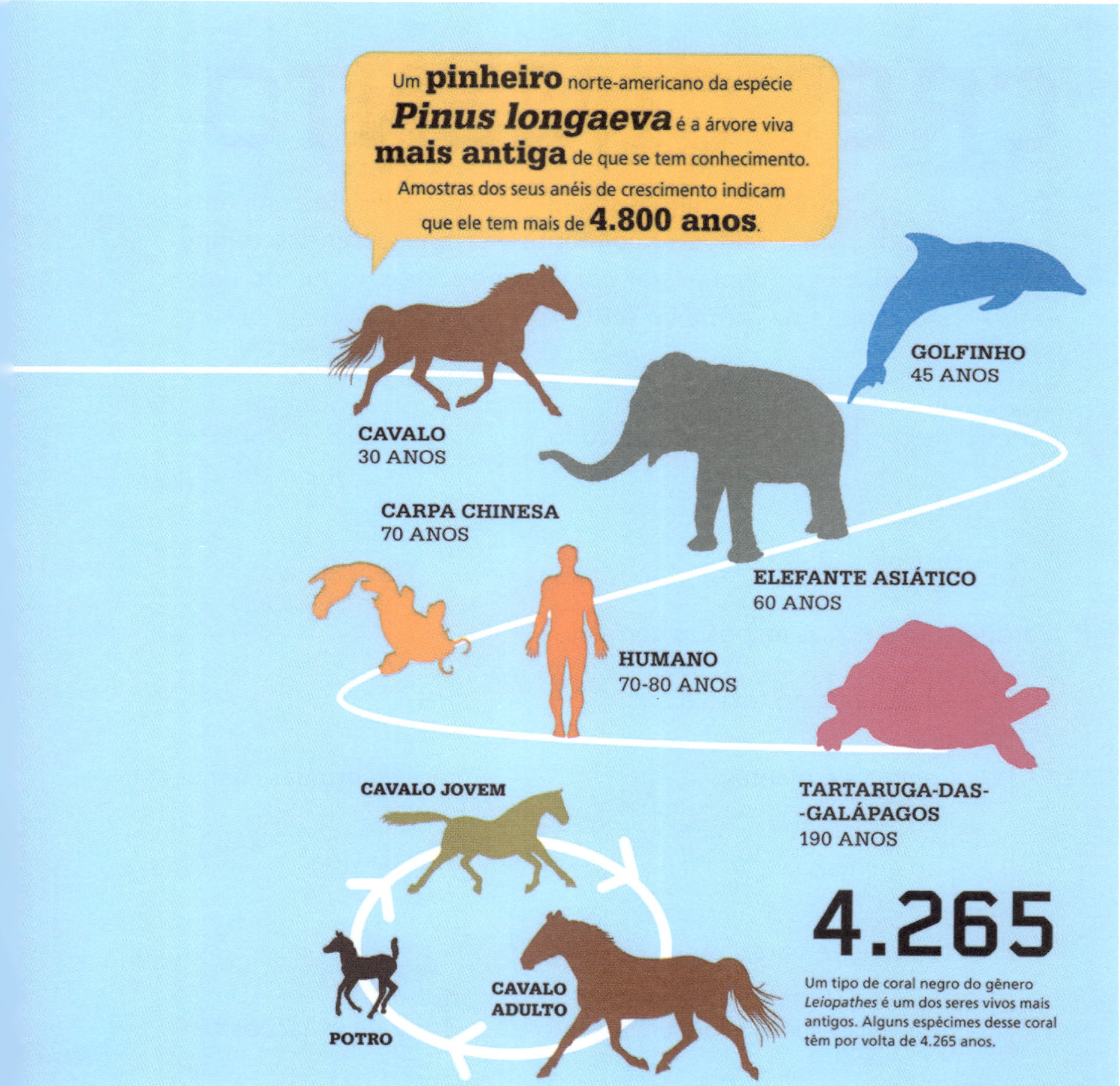

Jon Richards e Ed Simkins. **O mundo em infográficos:** a vida, o Universo e tudo mais. Rio de Janeiro: Sextante, 2013. p. 50-51.

Interpretação do texto

Atividade oral e escrita

Vamos estudar separadamente as informações desse gráfico informativo.

Parte 1

CRESCIMENTO

Conforme as plantas e os animais se desenvolvem, eles crescem, entram na maturidade, ficam velhos e finalmente morrem. Durante o tempo em que vivem, eles podem passar por vários estágios, incluindo uma mudança completa na forma de seu corpo.

1. Por qual motivo a palavra **crescimento** foi escrita com letras maiores?

____

____

2. Marque com um **X** as respostas corretas.

a) O assunto/tema do texto é:

☐ animais e plantas.

☐ crescimento das crianças.

☐ só animais.

☐ fases da vida.

b) Esse texto serve para:

☐ dar explicações sobre um assunto.

☐ dar informações.

☐ divertir as pessoas.

☐ dar um aviso às pessoas.

Parte 2

As imagens não estão representadas em proporção.

1. Observe a linha e as informações que aparecem no gráfico informativo.

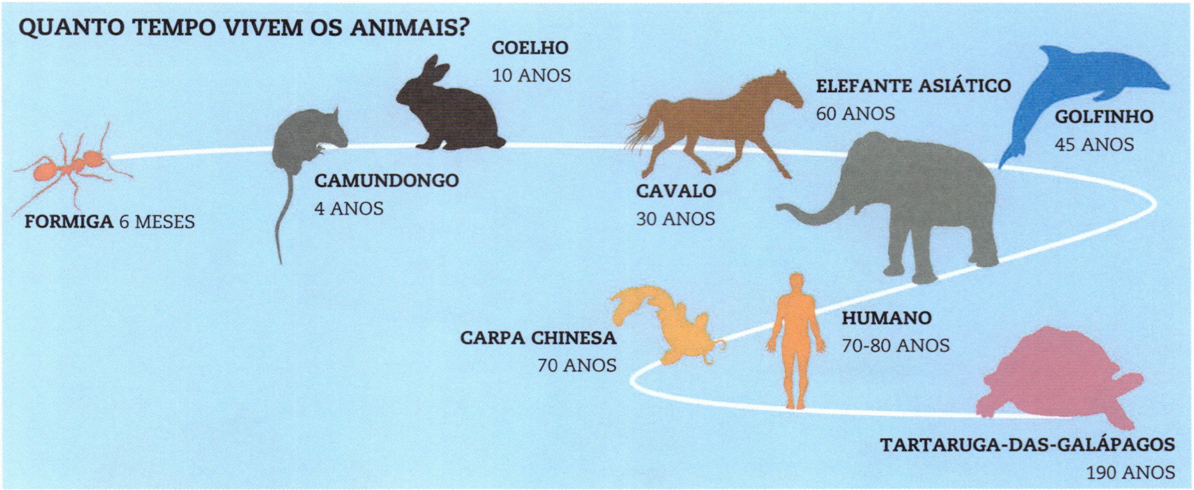

Reprodução/Editora Sextante

Qual é o assunto/tema dessa parte do gráfico?

____

2. Nessa linha, além dos nomes, há imagens representando as sombras de alguns animais. Essas imagens servem para:

☐ ajudar na leitura do texto. ☐ atrapalhar a leitura do texto.

3. Para cada dupla de animais, pinte o ☐ para indicar quem vive mais.

☐ HUMANO OU ☐ CAVALO	☐ GOLFINHO OU ☐ TARTARUGA-DAS-GALÁPAGOS
☐ COELHO OU ☐ CARPA CHINESA	☐ CAMUNDONGO OU ☐ FORMIGA

4. Qual das informações desta parte foi uma surpresa para vocês? Conversem com os colegas.

Parte 3

1 Observe o texto e as imagens.

As imagens não estão representadas em proporção.

Felipe Camêlo/Arquivo da editora

O que significa **ciclo de vida**? Marque com um **X** a resposta correta.

☐ Etapas da vida.

☐ Nascimento.

☐ Morte de animais.

2 Ao crescer, alguns animais passam por **metamorfose**, ou seja, têm a forma do corpo modificada.

Circule no texto a seguir o nome do animal que ao crescer **não** passa por metamorfose.

CICLOS DE VIDA

Alguns animais, como as borboletas, passam por modificações profundas até se tornarem adultos. Esse processo é chamado de metamorfose. Mamíferos, como os cavalos, não modificam a forma de seu corpo, mas ficam maiores.

Reprodução/Editora Sextante

3 Escreva o nome de outros 3 animais que **não** mudam a forma do corpo ao crescerem, apenas ficam maiores.

___

4 Observe os ciclos de vida.

As imagens não estão representadas em proporção.

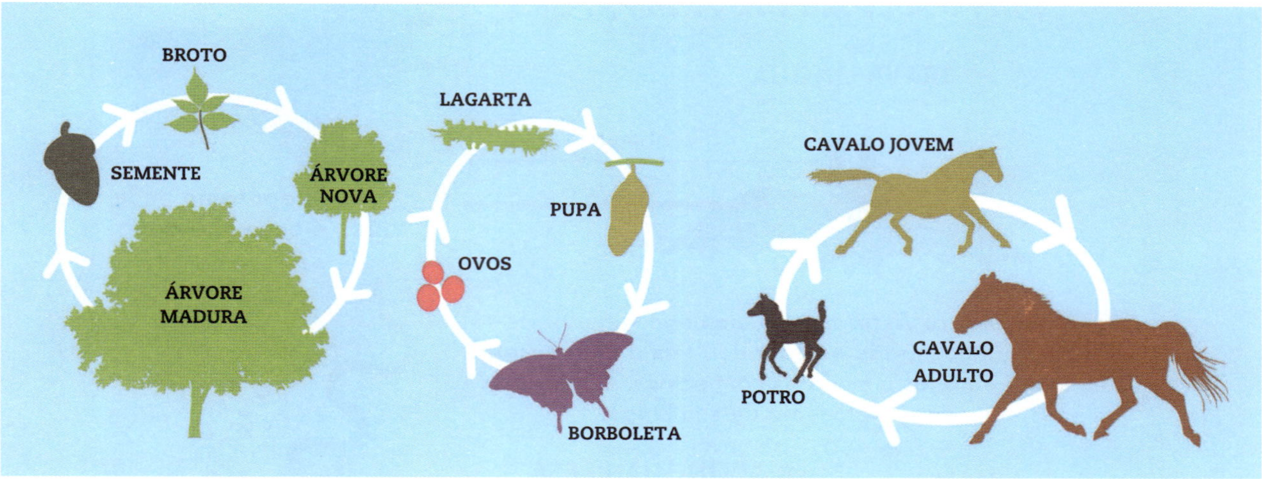

Com qual deles o ciclo de vida dos seres humanos mais se parece?

___

5 Converse com os colegas: Qual parte desse gráfico informativo mais chamou a sua atenção? Por quê?

6 Por que podemos afirmar que a leitura de um gráfico informativo é uma leitura mais rápida? Converse com os colegas.

Hora de organizar o que estudamos

Leiam o esquema a seguir com a professora.

Gráfico informativo

↓

Traz informações escritas e visuais sobre um assunto/tema

Aí vem... gráfico informativo

Leia com a professora este outro gráfico informativo.

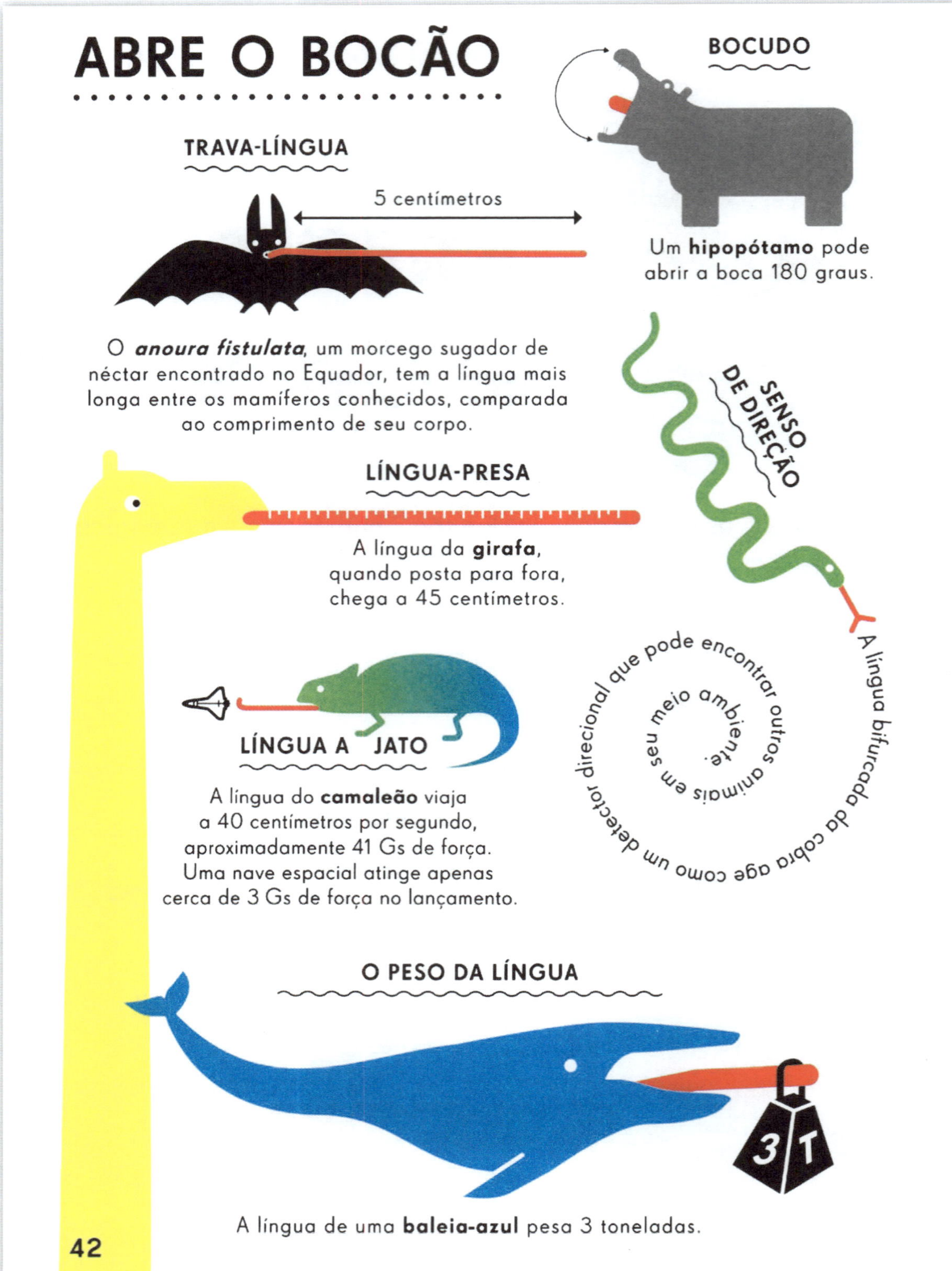

Nicholas Blechman e Simon Rogers. **Gráficos informativos**. São Paulo: MOVpalavras, 2015. p. 42.

Prática de oralidade

Exposição oral

Ciclo de vida

Escolha um dos ciclos de vida de que tenha gostado mais para explicá-lo aos colegas. Depois, conversem sobre como organizar a apresentação.

Produção de texto

Gráfico informativo

Linha do tempo de vida

Vocês vão criar um gráfico informativo com a linha do tempo de vida de um conjunto de animais.

Planejamento e elaboração

1. Escolham 5 animais. Coloquem os animais em ordem pelo tempo de vida: do que vive menos para o que vive mais.
   - borboleta – até 1 mês
   - papagaio – 80 anos
   - aranha – 2 anos
   - leão – 24 anos
   - gorila – 26 anos
   - macaco – 15 anos
   - pinguim – 35 anos
   - minhoca – 5 anos
2. Desenhem a linha do gráfico em uma folha avulsa.
3. Pensem nos desenhos do gráfico: vocês podem desenhar os animais, recortar figuras de revistas ou jornais ou fazer apenas o contorno colorido deles.
4. Completem a linha com os desenhos, o nome de cada animal e o número que indica o tempo de vida.
5. Escrevam um título para o gráfico. Usem letras grandes para chamar a atenção.

Revisão

1. Avaliem se os desenhos ajudaram a compreender as informações.
2. Verifiquem se as informações estão bem organizadas na folha de papel.
3. Observem quais foram as soluções dadas pelos colegas.

Exposição

Exponham os gráficos nos corredores da escola para que os alunos de outras turmas se informem sobre o assunto.

Língua: usos e reflexão

Singular e plural

1 Quantos animais aparecem na linha do gráfico informativo? Escreva o número para indicar: ______________

As imagens não estão representadas em proporção.

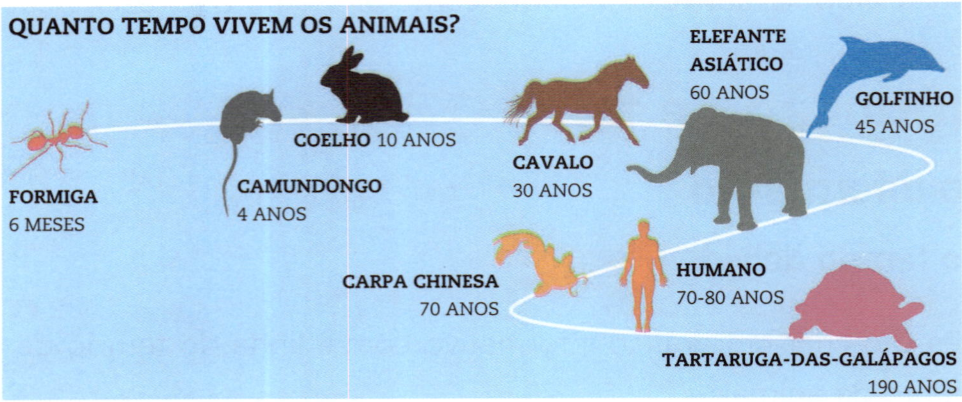

Imagens: Reprodução/Editora Sextante

Continue a lista, completando os espaços com o nome de cada um.

No gráfico há uma formiga, ______________________________,

______________________________, ______________________________,

______________________________, ______________________________,

______________________________, ______________________________ e

______________________________.

2 Observe:

a)

Nessa imagem há um cavalo.

b) Agora, complete a afirmação.

Nessa imagem há ______________________________

______________________________.

3 Que letra você colocou no final da palavra **cavalo** da segunda imagem?

____

Quando a palavra indica somente 1 elemento, dizemos que a palavra está no **singular**.
Quando a palavra indica "mais de 1" elemento, dizemos que a palavra está no **plural**.

4 Complete para continuar indicando "mais de 1":

As imagens não estão representadas em proporção.

Imagens: Reprodução/ Editora Sextante

Grandes ______________________ enfileirados.

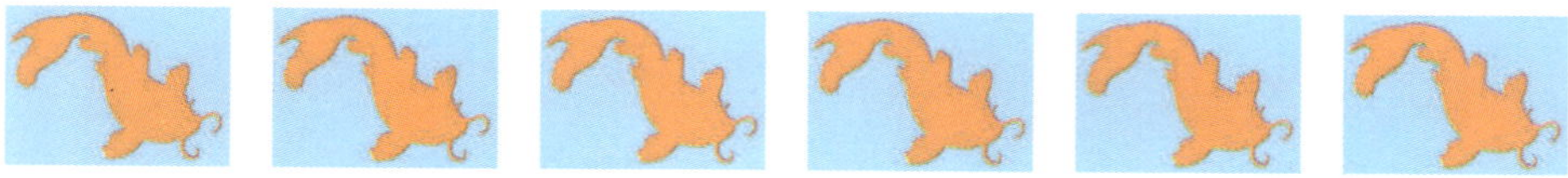

Várias ______________________ alaranjadas.

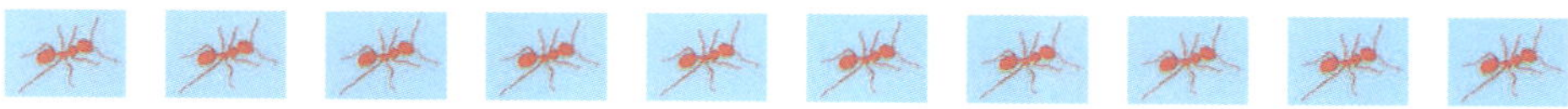

Muitas ______________________ pequeninas.

5 Leia as palavras.

 O LÁPIS  O ÔNIBUS

 OS LÁPIS  OS ÔNIBUS

Ilustrações: Silvana Rando/ Arquivo da editora

a) Pinte a letra final de cada uma delas.

b) No primeiro quadro, a palavra **lápis** e a palavra **ônibus** indicam "mais de 1"?

____

6 Marque as palavras que estão no **singular**, isto é, aquelas palavras que indicam apenas 1 elemento.

- [ ] o camundongo
- [ ] as árvores
- [ ] a borboleta
- [ ] os ônibus
- [ ] o tênis
- [ ] os lápis
- [ ] os gatos
- [ ] os pássaros
- [ ] o pires

Hora de organizar o que estudamos

Leiam o esquema a seguir com a professora.

Singular	Plural
1 elemento	Mais de 1 elemento
o cavalo o tênis	os cavalos os tênis

Palavras em jogo

Letra Z

1 Na lista abaixo, há palavras escritas com a letra Z.

a) Copie ao lado do **zero** apenas as palavras que indicam números e que são escritas com essa letra.

AZULEJO	DOZE
ZEBRA	DOIS
QUINZE	DEZOITO
DEZESSETE	DEZESSEIS
TREZE	NOVE

Banco de imagens/ Arquivo da editora

b) Com lápis de cor, pinte na lista acima o nome de um bicho.

2 Hora de traçar a letra Z na página 72 do **Caderno de Atividades**.

Duas letras, mesmo som: Z e S em final de sílaba

Atividade oral e escrita

1 Leiam os versos com a professora prestando atenção nas palavras destacadas.

A foca

Quer ver a foca
ficar **feliz**?
É pôr uma bola
No seu **nariz** [...]

Vinicius de Morais e Toquinho. A foca.
In: **A arca de Noé**. Rio de Janeiro: Polygram, 1980.
1 CD. Faixa 4.

Agora, leiam este trecho de outro poema.

Canção

[...]
Na minha escola
desenho mil **flores**
e um barco a vela
com **lápis** de **cores**.
[...]

Eugenio Montejo. Canção. In: Yolanda Serrano
Meana. **Poemas com sol e sons**.
São Paulo: Melhoramentos, 2002. p. 66.

Ilustrações: Silvana Rando/Arquivo da editora

Releiam as palavras a seguir e pintem as **sílabas** que apresentam a letra S.

ESCOLA	FLORES	LÁPIS	CORES

2 Leiam os pares de palavras:

FELIZ	XADREZ	RAPAZ	ARROZ	VEZ
LÁPIS	VOCÊS	SOFÁS	AVÔS	MÊS

a) O que vocês podem observar no som do final dessas palavras?

b) Registrem aqui o que descobriram.

____

____

3 Observe as palavras.

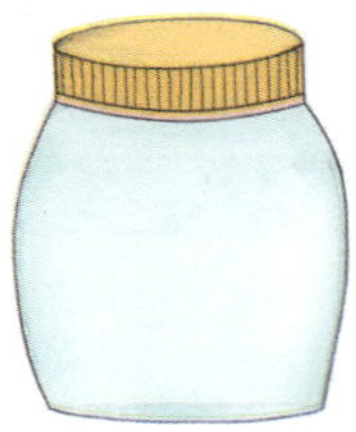

POTE

POSTE

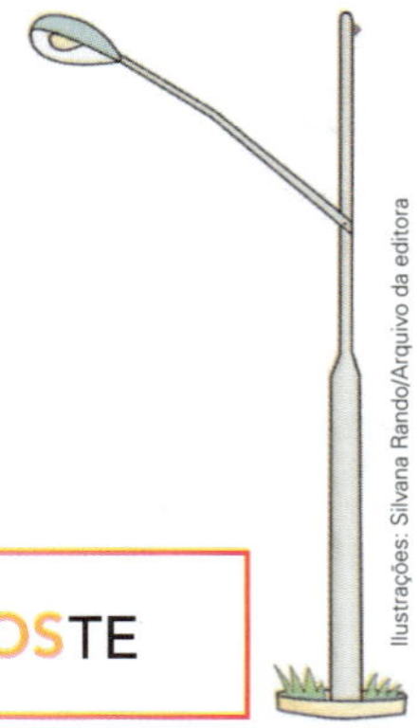

Ilustrações: Silvana Rando/Arquivo da editora

Quando se acrescentou a letra **S** no final da sílaba destacada na primeira palavra, o que aconteceu? ____

____

4 Coloque a letra **S** no final da primeira sílaba e descubra as palavras que se formam.

CAPA → ____________ PA

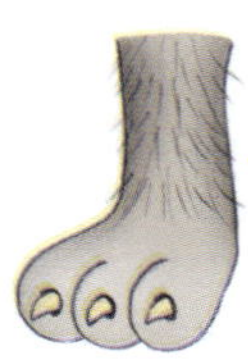

PATA → ____________ TA

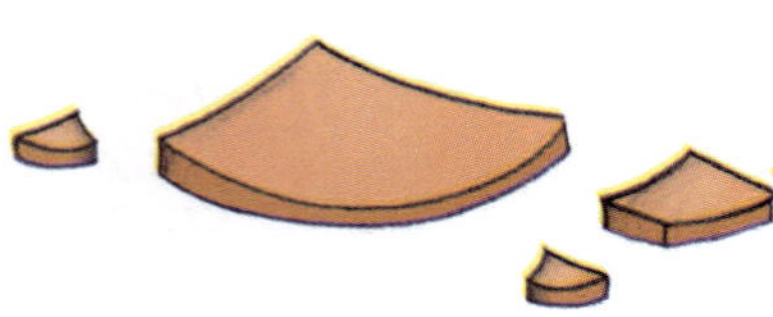

CACOS → ____________ COS

Ilustrações: Silvana Rando/Arquivo da editora

5 Oscar vai ganhar um presente surpresa de seu tio. O tio escreveu um bilhete, mas faltam as letras de algumas palavras.

Leiam o bilhete e completem com as sílabas que faltam.
Escolham as sílabas no quadro abaixo.

AS	AZ	UZ	IZ	ES
EZ	OZ	OS	US	IS

Oscar,
Encontre seu presente. Vou lhe dar uma p____ta:
vá ao p____to e fale com o rap____ do caixa.
Deixei seu presente numa p____ta preta. Ele
tr____ para você. Foi ele que f____: é uma
m____cara diferente de avestr____ para você
levar para a ____cola. Divirta-se.
Tio Lu____

Memória em jogo

1 Leia, pratique e memorize o texto.

Naquela hora, o patinho espiava
a sua sombra espichada no lago
e o sol sonolento já desenhava
um pescoço de cisne, belo e magro.

Leo Cunha. **Poemas lambuzados**.
São Paulo: Saraiva, 1999. p. 25.

Silvana Rando/Arquivo da editora

Na página 269, há uma atividade proposta com esse texto. Confira.

2 Prepare a leitura para recitar o poema quando chegar sua vez.

Assim também aprendo

Jogo da trilha: tempo de vida dos animais

- Agora é o momento de vocês se divertirem! Vocês vão precisar de um dado e de marcadores (botões, bolinhas de papel colorido, etc.) para indicar a posição de cada participante na trilha! Boa diversão!

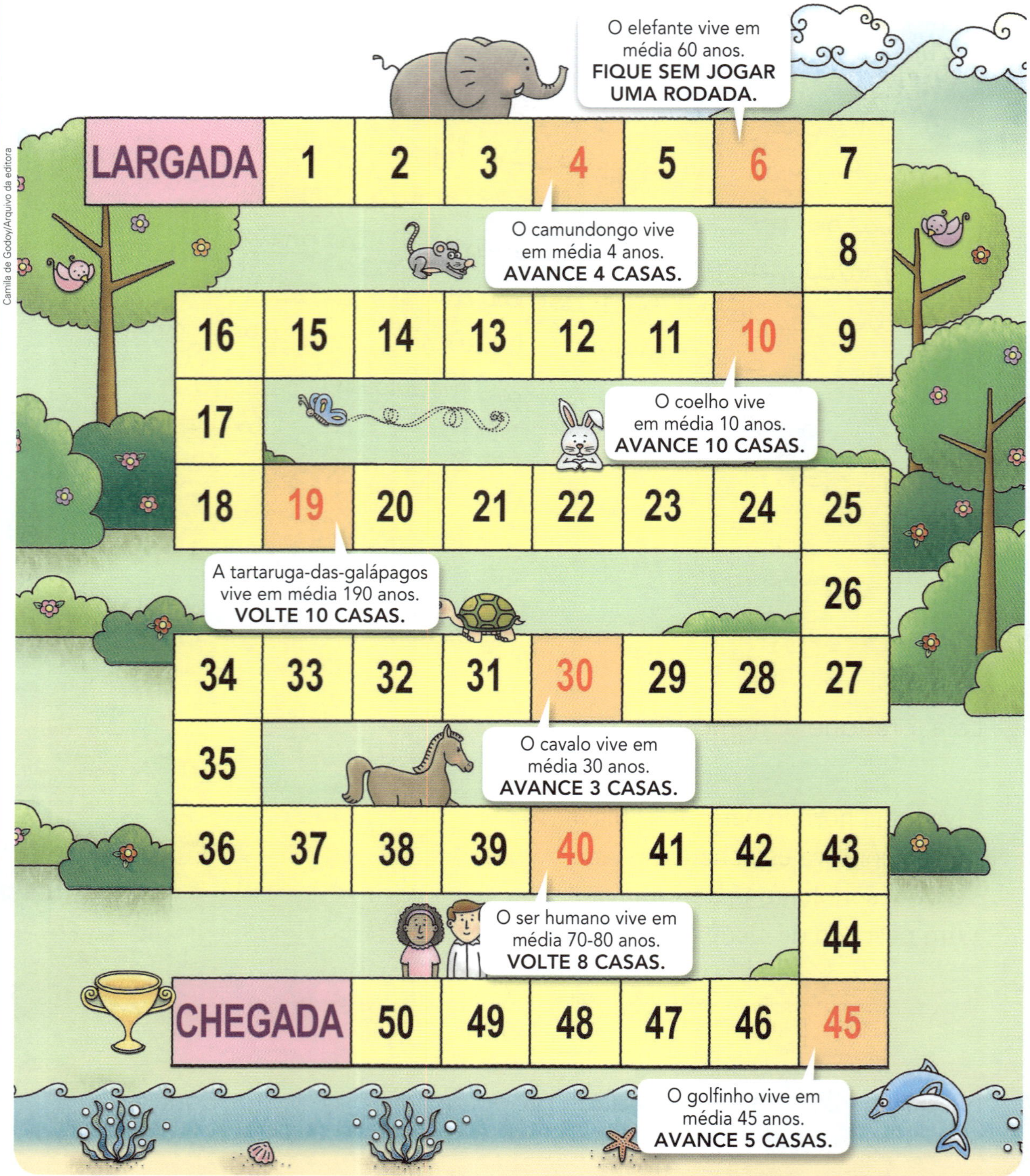

Camila de Godoy/Arquivo da editora

O que estudamos

Autoavaliação

Pinte ou faça um **X** na coluna que mostra como você se saiu nesta unidade.

Unidade 12		Avancei	Preciso estudar mais
Gênero	Leitura e interpretação de **gráfico informativo**		
	Produção de gráfico informativo		
Estudo sobre a língua	Singular e plural		
	Letra Z e os sons que ela representa		
	Mesmo som, duas letras: S e Z		
	Letras S e Z em final de sílaba		
Oralidade	Participação nas atividades orais		

Sugestões de...

Livro

Reprodução/Editora MOVpalavras

***Gráficos informativos*: *Reino animal*, de Nicholas Blechman e Simon Rogers, publicado pela editora MOVpalavras.**
Este livro traz informações variadas em forma de gráficos coloridos para você saber mais sobre o reino animal. São apresentados animais do mundo todo e os mais interessantes fatos e números a respeito de suas vidas.

Site

Reprodução/cienciahoje.org.br

<http://chc.org.br/infograficos/>
Nesse *link* da revista *Ciência Hoje das Crianças* há um infográfico animado sobre a onça-pintada. Acesso em: 12 jun. 2020.

Tramas e traçados

Memória em jogo

UNIDADE 1

- COMPLETE COM AS PALAVRAS QUE FALTAM.

BARATA TONTA

QUE PIADA ESSA ______

ELA PENSA QUE É ______

BARATA GIRA ______

GIRA PARADA NO ______

LEO CUNHA. **PIOLHO NA RAPUNZEL**. PORTO ALEGRE: PROJETO, 2013. P. 6.

UNIDADE 2

- COMPLETE COM AS PALAVRAS QUE FALTAM.

TUBA

CABE ______, NUMA ______,

CABE UM ______.

______ UM SINO, UM SAPATO

E UM ______. [...]

LEO CUNHA. **CLAVE DE LUA**. SÃO PAULO: PAULINAS, 2001. P. 20.

UNIDADE 3

- AGORA É POR SUA CONTA. COMPLETE A LENGA-LENGA.

Ilustrações: Silvana Rando/ Arquivo da editora

TÁ DE ______

COME ______

DEIXA PENDURADO

NO ______

PRA COMER

NO ______!

DOMÍNIO PÚBLICO.

Unidade 4

Complete os versos com as palavras que faltam.

A menina ____________

no salto da ____________

feito corda ____________.

Ilustrações: Silvana Rando/ Arquivo da editora

Leo Cunha. **Haicais para filhos e pais**. Rio de Janeiro: Galerinha Record, 2013. p. 23.

Unidade 5

Complete os versos como lembrar.

Bate-boca

É ____________,

É trinca-dente,

É ____________,

É ____________. [...]

Edu Lobo e Paulo César Pinheiro. **Bate-boca**. Disponível em: <www.edulobo.com.br/site>. Acesso em: 26 mar. 2020.

Unidade 6

Escreva o nome de cada desenho.

Dica: há nomes com **R** e nomes com **RR**.

O  ____________ rói a roupa do  ____________ de Roma.

O  ____________ derruba o  ____________.

O  ____________ arranha a  ____________.

A  ____________ vira fera.

A fera fere o  ____________.

Que corre e dá no pé...

Texto escrito pelas autoras.

Unidade 7

Indique a divisão do poema verso a verso, de acordo com o texto original. Use uma barra (/) no final de cada verso para marcar.

Havia uma telha e, sobre ela, havia uma abelha.

Havia um galho e, embaixo dele, havia um telhado.

O galho despencou. A abelha voou. E a telha?

A telha no telhado ficou.

Texto escrito pelas autoras.

Unidade 8

Complete os versos.

Chove chuva chuvisquinho

____.

Chove chuva chuvarada

____.

Lenice Gomes. **Viva eu, viva tu, viva o rabo do tatu**. São Paulo: Cortez, 2009. p. 11.

Unidade 9

Complete.

Ilustrações: Silvana Rando/ Arquivo da editora

O __________________________________

Onde a ______________________________.

Libsa. **Adivinhas e trava-línguas**. São Paulo: Caramelo, 2009. p. 111.

Unidade 10

Complete os versos, prestando atenção na pontuação.

Você ______________________________?

É de ______________________________.

Quantos ______________________________?

André Carvalho e David de Carvalho.
Como brincar à moda antiga. Belo Horizonte: Lê, 1999. p. 12.

Unidade 11

As palavras do poema "Viagem" foram misturadas no quadro. Sem olhar o poema, tente reescrevê-lo, reorganizando as palavras.
Dica: Algumas palavras do quadro se repetem no poema.

Viagem

____

____

______________________________...

VIAGEM	GENTE	
LEVANDO	A	LONGE
VAI	PALAVRA	

Elias José. **O jogo das palavras mágicas**. São Paulo: Paulinas, 2000.

Unidade 12

Complete os espaços.

Naquela hora, ______________________________

A sua sombra ______________________________

E o sol ______________________________

____

Ilustrações: Silvana Rando/Arquivo da editora

Leo Cunha. **Poemas lambuzados**. São Paulo: Saraiva, 1999. p. 25.

Projeto de leitura

Convite

Caro leitor,

Você já sabe ler e escrever, e é por isso que está recebendo de presente, em seu livro de estudos, um conjunto de textos para sua leitura. Você já descobriu que com palavras podemos fazer muitas coisas: podemos nos comunicar, nos informar, convencer as pessoas de nossas ideias, criar histórias, viajar pelo desconhecido, sonhar...

Convidamos você para uma viagem cheia de emoção: junto com seus colegas, com muita imaginação, com e pelas palavras...

Aguarde as instruções da professora para começar a viagem por estradas cobertas de palavras. Ler e escrever... que alegria, que prazer!

Boa viagem!

As autoras.

Alberto De Stefano/Arquivo da editora

Letras, palavras... poema

Duas dúzias de coisinhas à toa que deixam a gente feliz

[...]
barquinho na enxurrada
queijo com goiabada
beijinhos da namorada

[...]
alguém sempre por perto
um saco de bombom aberto
uma rima que deu certo

Otavio Roth. **Duas dúzias de coisinhas à toa que deixam a gente feliz**. 8. ed. São Paulo: Ática, 2000.

Quadras

Todas as coisas que dizes
Afinal não são verdade.
Mas, se nos fazem felizes,
Isso é felicidade.

Caiu no chão a laranja
E rolou pelo chão fora.
Vamos apanhá-la juntos,
E o melhor é ser agora.

Depois do dia vem noite,
Depois da noite vem dia
E depois de ter saudades
Vêm as saudades que havia.

Todas as coisas que dizes
Afinal não são verdade.
Mas, se nos fazem felizes,
Isso é felicidade.

Compreender um ao outro
É um jogo complicado,
Pois quem engana não sabe
Se não estava enganado.

Fernando Pessoa. **Obra poética**. Rio de Janeiro: Companhia José Aguilar, 1969. p. 649-665.

Alberto De Stefano/Arquivo da editora

Alberto De Stefano/Arquivo da editora

Meio-dia

Meio-dia. Sol a pino.
Corre de manso o regato.
Na Igreja repica o sino;
cheiram as ervas do mato.

Na árvore canta a cigarra;
há recreio nas escolas:
tira-se, numa algazarra,
a merenda das sacolas.

O lavrador pousa a enxada
no chão, descansa um momento,
e enxuga a fronte suada,
contemplando o firmamento.

Nas casas ferve a panela
sobre o fogão, nas cozinhas;
a mulher chega à janela,
atira milho às galinhas.

Meio-dia! O sol escalda,
E brilha em toda pureza,
nos campos cor de esmeralda,
E no céu cor de turquesa...

Olavo Bilac. Disponível em: <https://www.unicamp.br/iel/memoria/Ensaios/LiteraturaInfantil/Poesias_Infantis/Pi26.htm>. Acesso em: 12 jun. 2020.

Letras, palavras... história

Que bicho será?

Na floresta, uma grande festa vai começar...
Quer saber como será? A história vai lhe contar...

[...]

O tico-tico vai espalhar os convites, mas... atenção!
É um baile de fantasias.
Não entra quem não se fantasiar.
Veio o sapo fantasiado de gato;
o gato de pato; o pato de sapo.

Tudo enfeitado! Tudo arrumado!
Só falta a festa começar.
Todos podem começar a dançar.
Mais convidados acabam de chegar.
Veio o bode de coelho;
o coelho de jabuti; o jabuti de borboleta.

[...]

Mary França e Eliardo França.
Que bicho será? São Paulo: Ática, 1991.

Quem mais vai chegar fantasiado a essa festa?
É só pôr a imaginação para funcionar...

Alberto De Stefano/Arquivo da editora

O diário escondido da Serafina

Alberto De Stefano/ Arquivo da editora

Querido diário:

Ainda bem que não nasci no dia 29 de fevereiro. Já pensou fazer aniversário, mesmo, de verdade, no dia certíssimo, só de quatro em quatro anos? Eu, hein? Antes fazer festa-de-aniversário-caipira junto com Santo Antônio, mas todo ano, do que fazer aniversário sozinha, de quatro em quatro.

E, por falar em aniversário, diário, estou pensando em fazer uma espécie de agenda só pra marcar o aniversário dos meus amigos mais chegados, e uma ou outra data importante que eu queira lembrar ou comemorar. Posso fazer uma agenda, tipo caderninho, caderneta, ou um calendário de aniversários, para pendurar na parede.

Acho que a ideia do calendário é melhor, não é? Porque na agenda eu posso esquecer de olhar, mas, se pendurar o calendário na parede do meu quarto, vai ser quase impossível não olhar para ele todos os dias.

Mas, antes de resolver se faço agenda ou calendário, é melhor fazer uma lista das pessoas e o dia do aniversário de cada uma. Vamos ver os que sei de cabeça, os que tenho anotados e os que ainda tenho que descobrir.

O meu (e o de Santo Antônio, com todo respeito): 13 de junho.

Minha pitangueira: 20 de janeiro.

Severina: 23 de janeiro.

Seu Nonô: 12 de outubro.

Minha mãe: 20 de junho.

Meu pai: 2 de maio.

Meu vô Quim: 13 de julho.

Minha vó Rita: 20 de dezembro.

[...]

Tadeu: 28 de outubro. Ou será 27?

Catarina: (minha professora nova): ainda não deu tempo de descobrir.

Vou começar a tirar essas dúvidas agora mesmo, diário.

Fiquei animada com a ideia da agenda-calendário.

Tchau.

P.S.: O outro diário já sabia, mas você não: eu escrevo vô e vó, porque acho mais carinhoso, mais gostoso de falar. Mas eu sei que o certo é avô e avó, viu?

Cristina Porto. **O diário escondido da Serafina**. São Paulo: Ática, 1997. p. 29-31.

E você, como prefere marcar no calendário as datas importantes do ano para lembrar de cada uma no tempo certo: escrevendo, desenhando, colando imagens...? Use sua criatividade e monte o seu calendário de datas importantes!

Alberto De Stefano/ Arquivo da editora

	1	2	3	4	5	6	7	8	9	10	11	12	13	14	15
JANEIRO															
FEVEREIRO															
MARÇO															
ABRIL															
MAIO															
JUNHO															
JULHO															
AGOSTO															
SETEMBRO															
OUTUBRO															
NOVEMBRO															
DEZEMBRO															

	16	17	18	19	20	21	22	23	24	25	26	27	28	29	30	31	
																	JANEIRO
																	FEVEREIRO
																	MARÇO
																	ABRIL
																	MAIO
																	JUNHO
																	JULHO
																	AGOSTO
																	SETEMBRO
																	OUTUBRO
																	NOVEMBRO
																	DEZEMBRO

Letras, palavras... letra de canção

O que é, o que é?

O que é, o que é?
Não desgruda do seu pé
Cresce, engorda, estica
Vou te dar uma dica

Não tem cheiro nem sabor
Não tem peso nem valor
Não tem brilho mas se vê
Não consegue se esconder

Caminhando pelo chão
Anda sem lhe dar a mão
E na sua brincadeira
É supercompanheira

O que é, o que é?
Se parece com você
Tem até um gesto igual
Mas é bidimensional

Se você ainda não descobriu
Eu garanto que você viu
E agora o que eu vou dizer
Com certeza vai esclarecer

Só na luz é que ela dança
Dança rumba dança samba
Dança o que você dançar
Só você é o seu par

O que é, o que é?
Agora 1, 2, 3...

Paulo Tatit e Edith Derdyk. **O livro de brincadeiras musicais da Palavra Cantada**. São Paulo: Melhoramentos, 2010. v. 3. p. 44.

Alberto De Stefano/Arquivo da editora

Bibliografia

BAGNO, Marcos. ***Não é errado falar assim!* Em defesa do português brasileiro**. São Paulo: Parábola, 2009.

________. ***O preconceito linguístico***. 2. ed. São Paulo: Loyola, 1999.

BAKHTIN, Mikhail. ***Estética da criação verbal***. Tradução de Maria Ermantina G. Pereira. 2. ed. São Paulo: Martins Fontes, 1997.

BECHARA, Evanildo. ***Moderna gramática portuguesa***. 38. ed. rev. e ampl. Rio de Janeiro: Nova Fronteira, 2015.

BERTIN, Terezinha Costa Hashimoto. ***Linguagem e apropriação de conhecimentos*: reencontrar o sujeito na relação com o conhecer**. Dissertação (Mestrado) – USP, São Paulo, 2000.

BORBA, Francisco da Silva. ***Dicionário de usos do português do Brasil***. São Paulo: Ática, 2002.

BORGATTO, Ana Maria Trinconi. ***Influências, intertextualidade e intercâmbios entre arte/mídias/literatura para crianças em tempos de visualidade***. Dissertação (Mestrado) – USP, São Paulo, 2007.

BRANDÃO, Helena Nagamine (Coord.). ***Gêneros do discurso na escola*: mito, conto, cordel, discurso político, divulgação científica**. 3. ed. São Paulo: Cortez, 2002. v. 5. (Col. Aprender e ensinar com textos).

BRASIL. Ministério da Educação. Secretaria de Educação Fundamental. ***Ensino Fundamental de nove anos*: orientações para a inclusão da criança de seis anos de idade**. Brasília, 2006.

________. ***Parâmetros Curriculares Nacionais*: Língua Portuguesa**. Brasília, 1997.

________. ***Parâmetros Curriculares Nacionais*: terceiro e quarto ciclos do Ensino Fundamental: Língua Portuguesa**. Brasília, 1998.

________. ***Pró-letramento*: programa de formação continuada de professores dos anos/séries iniciais do Ensino Fundamental. Alfabetização e Linguagem**. Brasília, 2007.

________. ***Referencial Curricular Nacional para a Educação Infantil***. Brasília, 1998. v. 1, 2 e 3.

CAGLIARI, L. C. ***Alfabetização & linguística***. São Paulo: Scipione, 1989.

________. ***Alfabetizando sem o BÁ-BÉ-BI-BÓ-BU***. São Paulo: Scipione, 1998.

COLL, César et al. ***Os conteúdos na reforma***. Porto Alegre: Artmed, 1998.

DIONÍSIO, Ângela P.; MACHADO, Anna R.; BEZERRA, Maria A. ***Gêneros textuais e ensino***. 4. ed. Rio de Janeiro: Lucerna, 2005.

FÁVERO, Leonor Lopes et al. ***Oralidade e escrita*: perspectivas para o ensino da língua materna**. 3. ed. São Paulo: Cortez, 2002.

FAZENDA, Ivani (Org.). ***Dicionário em construção***. São Paulo: Cortez, 2002.

FERREIRO, Emilia; TEBEROSKY, Ana. ***Psicogênese da língua escrita***. Tradução de Diana Lichtenstein et al. Porto Alegre: Artmed, 1988.

HOFFMANN, Jussara; JANSSEN, Felipe da Silva; ESTEBAN, Maria Teresa (Org.). ***Práticas avaliativas e aprendizagens significativas em diferentes áreas do currículo***. 6. ed. Porto Alegre: Mediação, 2008.

ILARI, Rodolfo. ***Introdução à semântica*: brincando com a gramática**. São Paulo: Contexto, 2001.

________. ***Introdução ao estudo do léxico*: brincando com as palavras**. São Paulo: Contexto, 2002.

JUBRAN, Clélia S. (Org.). ***A construção do texto falado***. São Paulo: Contexto, 2015.

KLEIMAN, Ângela. ***Oficina de leitura*: teoria e prática**. 6. ed. Campinas: Pontes, 1998.

________. ***Texto e leitor*: aspectos cognitivos da leitura**. 6. ed. Campinas: Pontes, 1999.

________; MORAES, Silvia E. ***Leitura e interdisciplinaridade*: tecendo redes nos projetos da escola**. Campinas: Mercado de Letras, 1999.

______. (Org.). ***Os significados do letramento*: uma nova perspectiva sobre a prática social da escrita**. Campinas: Mercado de Letras, 1995.

KOCH, Ingedore Villaça. ***A coesão textual***. 2. ed. São Paulo: Contexto, 1990.

______. ***Desvendando os segredos do texto***. São Paulo: Cortez, 2002.

______. ***Ler e escrever*: estratégias de produção textual**. São Paulo: Contexto, 2009.

______. ***O texto e a construção dos sentidos***. São Paulo: Contexto, 1997.

______; ELIAS, Vanda Maria. ***Ler e compreender os sentidos do texto***. São Paulo: Contexto, 2006.

______; TRAVAGLIA, Luiz C. ***A coerência textual***. São Paulo: Contexto, 1990.

LAJOLO, Marisa. ***Do mundo da leitura para a leitura do mundo***. 4. ed. São Paulo: Ática, 1999.

LEMLE, Miriam. ***Guia teórico do alfabetizador***. 16. ed. rev. e atual. São Paulo: Ática, 2004.

LERNER, Délia. ***Ler e escrever na escola***. Porto Alegre: Artmed, 2002.

MACHADO, Irene A. ***Literatura e redação*: os gêneros literários e a tradição oral**. São Paulo: Scipione, 1994.

MARCHEZI, Vera Lucia de Carvalho. ***A leitura escolar revisada: de um projeto de leitura a leituras em projeto***. Dissertação (Mestrado) – USP, São Paulo, 2007.

MARCUSCHI, Luiz Antônio. ***Da fala para a escrita*: atividades de retextualização**. 8. ed. São Paulo: Cortez, 2007.

______. ***Produção textual, análise de gêneros e compreensão***. São Paulo: Parábola Editorial, 2008.

______; DIONISIO, Ângela P. (Org.). ***Fala e escrita***. Belo Horizonte: Autêntica, 2007.

MORAIS, Artur Gomes de. ***Ortografia*: ensinar e aprender**. 4. ed. São Paulo: Ática, 2000.

NEVES, Maria Helena de Moura. ***Gramática de usos do português***. São Paulo: Ed. da Unesp, 2000.

______; KASSEB-GALVÃO, Vânia Cristina (Org.). ***Gramáticas contemporâneas do português*: com a palavra, os autores.** São Paulo: Parábola Editorial, 2014.

ROJO, Roxane (Org.). ***A prática da linguagem em sala de aula; praticando os PCN***. São Paulo: Educ; Campinas: Mercado de Letras, 2000.

SCHNEUWLY, Bernard; DOLZ, Joaquim et al. ***Gêneros orais e escritos na escola***. Tradução e organização de Roxane Rojo e Glaís Sales Cordeiro. Campinas: Mercado de Letras, 2004.

SMOLKA, Ana Luiza Bustamante. ***A criança na fase inicial da escrita*: a alfabetização como processo discursivo**. 8. ed. São Paulo: Cortez, 1999.

SOARES, Magda. ***Alfabetização*: a questão dos métodos**. São Paulo: Contexto, 2016.

______. ***Alfabetização e letramento***. São Paulo: Contexto, 2003.

______. ***Letramento*: um tema em três gêneros**. 2. ed. Belo Horizonte: Autêntica, 2004.

SOLÉ, Isabel. ***Estratégias de leitura***. Tradução de Cláudia Schilling. 6. ed. Porto Alegre: Artmed, 1998.

TEBEROSKY, Ana. ***Aprendendo a escrever*: perspectivas psicológicas e implicações educacionais**. Tradução de Cláudia Schilling. São Paulo: Ática, 2002.

TRAVAGLIA, Luiz Carlos. ***Gramática e interação*: uma proposta para o ensino de gramática no 1º e 2º graus**. 5. ed. São Paulo: Cortez, 1995.

VYGOTSKY, Lev S. ***Pensamento e linguagem***. São Paulo: Martins Fontes, 1998.

WEISZ, Telma. As contribuições da psicogênese da língua escrita e algumas reflexões sobre a prática educativa da alfabetização. In: SÃO PAULO. Secretaria da Educação, CENP. ***Ciclo básico em jornada única*: uma nova concepção de trabalho pedagógico**. São Paulo: FDE, 1988. v. 1.

RECORTES

UNIDADE 2: LETRA DE CANÇÃO

PARA INICIAR

- RECORTE AS FORMAS, MONTE O BICHO ESCOLHIDO E COLE NO ESPAÇO DA PÁGINA 40.

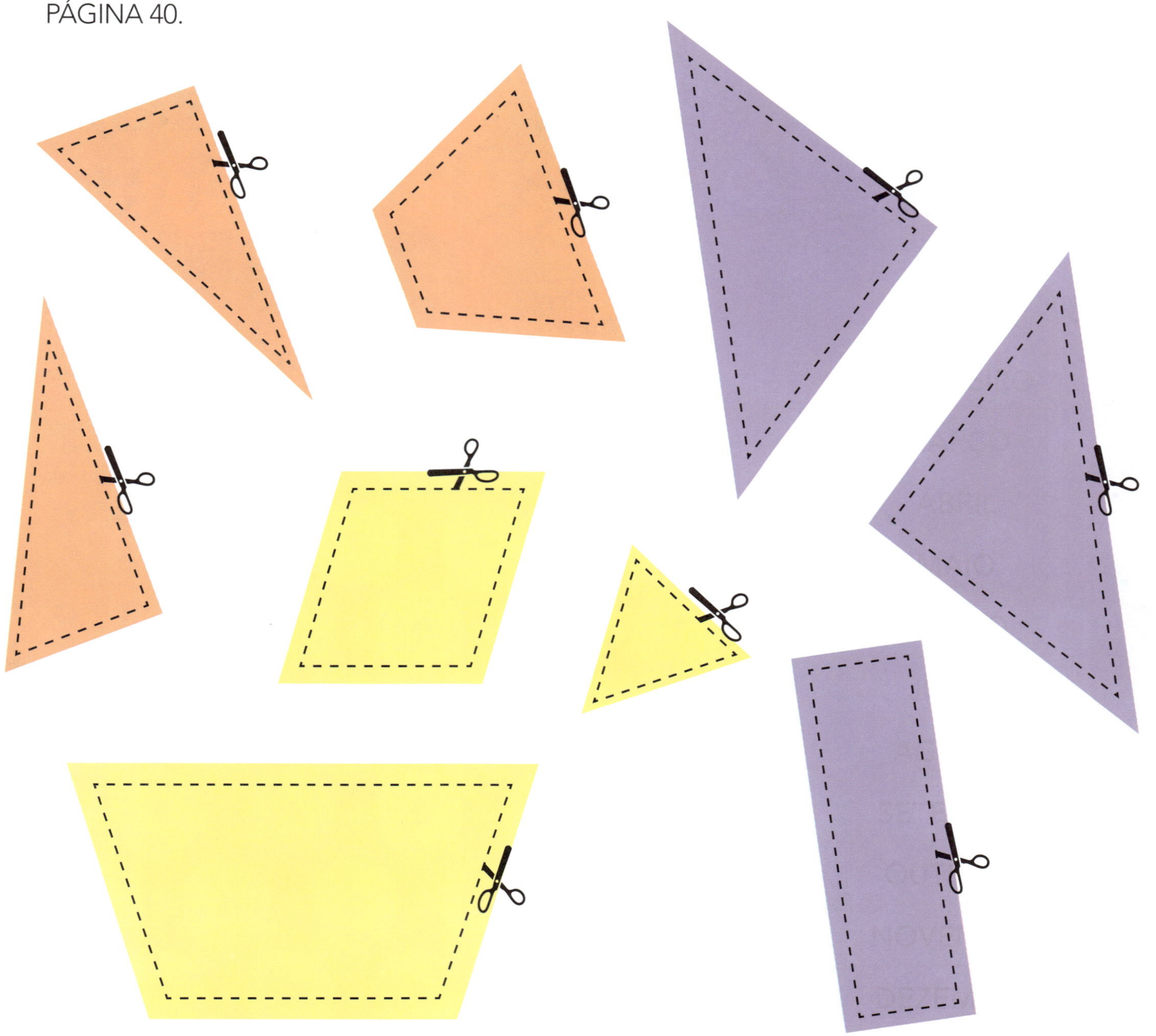

Unidade 5: verbete e curiosidade

Para iniciar

Nesta página e na página 285 estão os modelos da **cabeça**, das **orelhas**, do **rabo** e do **corpo** de um animal bem conhecido.

Será que você já sabe que bicho é esse?

Pinte as listras pretas nele!

Depois, desenhe a cara do animal.

No fim, recorte tudo, cole e monte o seu bichinho!

- - - - - - - - - - DOBRE
———————— RECORTE

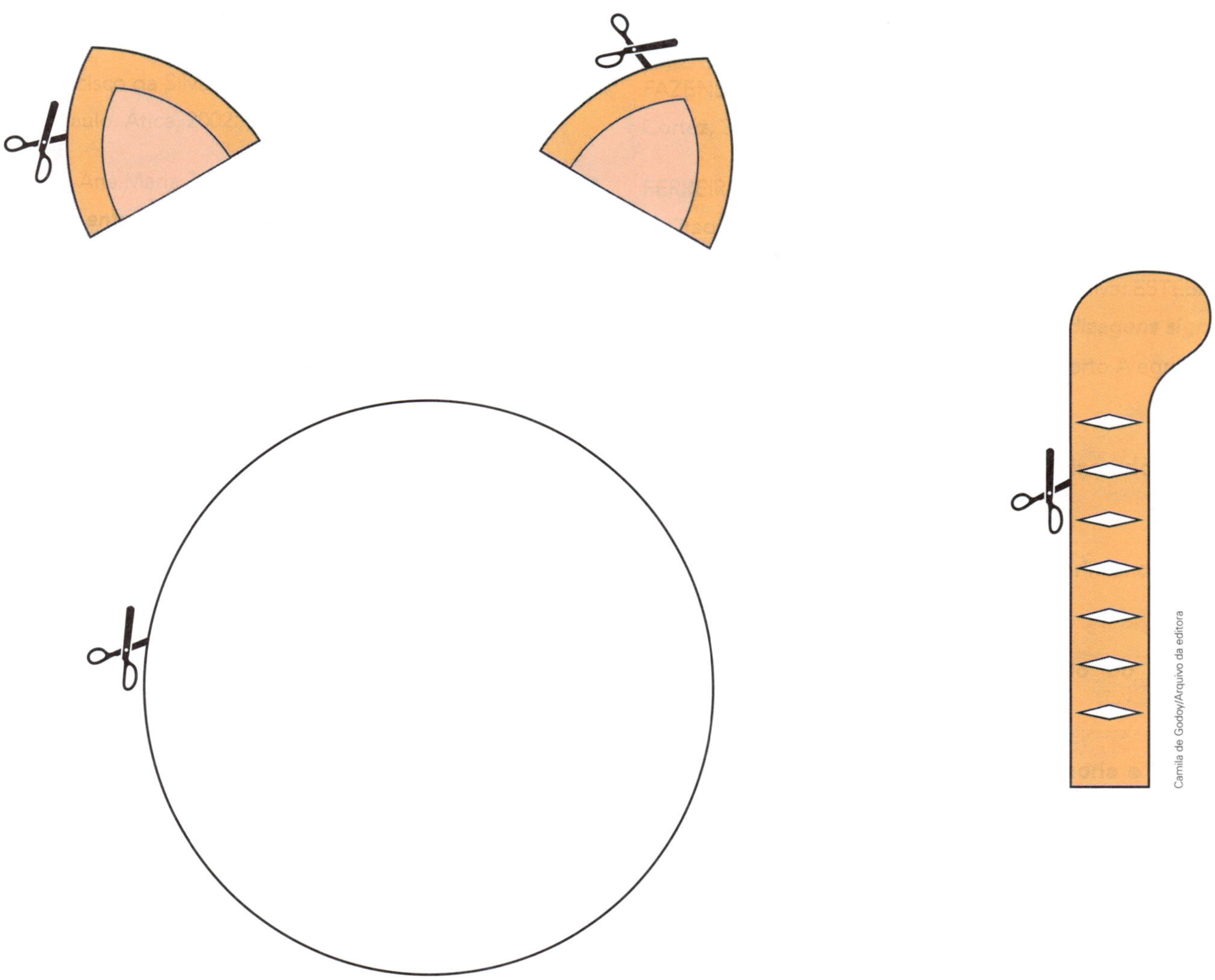

Camila de Godoy/Arquivo da editora

DOBRE
RECORTE

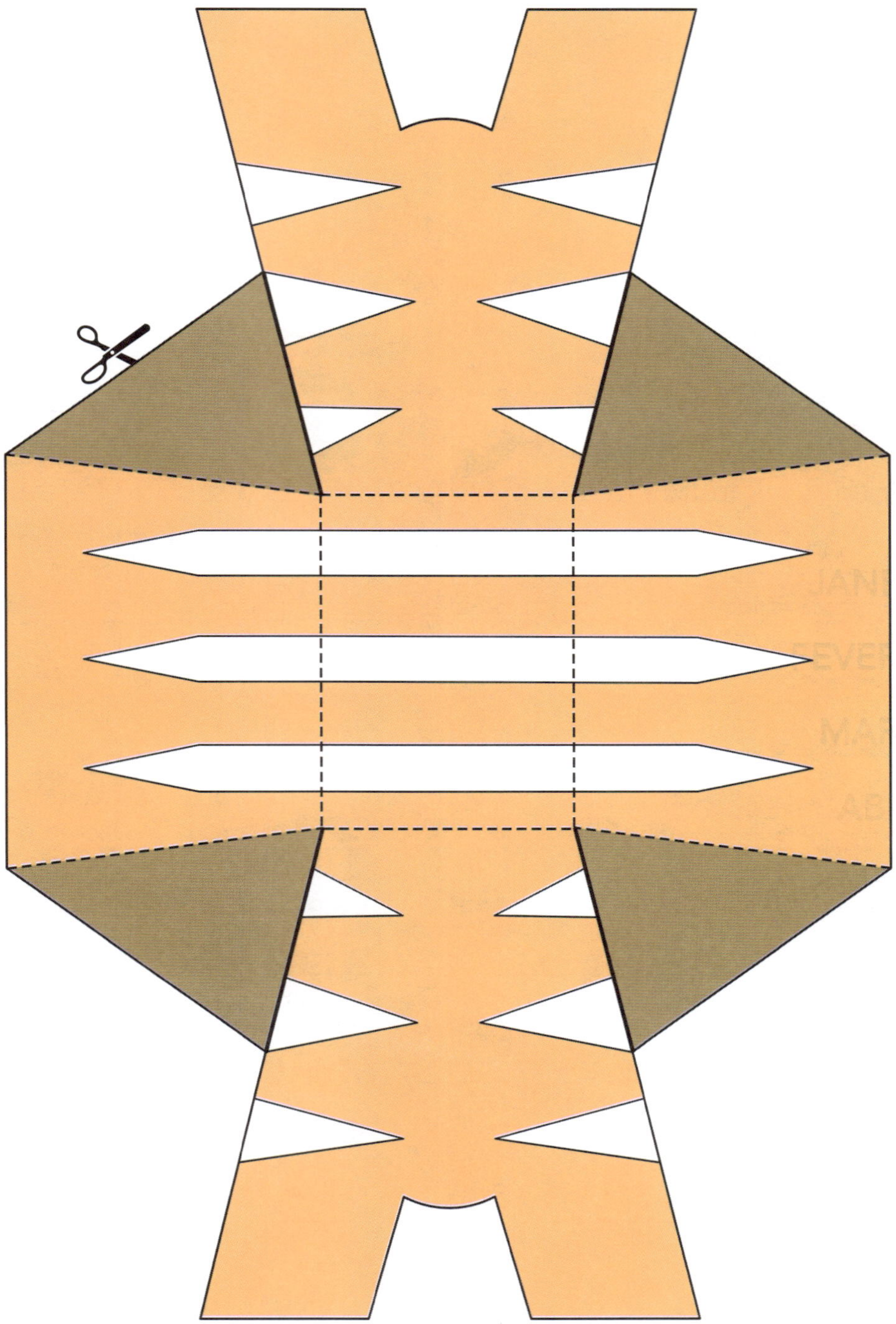

Camila de Godoy/Arquivo da editora

Unidade 9: carta pessoal

Para iniciar

1 Pinte o boneco. Em seguida, recorte conforme indicado. Depois, nas próximas páginas, escolha um modelo de cabelo, um modelo de roupa e um par de sapatos para ele. Monte seu boneco como quiser.

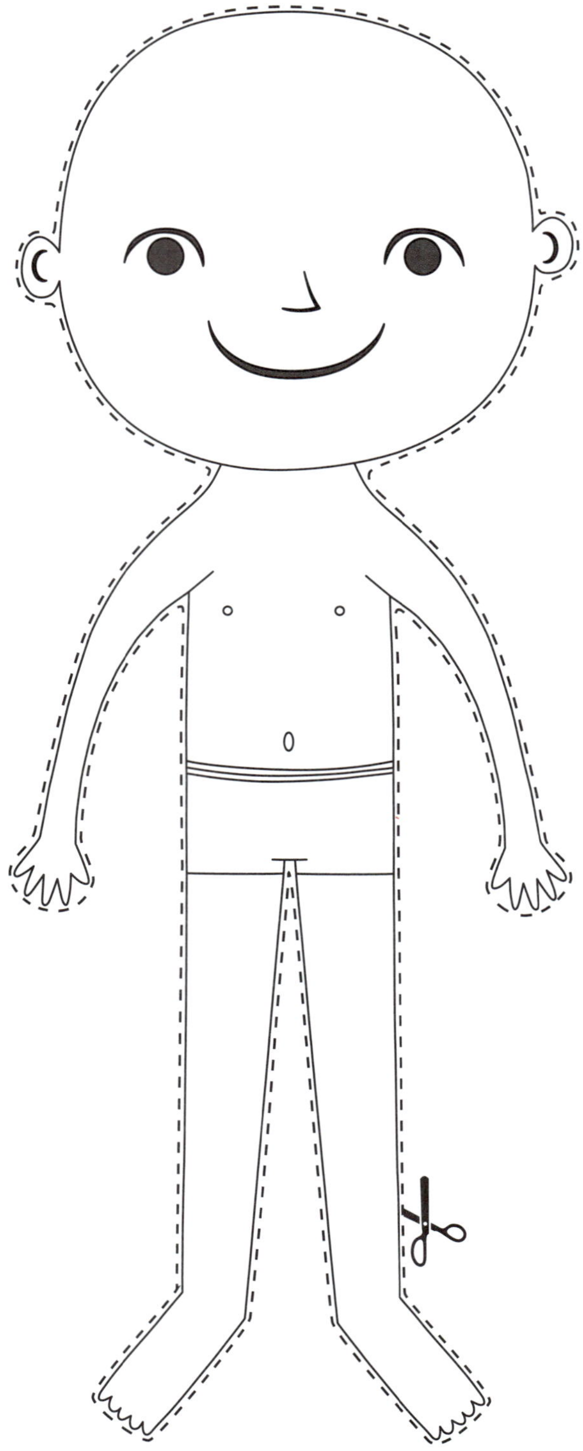

Bruna Assis Brasil/Arquivo da editora

2 Escolha um modelo de cabelo nesta página e na página 291.

Depois, recorte e coloque sobre a cabeça do boneco.

Em seguida, vá até a outra página e escolha uma roupa e um par de sapatos para ele.

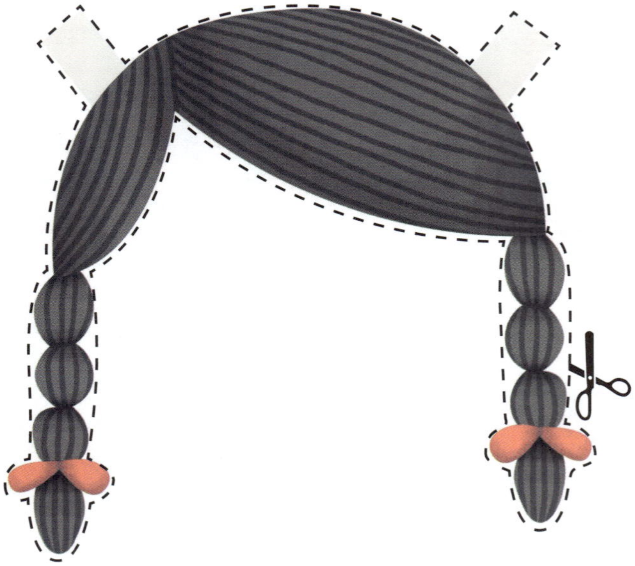

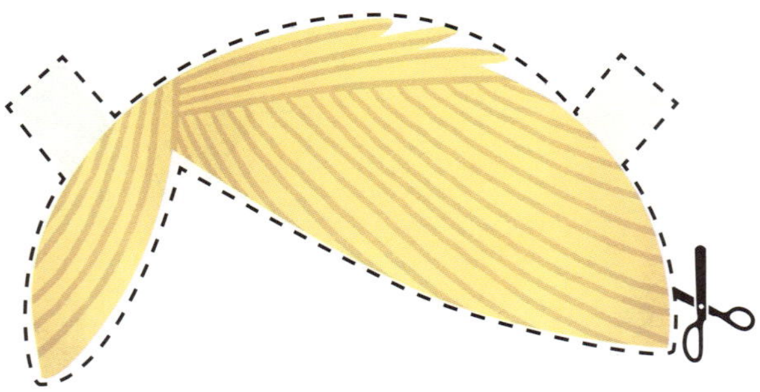

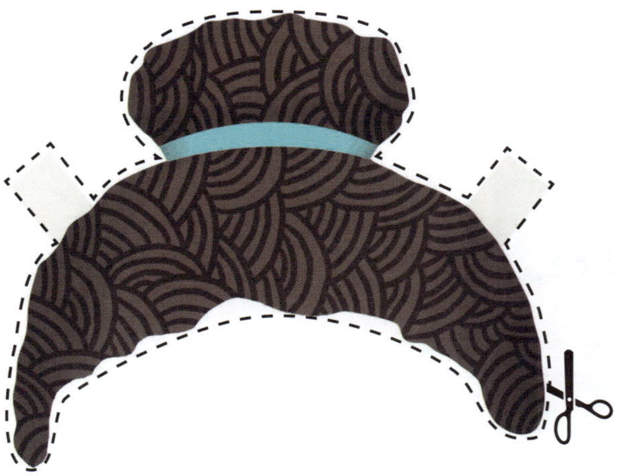

Ilustrações: Bruna Assis Brasil/Arquivo da editora

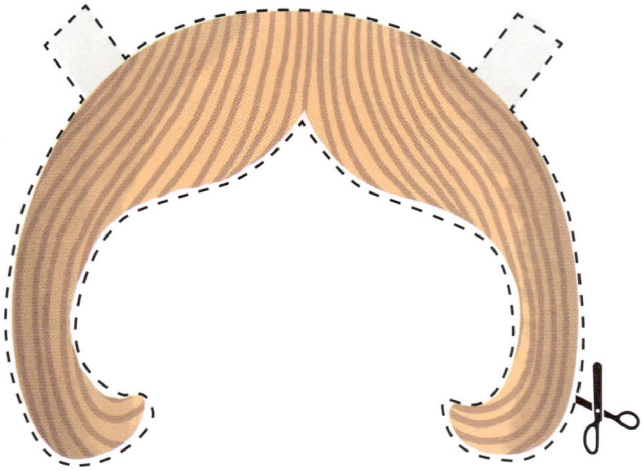

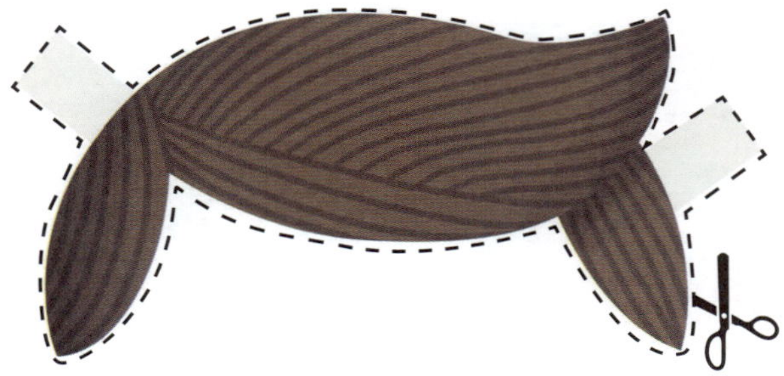

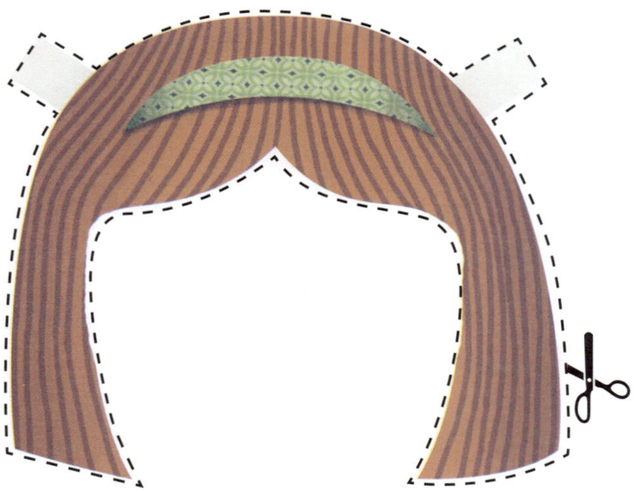

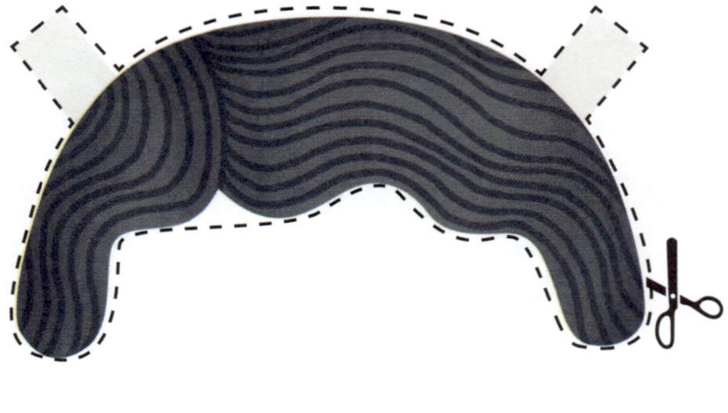

Ilustrações: Bruna Assis Brasil/Arquivo da editora

3 Escolha uma roupa e um par de sapatos para o seu boneco.

Ilustrações: Bruna Assis Brasil/Arquivo da editora

Projeto Ápis

ÁPIS DIVERTIDO

LÍNGUA PORTUGUESA

2º ANO

Ensino Fundamental

ESTE MATERIAL PODERÁ SER DESTACADO E USADO PARA AUXILIAR O ESTUDO DE ALGUNS ASSUNTOS VISTOS NO LIVRO.

NOME: ______________________ TURMA: __________

ESCOLA: ______________________________

editora ática

Jogo 1

Desafio de rimas

Destaque as peças e as cartas para brincar com o jogo **Desafio de rimas**.

Ilustrações: Estúdio 22/Arquivo da editora

Desafio de rimas

Destaque as peças e as cartas para brincar com o jogo **Desafio de rimas**.

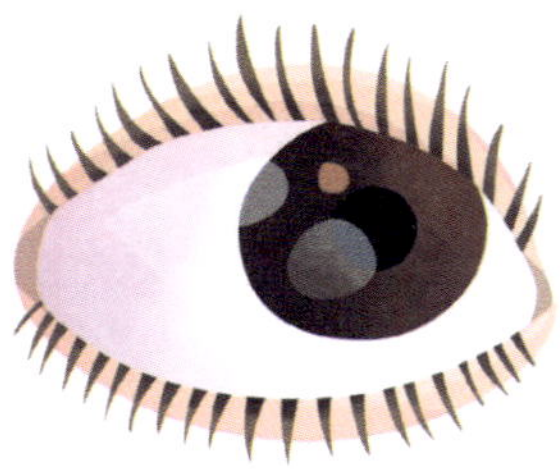

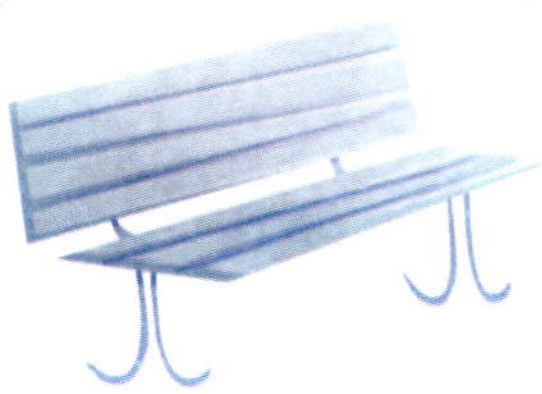

Ilustrações: Estúdio 22/Arquivo da editora

Desafio de rimas

CACO	MACACO	ORELHA
MOTOR	VENDEDOR	CRIANÇA
TELA	NOVELA	FRANGO
COELHO	CONSELHO	HORTA
VERMELHA	DANÇA	TANGO
TORTA		

Desafio de rimas

BRANCO	TAMANCO	TRAÇO
PALHAÇO	BRASA	CASA
BESOURO	FINAL	REPOLHO
MOLHO	BRIGA	AMIGA
CHEIRO	INTEIRO	TESOURO
CALOURO		

Jogo 2

Quem monta aumenta um conto

Destaque as cartas para brincar com o jogo **Quem monta aumenta um conto**.

6 + 6 = 12

O relógio marcava 7 horas da manhã.

O relógio marcava 2 horas da manhã.

13 + 4 = 17

50 – 4 = 46

E então Chapeuzinho Vermelho...

... junto com os Três Porquinhos.

Caçador

Príncipe

Princesa

Matemática

Matemática

Matemática

Matemática

Língua Portuguesa

Língua Portuguesa

Língua Portuguesa

Matemática

Língua Portuguesa

Língua Portuguesa

Quem monta aumenta um conto

Destaque as cartas para brincar com o jogo **Quem monta aumenta um conto**.

Lobo-
-guará

Pantanal

Água

Montanha

Reciclagem

Anteontem

Noite

Pôr do sol

Janeiro

Passado

Ciências

Ciências

Ciências

Ciências

História

História

História

Ciências

História

História

Quem monta aumenta um conto

Destaque as cartas e o dado para brincar com o jogo **Quem monta aumenta um conto**.

Relógio

Professor

Bairro

Colégio

Família

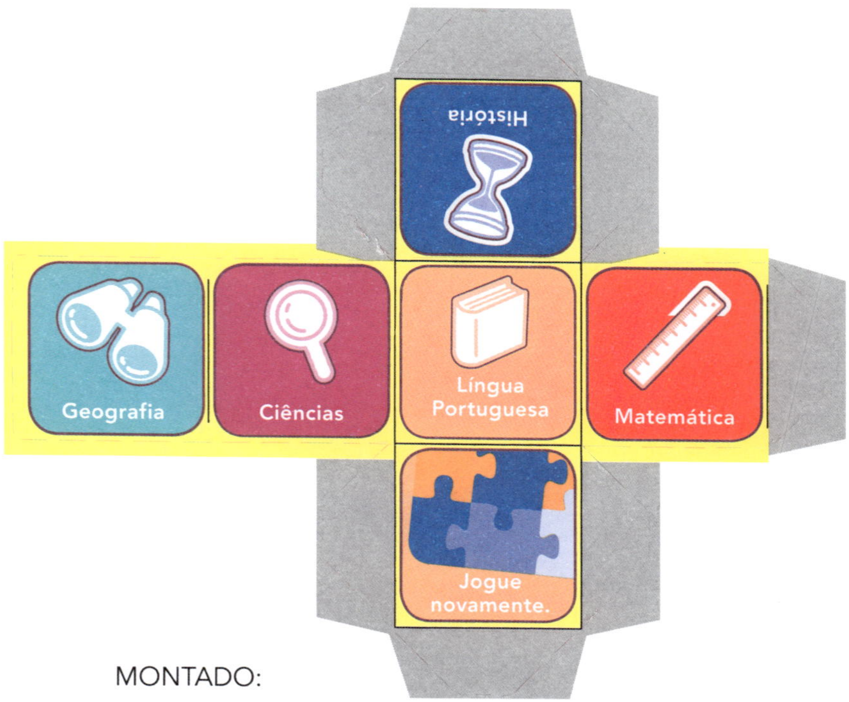

LEGENDA:

DOBRE.

COLE.

MONTADO:

Geografia

Geografia

Geografia

Geografia

Geografia

Jogo 1

Desafio de rimas

Estúdio 22/Arquivo da editora

Quantidade de jogadores

- 2 equipes com até 4 jogadores

Modo de jogar

- Destaque das páginas 3, 5, 7 e 9 as peças e as cartas para jogar.
- Decida quem vai iniciar o jogo.
- Embaralhe as 16 peças com as figuras viradas para baixo e coloque-as no tabuleiro, onde está a Lua.
- Distribua igualmente entre os participantes as 32 cartas com as palavras.
- Vire a primeira peça com a figura no tabuleiro.
- Cada jogador deve encontrar, entre as cartas que tem em mãos, a palavra que rima com o nome da figura que aparece na peça virada.
- O primeiro que colocar sobre a figura a carta com a palavra que rima ficará com a peça.
- Ganha a partida a equipe que, ao final do jogo, somar mais peças com figuras.

Jogo 2

Quem monta aumenta um conto

Quantidade de jogadores

- 2 equipes com até 5 jogadores

Modo de jogar

- Destaque das páginas 11, 13 e 15 as cartas das disciplinas e o dado.
- Coloque as cartas nos espaços correspondentes no tabuleiro.
- Monte o dado das disciplinas e, entre as equipes, decidam quem começará a atividade. Em seguida, o jogador lança o dado para sortear o início da narrativa.
- Pegue uma carta no monte da disciplina sorteada e inicie a narrativa, formando uma frase com a informação da carta.
- Outro jogador da mesma equipe repete a frase do primeiro e continua a narrativa.
- Se um jogador da equipe esquecer as frases anteriores, passa a vez para a outra equipe, que começa uma nova história e a mesma regra se repete.
- O jogo termina quando uma das equipes conseguir formar uma história com todas as frases de seus jogadores.

Estúdio 22/Arquivo da editora

Projeto Ápis

CADERNO DE ATIVIDADES

LÍNGUA PORTUGUESA

2º ANO

Ensino Fundamental

NOME: ______________________________ TURMA: ____________

ESCOLA: ____

editora ática

Sumário

Ilustrações: Fabiana Faiallo/Arquivo da editora

INTRODUÇÃO

ESTA É UMA MENSAGEM PARA VOCÊ!

 ÀS

 !

Ilustrações: Silvana Rando/ Arquivo da editora

DESCUBRA O QUE ESTÁ ESCRITO.

ALGUMAS LETRAS TÊM PISTAS, OUTRAS NÃO. OBSERVE AS PISTAS.

VOGAIS

A =  E =  I = 

O =  U = 

CONSOANTES

T =  L = 

F = 

DESCUBRA AS LETRAS E COMPLETE A MENSAGEM.

___ ___ ___ ___ ___   ___ ___ ___ ___ ___

ÀS ___ ___ ___ ___ ___ !

Unidade 1

ALFABETO E ORDEM ALFABÉTICA

1 OBSERVE A ORDEM ALFABÉTICA. DEPOIS, COMPLETE OS ESPAÇOS COM AS LETRAS QUE ESTÃO FALTANDO NA SEQUÊNCIA.

A	B	___	___	E	F	G	H	___
___	___	L	___	N	O	P	Q	___
S	___	U	V	___	X	Y	___	

2 OS CRACHÁS DE ALGUNS ALUNOS ESTÃO MISTURADOS. VEJA:

YASMIM — LUÍS — CAMILA — VÂNIA — WILSON

MÁRIO — EDUARDO — CAROLINA — BEATRIZ — NATÁLIA

AJUDE A PROFESSORA A COLOCAR EM ORDEM ALFABÉTICA.

ESCREVA OS NOMES NAS LINHAS NA ORDEM EM QUE OS CRACHÁS DEVEM FICAR.

____

____

____

____

LETRAS E SONS

1 AJUDE O HOMEM A CHEGAR LOGO EM SUA CASA.

DICA: O CAMINHO MAIS CURTO É AQUELE EM QUE TODAS AS PALAVRAS TÊM 4 LETRAS VOGAIS.

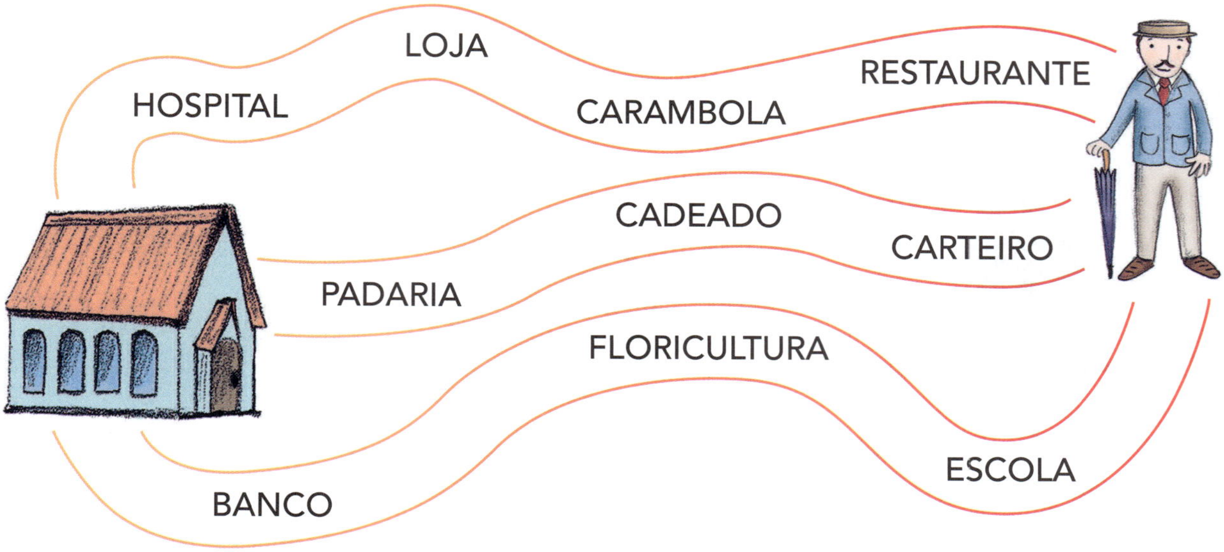

Ilustrações: Silvana Rando/ Arquivo da editora

2 PINTE O NOME COM MAIS LETRAS CONSOANTES.

PAULA	GUSTAVO	MARISTELA

Letras B E P, F E V

COMPLETE AS FRASES COM UMA DAS PALAVRAS INDICADA ENTRE PARÊNTESES.

DICA: ATENÇÃO AO SIGNIFICADO DE CADA UMA.

A) TOME O CAFÉ QUE ESTÁ NO ____________________. (PULE/BULE)

B) AS ____________________ VOAVAM PELA PRAÇA. (POMBAS/BOMBAS)

C) NA ____________________ ONDE MORO NÃO HÁ ____________________ PARA ENTRAR NA ESCOLA. (FILA/VILA)

D) O CANDIDATO ESPALHOU CARTAZES COM ____________________ PARA CONSEGUIR MAIS ____________________. (FOTOS/VOTOS)

Unidade 2

AUMENTATIVO E DIMINUTIVO

1 COMPARE O TAMANHO DOS GATOS.

Eric Isselee/Shutterstock

GATÃO

Eric Isselee/Shutterstock

GATO

Ermolaev Alexander/Shutterstock

GATINHO

2 AGORA, IDENTIFIQUE AS FIGURAS ABAIXO E ESCREVA O NOME DE CADA UMA NA PRIMEIRA COLUNA. DEPOIS, COMPLETE O QUADRO.

	NOME	DIMINUTIVO	AUMENTATIVO

Sorvete: Eric Isselee/Shutterstock; Garrafa: Marina Akinina/Shutterstock; Rato: Mastak A/Shutterstock; Envelope: ShadeDesign/Shutterstock; Bola: Colorful beach ball vector illustration; Peixe: OlgaChernyak/Shutterstock; Balde: Maksym Didukh/Shutterstock

3 SEPARE AS SÍLABAS DAS PALAVRAS DO QUADRO QUE **NÃO** ESTÃO NO AUMENTATIVO.

SAPATÃO	AVIÃO	CARRÃO	COPÃO	MELÃO	LEÃO

4 LEIA A TIRINHA.

JEAN. REVISTA **RECREIO**. SÃO PAULO: ABRIL, N. 389. EDIÇÃO ESPECIAL TIRINHAS.

DESCUBRA E CIRCULE NA TIRA A ÚNICA PALAVRA QUE ESTÁ NO DIMINUTIVO.

5 FAÇA UM **X** NAS PALAVRAS QUE **NÃO** ESTÃO NO DIMINUTIVO.

DICA: HÁ PALAVRAS QUE TERMINAM EM -INHO/-INHA E NÃO INDICAM DIMINUTIVO.

- [ ] LINHA
- [ ] RAINHA
- [ ] PINHO
- [ ] MOINHO
- [ ] ESTRADINHA
- [ ] SOBRADINHO
- [ ] PINHA
- [ ] MONTINHO
- [ ] COLARINHO
- [ ] CAMINHO
- [ ] CARINHA
- [ ] LUZINHA
- [ ] BAINHA
- [ ] VINHO
- [ ] CARINHO
- [ ] MINHA
- [ ] CARRINHO
- [ ] PIANINHO

6 VOCÊ JÁ SABE QUE NEM TODA PALAVRA TERMINADA EM -INHO/-INHA ESTÁ NO DIMINUTIVO.
VEJA MAIS UM EXEMPLO.

SOMBRINHA

ESCREVA MAIS QUATRO PALAVRAS QUE TERMINEM COM -INHO/-INHA E NÃO INDIQUEM DIMINUTIVO, COMO EM **SOMBRINHA**.

____

____

7 VOCÊ JÁ SABE TAMBÉM QUE NEM TODA PALAVRA TERMINADA EM ÃO ESTÁ NO AUMENTATIVO.
VEJA O EXEMPLO.

MACACÃO

Ilustrações: Silvana Rando/Arquivo da editora

ESCREVA MAIS QUATRO PALAVRAS QUE TERMINEM COM ÃO E NÃO INDIQUEM AUMENTATIVO, COMO EM **MACACÃO**.

____

____

8 ESCREVA AS PALAVRAS NO DIMINUTIVO.
VEJA OS EXEMPLOS.

PERTO → PERTINHO

COLAR → COLARZINHO

A) QUIETO → ______________

B) JUNTO → ______________

C) QUENTE → ______________

D) FRIO → ______________

E) PÓ → ______________

F) CAFÉ → ______________

LETRAS D E T

1. TROQUE O D PELO T NA PALAVRA DESTACADA. DEPOIS, COMPLETE AS FRASES E DIVIRTA-SE COM O TRAVA-LÍNGUA QUE VAI FORMAR. OBSERVE OS DESENHOS.

A) SEMPRE EM FRENTE, VOU DESSE **MODO**.

ANDO, CORRO, QUERO CHEGAR.

SOU LIGEIRA, SOU UMA ______________.

Illustratiostock/Shutterstock

B) FUI PASSEAR, ENCONTREI UM **BODE**.

CORRI MUITO ATÉ CHEGAR AO RIO.

ESTAVA MUITO FRIO...

UFA! LÁ HAVIA UM ______________.

Sarawut Padungkwan/Shutterstock

2. O PERU FICOU TÃO ATRAPALHADO QUE EMBARALHOU AS SÍLABAS DAS PALAVRAS DO RECADO.

COLOQUE AS SÍLABAS EM ORDEM E DESCUBRA O RECADO.

____

____

____

Silvana Rando/Arquivo da editora

SÍLABAS

- TROQUE AS SÍLABAS DE LUGAR E DESCUBRA OUTRA PALAVRA. VEJA.

DENTRO DA **MALA** → **LAMA**

A) NA CESTA DO **JUCA** → ______________

B) NO NOME **DAVI** → ______________

C) NA PALAVRA **CABO** → ______________

D) NA PALAVRA **TOGA** → ______________

Unidade 2

Caderno de atividades

Unidade 3

Uso de letras maiúsculas e de letras minúsculas

1 Ligue as palavras iguais.

LUANA	Mariana
MACIEIRA	jacaré
MARIANA	Luana
JACARÉ	macieira

Por que, na segunda coluna, algumas palavras permaneceram com letra maiúscula no início?

____

2 Leia a tira a seguir.

Mauricio de Sousa. **Mônica**. n. 17. Barueri: Panini Comics. p. 82.

Nas falas dos personagens da tirinha, todas as palavras estão escritas com letras maiúsculas.

a) Quais dessas palavras precisam **sempre** ser escritas com letras iniciais maiúsculas? Escreva-as na linha a seguir.

____

b) Explique por que essas palavras devem ser escritas assim.

____

Letra L intrometida

1 Complete cada palavra com a sílaba que falta.

Depois, ligue os nomes às figuras.

Dica: Todas as sílabas têm o L **intrometido**, isto é, a letra L está no meio da sílaba, como em **planta**.

BI ______ OTECA

______ BO

BICI ______ TA

______ RES

A ______ TA

MOTOCI ______ TA

Silvana Rando/
Arquivo da editora

2 Reescreva os nomes que estão errados na lista acrescentando a letra L.

CARMEM	CARA	CÁUDIA	GÁUCIA
FORA	FÁVIO	FERNANDO	GÓRIA

____

____

____

____

Letra L em final de sílaba

1 Recorte (de jornais ou revistas) 5 palavras com a letra L **em final de sílaba** e cole-as no quadro.

2 **Palavras no barco ou no balde?**

Decida onde escrever cada palavra do quadro abaixo e mãos à obra!

Dica: No **barco**, só valem palavras com R em final de sílaba. No **balde**, só valem palavras com L em final de sílaba.

CARTA	MEL	POLVO	TOLDO	TORTO
MAR	CALDO	ALMA	ARMA	PORCO

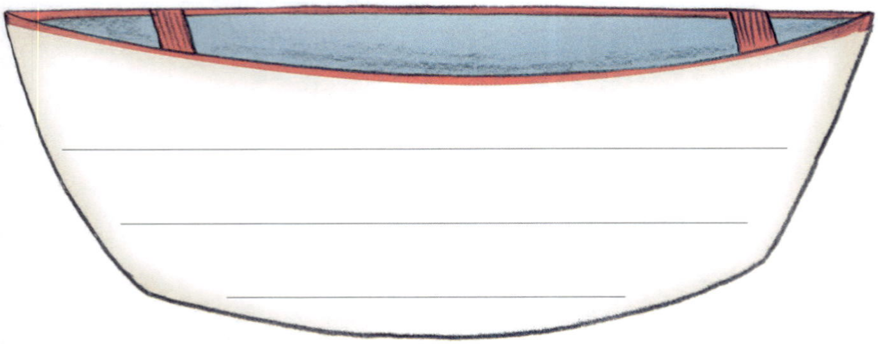

Ilustrações: Silvana Rando/ Arquivo da editora

Pontuação e parágrafo

Leia e substitua os ◆ pelos sinais de pontuação adequados para dar sentido às falas da tirinha.

Charles M. Schulz. **Snoopy: assim é a vida, Charlie Brown!** Porto Alegre: L&PM, 2013. p. 30.

Mesmo som, outra letra: Letra M em final de sílaba

M ou N?

1. Siga as instruções para descobrir a palavra que responde a cada pergunta.

   a) Como fazer para atravessar o rio?

   Pegue o N e coloque no meio do **pote**: ____________________.

   b) O que fazer para se aquecer?

   Pegue o N e coloque no meio da **mata**: ____________________.

2 Reescreva as palavras colocando a letra que falta.

a) segudo: ____________________

b) domigo: ____________________

c) respodo: ____________________

d) niguém: ____________________

3 Complete as palavras do texto usando **M** ou **N**.

Lembre-se: antes de **P** e **B** vem **M**.

QUI____TA-FEIRA, AMA____DA FOI FAZER CO____PRAS.

ESCOLHEU UM LE____ÇO ESTA____PADO, UM CONJU____TO BRA____CO E UMA FA____TASIA COM LA____TEJOULAS.

AMA____DA GOSTA DE FICAR LI____DA E ELEGA____TE.

4 Escreva o nome de cada figura.

Se necessário, consulte o quadro de palavras.

BOMBEIRO	TAMPA	FRANGO	LÂMPADA
BUMBO	ELEFANTE	BOMBA	

____

____

____

Ilustrações: Silvana Rando/ Arquivo da editora

____

____

____

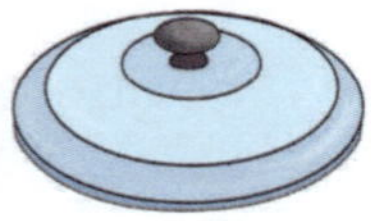

____

5 Observe a cena.

a) Complete as palavras deste texto sobre a cena.

Dica: Use M ou N para completar.

O QUARTO É A____PLO E ESTÁ CHEIO DE COISAS AMO____TOADAS, PORQUE A MENINA TEM UM MO____TÃO DE COISAS BAGU____ÇADAS. VEJA, ELA NÃO CO____SEGUE FICAR PARADA: ORA ESTÁ EM CIMA, ORA ESTÁ E____BAIXO DA CAMA, ORA ESTÁ ABRAÇA____DO O AQUÁRIO. É TA____TA COISA NESSE QUARTO, QUE A VISTA FICA E____BARALHADA, E AS IDEIAS, E____BANANADAS. SIM, TEM UMA CASCA DE BANANA ALI NO CHÃO, E NÃO É PURA I____PRESSÃO!

b) Em relação ao uso das letras M e N nas palavras que você completou, é correto afirmar que:

- [ ] APENAS ANTES DE P VEM O M.
- [ ] O N VEM ANTES DE B.
- [ ] O M VEM ANTES DE B E P.
- [ ] O N VEM ANTES DE P.

6 Observe a imagem desta festa de aniversário.

© Ziraldo Alves Pinto/Acervo do cartunista

Complete a cruzadinha com os nomes do que há na festa.
Descubra o nome do aniversariante nos quadrinhos de cor verde.
Depois, pinte a imagem para deixar a festa mais bonita!
Se quiser, desenhe mais enfeites.

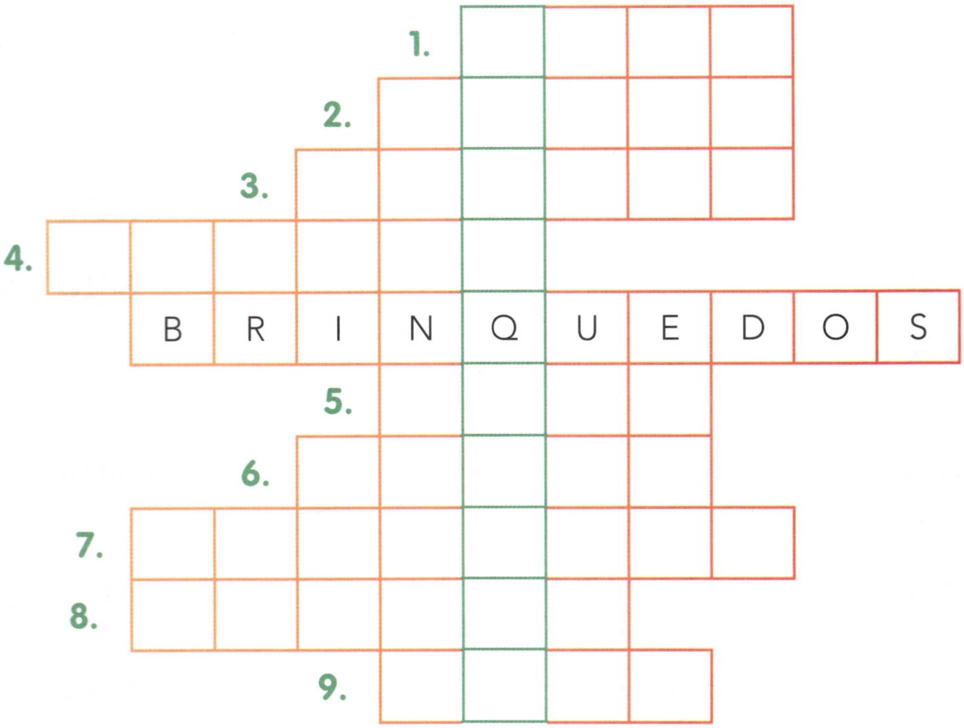

Unidade

5

Parágrafo e pontuação

Em algumas falas dos personagens da história em quadrinhos a seguir faltam os sinais de pontuação.

a) Coloque nos ☐ os sinais adequados para dar sentido às falas.

Jornal do Brasil, 1994.

b) Nessa história, há 3 frases que indicam perguntas. Copie-as, empregando o sinal de pontuação adequado.

Masculino e feminino

1 Complete a lista com o nome de cada animal no feminino.

O GATO	______
O RATO	______
O SAPO	______
O PATO	______
O BÚFALO	______
O LOBO	______

2 Alguns nomes mudam muito ao passar para o feminino.
Complete o quadro e observe as mudanças.

NOMES NO MASCULINO	NOMES NO FEMININO
O HOMEM	______
O PAI	______
O PADRINHO	______

3 Agora, leia com atenção.

TODA PALAVRA TEM UM GÊNERO: **MASCULINO** OU **FEMININO**.

PARA INDICAR O GÊNERO DE UMA PALAVRA, PODEMOS COLOCAR **O/A** OU **UM/UMA** ANTES DA PALAVRA.

4 Observe a imagem de um quarto.

Silvana Rando/Arquivo da editora

Escolha 8 objetos do quarto e escreva o nome de cada um na coluna correspondente.

Use diante de cada nome a palavra que indicará se é masculino ou feminino.

NOMES MASCULINOS	NOMES FEMININOS

Letra R

1 Junte as sílabas e escreva 6 nomes de alimentos.

Dica: Todos devem ter a letra R no início da palavra.

RA	BA	RE	PE	RI	DA	TA
TE	RA	LA	SE	CO	RÚ	TE
RI	BA	PO	RA	BA	CA	SA
RA	PA	RO	CU	RA	DA	MÃ
NA	SO	TO	LHO	NE	DU	NA

____

____

____

2 Localize e pinte no quadro de palavras escondidas os nomes de animais com a letra R.

Dica: A letra R deve ter o mesmo som que na palavra **barata**, isto é, um R brando.

A	B	A	R	A	T	A	C	R	W	V	C	X	N	T	A	É
T	O	U	R	O	A	W	G	O	R	I	L	A	R	K	L	H
Á	W	R	Q	T	P	E	R	I	Q	U	I	T	O	V	E	R
A	P	E	R	U	E	T	J	K	A	R	A	R	A	L	M	B
M	G	R	H	K	L	D	V	H	H	T	T	U	R	U	B	U
A	R	O	J	A	C	A	R	É	A	G	E	H	I	R	É	W
R	F	H	K	L	Ó	P	T	R	V	B	A	R	A	N	H	A
A	C	A	R	A	C	O	L	N	H	R	T	W	C	B	V	N
Q	W	R	C	A	V	T	L	J	G	I	R	A	F	A	Á	C
C	A	N	Á	R	I	O	Q	M	L	D	A	P	L	C	F	S

Letra R intrometida

1 Veja que linda borboleta branca! Complete a informação a seguir. A palavra **branca** tem:

☐ LETRAS.

☐ LETRAS VOGAIS.

☐ LETRAS CONSOANTES.

Butterfly Hunter/ Shutterstock

2 Veja o que acontece com estas palavras.

Svitlana-ua/ Shutterstock

John Schwegel/ Shutterstock

DAMA ⟷ DRAMA

Use o **R** intrometido e descubra novas palavras. Antes, observe mais um exemplo.

Ivonne Wierink/Shutterstock

TEM ⟷ TREM

a) FACA → __________

b) CAVO → __________

c) ESCAVO → __________

d) TATO → __________

e) PEGO → __________

f) ESTELA → __________

Cruzadinha jardim das flores.

Encaixe os nomes de flores na cruzadinha.

MADRESSILVA	CRAVINA	FRÉSIA	CRAVO
PRIMAVERA	CALIANDRA	CRISÂNTEMO	
PRÍMULA	TREPADEIRA	ALECRIM	

Silvana Rando/Arquivo da editora

Unidade
6

Parágrafo e pontuação

Vanessa Alexandre/Arquivo da editora

1 Leia a fábula a seguir.

Se precisar, peça ajuda a alguém para fazer a leitura.

O LEÃO, A RAPOSA E OS ANIMAIS

CERTA VEZ, O LEÃO CAIU DOENTE – TÃO DOENTE, QUE TINHA CERTEZA DE QUE IRIA MORRER. CONVOCOU ENTÃO TODOS OS ANIMAIS PARA DECLARAR SEUS ÚLTIMOS DESEJOS.

O PRIMEIRO A ENTRAR NA TOCA DO LEÃO FOI O BODE. TEMEROSO, ENTROU NA CAVERNA. COMO ELE ESTAVA DEMORANDO MUITO, A OVELHA DECIDIU ENTRAR PARA PRESTAR SUA HOMENAGEM. UM BEZERRO, QUE TAMBÉM ESPERAVA LÁ FORA, FINALMENTE DECIDIU ENTRAR PARA OUVIR OS ÚLTIMOS DESEJOS DO LEÃO.

APÓS ALGUM TEMPO, O LEÃO SAIU DA ESCURIDÃO DA CAVERNA. ESTRANHAMENTE ELE SE SENTIA MAIS FORTE E MAIS DISPOSTO.

NISSO, VIU UMA RAPOSA DO LADO DE FORA E PERGUNTOU:

— UÉ, POR QUE VOCÊ NÃO ENTROU PARA ME VISITAR?

— DESCULPE – RESPONDEU A RAPOSA –, MAS EU VI A FILA DE ANIMAIS ENTRANDO NA CAVERNA. MAS NÃO VI NENHUM SAINDO. ENQUANTO ELES NÃO SAÍREM EU FICO POR AQUI MESMO.

MAIS VALE A ASTÚCIA DO QUE A LUTA.

ESOPO. **200 FÁBULAS DE ESOPO**. COMPILAÇÃO DE VIC PARKER, TRADUÇÃO DE SILVIA SCHNEIDER E MICHELLE NÉRIS DA SILVA. BARUERI: GIRASSOL, 2014. P. 187.

a) Pinte os espaços que indicam os parágrafos no texto.

b) Conte os parágrafos e complete a informação:

Nessa fábula há ______ parágrafos.

c) Escreva nos ☐ os sinais de pontuação que foram empregados no final de cada frase: ☐ ☐ ☐

d) Observe novamente os sinais de pontuação no final das frases e responda.

Quantas frases há nesse texto? ____________________

2 Esta é uma reportagem sobre crianças da Amazônia. Leia o trecho destacado e ampliado da reportagem. Se precisar, peça ajuda para ler.

> A VIDA DE QUEM MORA NA AMAZÔNIA DEPENDE MUITO DOS RIOS. AS PESSOAS NÃO COSTUMAM VIAJAR DE ÔNIBUS, MAS DE BARCO. PARA LAVAR LOUÇA, MUITAS COMUNIDADES VÃO ATÉ O RIO.

Arquivo do jornal Folha de São Paulo/Folhapress

Paula Lago. Terra das águas. **Folha de S.Paulo**, 21 mar. 2009. Folhinha.

a) Pinte o espaço que corresponde ao início do parágrafo.

Quantos parágrafos há nesse trecho? ____________________

b) Pinte os pontos finais.

> O PARÁGRAFO ESTÁ DIVIDIDO EM FRASES. CADA FRASE TERMINA COM UM PONTO FINAL.

c) Conte os pontos do parágrafo.

Quantas frases há nesse trecho? ____________________

Mesma letra, outro som: R ou RR

1 Leia os versos e circule as letras R das palavras.

TAMANDUÁ-BANDEIRA

TAMANDUÁ-BANDEIRA
FOI À FEIRA
COMPRAR FORMIGA
PARA ENCHER A BARRIGA.
SÓ ENCONTROU
VERDUREIRO,
PASTELEIRO,
BANANEIRO,
BATATEIRO,
PEIXEIRO
E NENHUM
FORMIGUEIRO.

Silvana Rando/Arquivo da editora

LALAU E LAURABEATRIZ. **BRASILEIRINHOS: POESIA PARA OS BICHOS MAIS ESPECIAIS DA NOSSA FAUNA**. SÃO PAULO: COSAC & NAIFY, 2007.

a) Quantas palavras há com o R **brando**, fraco? Copie 2 delas.

____

b) Copie a única palavra com o R **forte**. _______________

2 Tire uma letra R de cada palavra e crie outras palavras.
Observe o exemplo.

CARRINHO → CARINHO

CARRETA → _______________

ENCERRA (termina) → _______________

VARRA (verbo varrer) → _______________

CORRO (verbo correr) → _______________

3 Nas palavras abaixo está faltando R ou RR.

Leia e descubra quais são essas palavras.

Depois, escreva cada uma com todas as letras.

a) CAO → ________________

b) ISCO → ________________

c) TOE → ________________

d) BAATA → ________________

e) ÁDIO → ________________

f) SÉIO → ________________

Letra R em final de sílaba

1 Observe as imagens e complete as palavras.

Siga o exemplo.

ÁRVORE

a)

________________VETE

b)

________________MIGA

c)

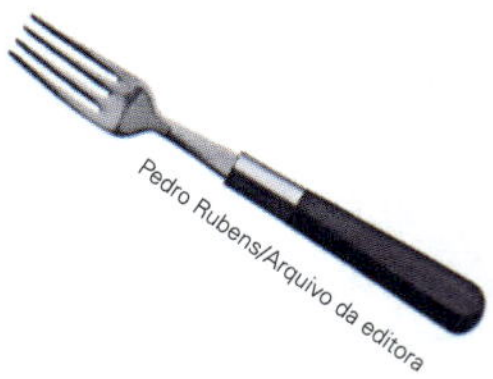

________________FO

d)

CO________________

2 Na ilustração a seguir, observe cada criança e o nome dela.

Ajude a professora e organize os nomes das crianças em ordem alfabética na lista de chamada.

LISTA DE CHAMADA

Ilustrações: Silvana Rando/ Arquivo da editora

3 Apenas 3 nomes dessa lista não têm a letra **R** em final de sílaba. Copie esses nomes.

___

4 Veja a capa e uma página do **Livro de receitas da vovó**. Depois, leia os nomes de algumas receitas e pinte a letra R em cada um deles.

Silvana Rando/Arquivo da editora

SUMÁRIO

RECEITAS

5 Fale as palavras em voz alta e ligue.

TORTAS	R com som forte no início da palavra
CREPES	R com som forte no meio da palavra
TORRADAS	R com som fraco no meio da palavra
CARAMELO	R no meio da sílaba
RECEITAS	R no final de sílaba

Unidade

7

Sílabas

Monstros ou bichos malucos?

a) Numere a letra correspondente a cada ilustração de bicho maluco, de acordo com a lista de nomes.

1. Botigrila
2. Gicoleta
3. Tucandoca
4. Elezeleia
5. Eletubaronte
6. Camabostruz
7. Sacangorco
8. Hipocegarta
9. Pererepatol

Reprodução/Editora Abril

Revista Recreio **Especial Passatempo**. São Paulo: Abril, n. 2, 2007.

b) Copie:

- O nome que tem a maior quantidade de sílabas.

____

- Um nome que foi formado com 4 sílabas.

____

c) Escolha 2 bichos malucos. Depois, escreva os nomes dos bichos que formaram o nome de cada um deles. Divirta-se!

____

____

Letra H em início de palavra

Cruzadinha da letra H.

a) Continue completando a cruzadinha. Se necessário, consulte o quadro de palavras abaixo.

HORTA	HERANÇA	HARAS	HORA	HÁBITO

1. O contrário de orgulhoso.
2. Aquilo que se herda.
3. Escovar os dentes é um ◆ saudável.
4. Terreno onde se cultivam hortaliças.
5. Fazenda de criação de cavalos de corrida.
6. Indica o tempo ao longo de um dia.

1.	H	U	M	I	L	D	E			
2.					E					
3.					T					
4.					R					
5.					A					
6.					H					

b) Complete a adivinha usando uma das palavras da cruzadinha.
Por que o menino colocou o despertador embaixo da cama?

Para acordar em cima da ______________________.

Duas letras, um som: LH

1 **O que é, o que é?**

Dica: Todas as palavras das respostas têm as letras LH.

a) Que tem cabeça, mas não pensa? ________________

b) Que é cego, mudo e surdo, mas sempre "diz" a verdade?

____

2 **Defeito no teclado.** Reescreva os nomes da lista que ficaram errados porque a tecla da letra H estava quebrada.

GRILO	GRELA	GELATINA	ILA	MILO
ESPANTALO	FOLA	JOELO	AMARELO	
AGULA	ABELA	CLARABELA	LENTILA	

____

____

____

____

____

3 Descubra palavras escondidas nas palavras do quadro.

Dica: Todas as palavras escondidas têm LH.

EMPALHADO	PALHAÇADA	MALHADO
ILHADA	TELHADO	BILHETERIA

Copie nas linhas a seguir as palavras escondidas que você descobriu.

____

____

Duas letras, um som: NH

1 Você conhece esta brincadeira com os dedos da mão? Leia os versos.

DEDO MINDINHO

DEDO MINDINHO
SEU-VIZINHO
PAI DE TODOS
FURA-BOLO
MATA-PIOLHO

DOMÍNIO PÚBLICO.

Silvana Rando/ Arquivo da editora

Separe as sílabas dos nomes:

MINDINHO		
______	______	______

VIZINHO		
______	______	______

2 **Defeito no teclado.** Reescreva os nomes da lista que ficaram errados porque a tecla da letra H continua quebrada.

GOLFINO	CANO	REBANO	VINO	PUNO
UNA	RAINA	NOTA	PINEIRO	CANUDO	FARINA
PAMONA	ADIVINA	BANANA	GAFANOTO	CANAL

____

____

____

____

3 Escreva o diminutivo de cada palavra.

a) MACACO: ______________ c) BICA: ______________

b) COCO: ______________ d) BARCO: ______________

Unidade

8

Sinônimos e antônimos

1 Escreva nos quadros os **sinônimos** de cada palavra abaixo.

D	E	V	A	G	A	R	→						
A	L	E	G	R	E		→						
F	E	R	O	Z			→						
B	E	L	O				→						
V	E	N	C	E	R		→						
G	A	R	O	T	A		→						

2 Reescreva as frases abaixo completando com um **sinônimo** das palavras destacadas.

a) Marina tem cabelos **longos**.

Marina tem cabelos ____________________.

b) O filme já vai **terminar**.

O filme já vai ____________________.

c) Minha casa fica **distante** da escola.

Minha casa fica ____________________ da escola.

3 Encontre no quadro abaixo os **antônimos** das palavras destacadas na atividade 2.

CEMATZCURTOSLMUISTXYEAQTAIUCOMEÇARMUISTMUISRI
NOPUCSEAQTAIUPERTOERUBOTEATPLNOZERQOTPOSUBIC

4 Compare:

Ilustrações: Silvana Rando/ Arquivo da editora

GAROTO **FELIZ**. GAROTO TEVE UM **GOSTO**.	GAROTO **INFELIZ**. GAROTO TEVE UM **DESGOSTO**.

Uma palavra é o **antônimo** da outra:

Infeliz vem de **feliz**.

Desgosto vem de **gosto**.

Feliz está dentro de in**feliz**.

Gosto está dentro de des**gosto**.

a) Pinte a palavra que está dentro daquela que é seu **antônimo**.

DESAPARECER	INDETERMINADO	IMPERFEITO
DESCOLADO	INCOMPLETO	INCERTO
DESATENÇÃO	DESCUIDADO	IMPOSSÍVEL

b) Junte **des-** ou **in-** e escreva o **antônimo** das palavras.

COMPREENSÃO → ____________________

FAVORÁVEL → ____________________

INTERESSE → ____________________

SENSÍVEL → ____________________

Duas letras, um som: CH

1 Divirta-se!

© Adão Iturrusgarai/Acervo do cartunista

Adão Iturrusgarai. Zezo e sua fera. **Folha de S.Paulo**, 8 nov. 2008. p. 8. Folhinha.

Você sabe o que é uma planta carnívora? Leia a informação.

Planta carnívora é aquela que se alimenta de **bichinhos** porque vive em um solo que não tem o que ela precisa para viver. Ela atrai os bichinhos com suas cores ou seu perfume. Quando o bichinho toca suas folhas em formato de **concha**, elas se **fecham**, e o **bicho** fica sem nenhuma **chance** de escapar.

Texto escrito pelas autoras.

Separe as sílabas das palavras destacadas no texto.

BICHINHOS		

CONCHA	

FECHAM	

BICHO	

CHANCE	

2 Encontre o nome de cada desenho no quadro de palavras a seguir.

Dica: Todos têm **CH**.

OCACHUTEIRASCEICHAVECHOVERCHIQUEIROSCO
SANDUÍCHELHITOCACHAFARIZCIAHOMBOLICHELHO
RACHADOSRKMACHADOFAIXACOSTCHUVETATPQI
CHURRASCOMELIOZEMCOTICAUMCHINELOSILOC

ImaginePixels/Shutterstock

Moonkin/Shutterstock

Nikiteev_Konstantin/Shutterstock

TheModernCanvas/Shutterstock

Oligo/Shutterstock

3 **Defeito no teclado.** Reescreva os nomes da lista que ficaram incorretos porque a tecla da letra **H** estava quebrada.

ENTENDE	CAVEIRO	ENCENTE	COCILO	CRESCE
CRECE	CALMA	CARME	COQUEIRO	CIMPANZÉ
COCEIRO	PRANTO	PRANCA	RACAR	

Mesmo som, outras letras: CH e X

1 Complete o quadro escrevendo os nomes das figuras nas colunas correspondentes.

bicubic/Shutterstock

Photos.com/Getty Images

MarArt/Shutterstock

PALAVRAS ESCRITAS COM A LETRA X	PALAVRAS ESCRITAS COM AS LETRAS CH

Bharat Kumar Swarnkar/Shutterstock

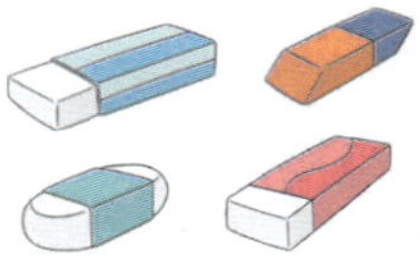
olllikeballoon/Shutterstock

Dmitrij Skorobogatov/Shutterstock

Lianella/Shutterstock

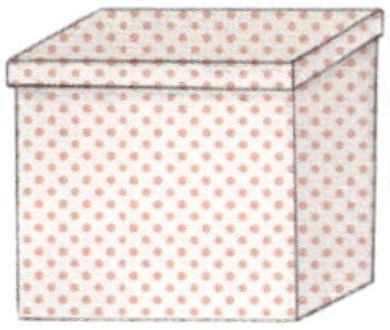
Silvana Rando/Arquivo da editora

2 A palavra **chaveiro** vem de **chave**. Complete os itens abaixo.

a) **Churrasqueiro** vem de ____________________.

b) **Chapeleiro** vem de ____________________.

c) **Chuveiro** vem de ____________________.

d) **Lixeiro** vem de ____________________.

e) **Peixeiro** vem de ____________________.

f) **Faxineiro** vem de ____________________.

Unidade 9

Uso de letras maiúsculas

Na unidade 9 do seu livro, você leu uma carta convidando os animais para uma festa do pijama.

1 Leia agora este convite e circule as palavras que começam com letra maiúscula.

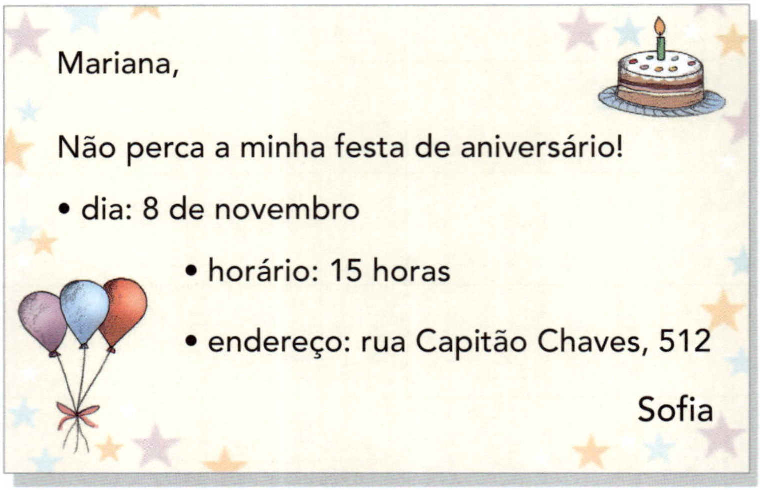

Mariana,

Não perca a minha festa de aniversário!

• dia: 8 de novembro

• horário: 15 horas

• endereço: rua Capitão Chaves, 512

Sofia

Silvana Rando/Arquivo da editora

2 Leia as informações sobre Mariana e Sofia.

Depois, complete com o que se pede.

Mariana e Sofia moram em uma rua chamada Capitão Chaves.

As duas meninas são muito amigas e adoram animais.

a) ____________________ e ____________________ apresentam a letra inicial maiúscula porque são nomes de pessoas.

b) ____________________ tem as iniciais maiúsculas porque é nome de lugar.

3 Leia o texto a seguir.

> o elefante não bebe água com a tromba. a tromba é o nariz dele e funciona como um canudão. o elefante puxa a água e a esguicha na boca ou nas costas. se ele tentasse usar a tromba pra beber, a água iria direto para os pulmões. ele é capaz de armazenar 10 litros de água na tromba.
>
> Marcelo Duarte. **A arca dos bichos**. São Paulo: Companhia das Letrinhas, 1999. (Adaptado).

a) Circule as palavras que deveriam estar escritas com letras maiúsculas.

b) Complete a afirmação fazendo um **X** na alternativa correta.

As palavras que você circulou deveriam ser escritas em letras maiúsculas porque:

- [ ] são nomes de pessoas.
- [ ] iniciam frases.
- [ ] são nomes de lugares.

4 Leia as fichas destes brasileiros que se destacam em suas profissões.

Eduardo Nicolau/Agência Estado

Nome:
Milton Hatoum
Nascimento:
estado do Amazonas
Profissão:
escritor

Sylvia Gosztonyi/Arquivo da editora

Nome:
Mauricio de Sousa
Nascimento:
estado de São Paulo
Profissão:
desenhista

Tasso Marcelo/Agência Estado

Nome:
Raimundo Fagner
Nascimento:
estado do Ceará
Profissão:
cantor

a) Circule as palavras escritas em preto e que apresentam letras iniciais maiúsculas.

b) As palavras que você circulou apresentam a letra inicial maiúscula porque

são nomes de ______________________ e nomes de ______________________.

Letra S

Releia estas palavras que apareceram nos textos que você leu anteriormente.

SOFIA	ANIVERSÁRIO	DESENHISTA	USAR

a) Pinte com cores iguais as palavras em que a letra **S** apresenta o mesmo som.

b) Marque com um **X** o ☐ que traz a afirmação correta sobre a letra S.

☐ A letra S tem o mesmo som em todas as palavras.

☐ A letra S apresentou três sons diferentes.

☐ A letra S apresentou dois sons diferentes.

Mesma letra, outro som: S com som de Z

1 Leia as palavras.

a) Pinte as letras que vêm antes e depois da letra S nestas palavras.

CASA	FAMOSO	DESENHAR	CASINHA	PAÍSES	CASULO

b) Agora, complete.

- A letra S só tem o som da letra Z quando aparece entre

  letras ______________________.

2 Leia as palavras e copie cada uma na coluna correspondente.

AVISO SONHO BOLSA SUL LISA SORVETE COISA
VASO PENSAMENTO SABONETE LOUSA BISAVÓ

LETRA S COM SOM DE /S/ COMO EM SOPA	LETRA S COM SOM DE /Z/ COMO EM BAZAR

3 Tire a letra N antes da letra S e escreva a nova palavra que se formou. Veja o exemplo.

CANSA → CASA

a) canseira: ______________

b) monstro: ______________

c) prensa: ______________

S ou SS?

1 **Defeito no teclado.** Reescreva os nomes do quadro que ficaram inadequados porque a tecla da letra S estava com defeito.

Dica: Todas as palavras têm a letra S escrita duas vezes (**SS**).

VAOURA	AIM	PÊEGO	QUERMEE	PEOA
MIÃO	CLAE	AINATURA	INTEREANTE	

____

____

2 Junte as sílabas e escreva a palavra formada.

a) COM | PAS | SO

____

b) PRO | FES | SOR

____

c) TRA | VES | SEI | RO

____

d) DI | NOS | SAU | RO

____

3 Reescreva a palavra acrescentando mais uma letra S junto à outra letra S e descubra uma nova palavra.

a) PRESA: ______________

b) POSE: ______________

c) CASAR: ______________

d) TOSE: ______________

Letra C

CA, CO e CU

a) Leia a parlenda e divirta-se.

SEMANA DA MENINA GULOSA

NA SEGUNDA, COMO PÃO.
NA TERÇA, LEITE EU BEBO.
NA QUARTA, PAPO GEMADA.
NA QUINTA, DEVORO COALHADA.
NA SEXTA, COMO PESCADA.
NO SÁBADO, BAU, BAU, BACALHAU.
NO DOMINGO, NEM FAÍSCA DE QUEIJO EU DEIXO.
DIGA-ME, AGORA, SENHORA:
SOU OU NÃO SOU GULOSA?

LÚCIA PIMENTEL GÓES. **QUEM FAZ OS DIAS DA SEMANA?** SÃO PAULO: LAROUSSE JÚNIOR, 2005.

b) Escreva no balcão do caixa nomes de comida da parlenda.

Dica: Só valem as comidas que tenham CA, CO ou CU no nome.

Ilustrações: Silvana Rando/Arquivo da editora

c) Copie da parlenda palavras que apresentam a letra C com o mesmo som que em **co**mida.

____

d) Nos versos da parlenda, há duas palavras com o som de C igual ao que aparece nas sílabas CO e CU, mas que não são escritas com a letra C. Copie-as aqui:

____

Mesmo som, outras letras: QUE e QUI

Para tanta comida, o pai da menina gulosa precisou fazer uma compra caprichada. Agora, está preocupado. Ajude-o a completar o pensamento escrevendo as sílabas que estão faltando nas palavras.

Dica: Todas têm o mesmo som da letra C, mas não são escritas com essa letra.

Silvana Rando/Arquivo da editora

Letra Ç

1 Compare os sons e as letras dos nomes.

Ilustrações: Silvana Rando/ Arquivo da editora

PORCÃO ⟷ PORÇÃO

2 Coloque o sinal de **cedilha** na letra C para mudar o som e a palavra. Depois, escreva e leia em voz alta as palavras formadas.

a) TACA → ____________

b) CACA → ____________

c) FRANCA → ____________

d) FORCA → ____________

3 Complete com C ou Ç.

CANE___A	CAL___ULA	PO___O	PEDA___O
CAL___A	COLE___ÃO	POU___O	DOEN___A
COBRAN___A	BRA___O	PETE___A	MELE___A
PIRRA___A	BAR___O	OURI___O	SAPE___A
CA___ULA	CAN___ÃO	CUE___A	BALAN___A
BONE___A	BAGUN___A	TOR___IDA	CORA___ÃO

Mesma letra, outro som: CE e CI

- Complete com as letras que faltam nos nomes.

Dica: Todos têm a letra C acompanhada por E ou por I.

1. De dia, é mais bonito quando está todo azul.
2. Objeto trançado feito de vime ou palha.
3. Lugar onde há picadeiro, malabarismos e palhaçadas.
4. O que costumamos desejar a todos no dia do aniversário.
5. O lugar que é a casa do rei e da rainha.
6. Acessório usado para proteger a cabeça.
7. Aquele que é o chefe de uma tribo indígena.
8. Lugar aonde se vai para assistir a filmes.
9. Seguimos quando queremos fazer uma comida sem errar.

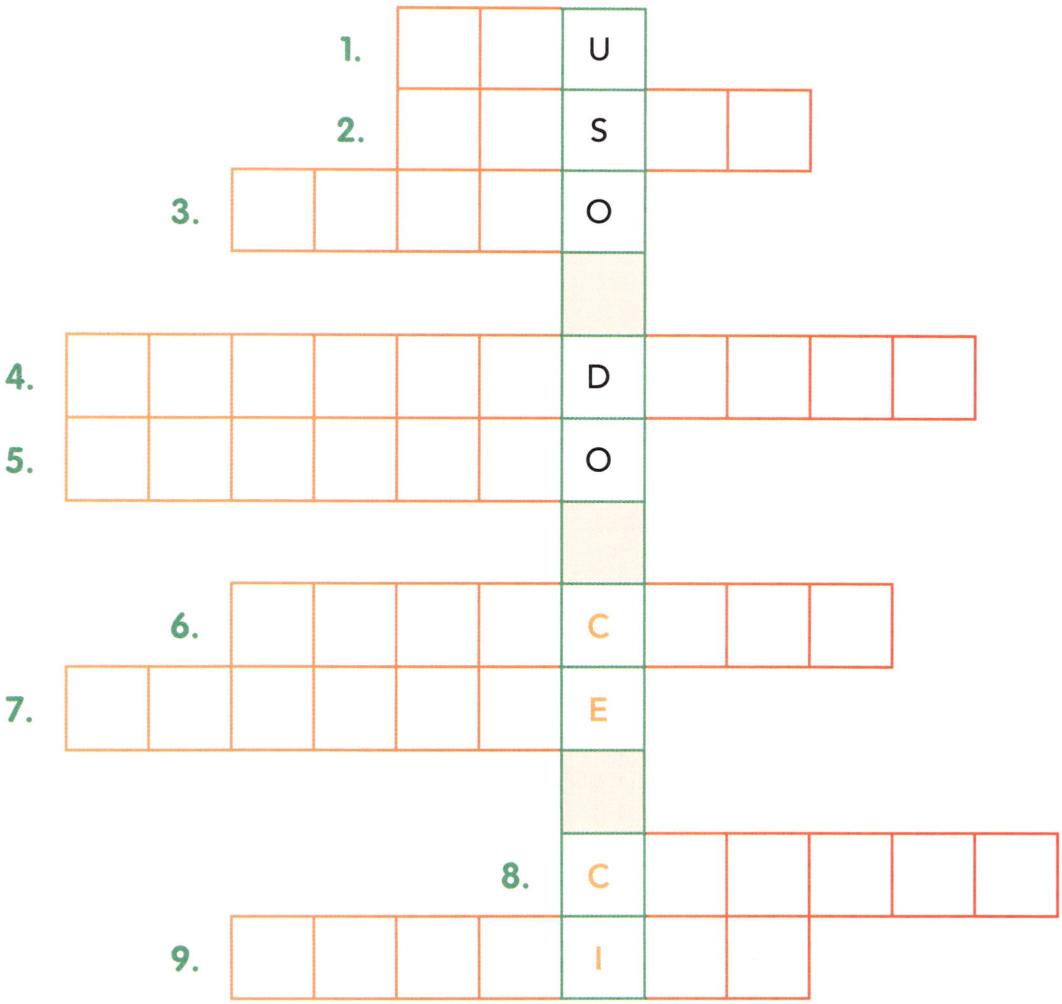

Unidade 11

Letra G

Encontre e junte as sílabas do quadro para achar os nomes.

Dica: Todos os nomes têm GA, GO ou GU no começo ou no meio da palavra.

a) O pato gosta: ______________________.

b) É fruta: ______________________.

c) Só homens usam: ______________________.

d) Dizem que dá sorte: ______________________.

e) Usa-se para costurar: ______________________.

f) Mamífero que mia: ______________________.

A	DE	LA	PE
GU	ÂN	LO	GO
ME	GA	BI	A
CO	FE	GU	GO
GO	GU	BI	DE
A	GA	LHA	GA
FI	GO	TO	FI
JO	GU	A	GA

Mesma letra, outro som: GE e GI

Junte as sílabas destacadas em cada item e escreva uma nova palavra.

a) VIGIA GEADA PASSAGEM

↓

____

b) GENTE REGIME VAGEM

↓

____

GUE e GUI

Você conhece esta cantiga de roda? Leia os primeiros versos.

CARANGUEJO

CARANGUEJO NÃO É PEIXE,
CARANGUEJO PEIXE É.
CARANGUEJO SÓ É PEIXE
NA ENCHENTE DA MARÉ.

DOMÍNIO PÚBLICO.

Silvana Rando/Arquivo da editora

1 GUE ou GUI?

a) Complete as palavras do quadro com GUE ou GUI.

SAN________	________ZO	FO________TE
FO________IRA	________LHERME	ES________CHO

b) Escreva as palavras que você completou no item **a** na coluna correspondente, de acordo com a sílaba destacada.

CARANGUEJO	PREGUIÇA

2 Observe as palavras abaixo.

AMIGO ⟶ AMIGUINHO

FORMIGA ⟶ FORMIGUEIRO

Agora, leia as palavras terminadas por GA ou GO e forme outras a partir delas. Escreva na coluna do GUE e/ou do GUI.

Palavras – GA/GO	GUE	GUI
FOGO		
GAGO		
PITANGA		
PÊSSEGO		

Unidade 11

Caderno de atividades

Unidade 12

Singular e plural

1 Complete com o nome de cada animal, conforme o exemplo.

Atenção aos numerais!

5  5 PATOS

10  10 ____________

1  1 ____________

1  1 ____________

4  4 ____________

2  2 ____________

7  7 ____________

Ilustrações: Silvana Rando/Arquivo da editora

2 Escreva no plural, conforme o exemplo.

UM ANIMAL ⟶ VÁRIOS ANIMAIS

a) avental no varal ⟶ aventais nos varais

b) lençol azul ⟶ ____________

c) alegre Natal ⟶ ____________

d) peixe no anzol ⟶ ____________

3 Complete a frase a seguir.

Ao passar essas palavras terminadas em L para o plural, foi preciso mudar de ______ para ______.

Letra Z

Complete a cruzadinha de nomes com EZA para formar novos nomes.

1. O que é grande tem **grandeza**.
2. O que é pobre tem ◆.
3. O que é limpo tem ◆.
4. O que é belo tem ◆.
5. O que é duro tem ◆.
6. O que é triste tem ◆.
7. O que é rico tem ◆.
8. O que é puro tem ◆.
9. O que é delicado tem ◆.
10. O que é gentil tem ◆.
11. O que é frio tem ◆.
12. O que é lindo tem ◆.
13. O que é magro tem ◆.
14. O que é lerdo tem ◆.
15. O que é certo tem ◆.

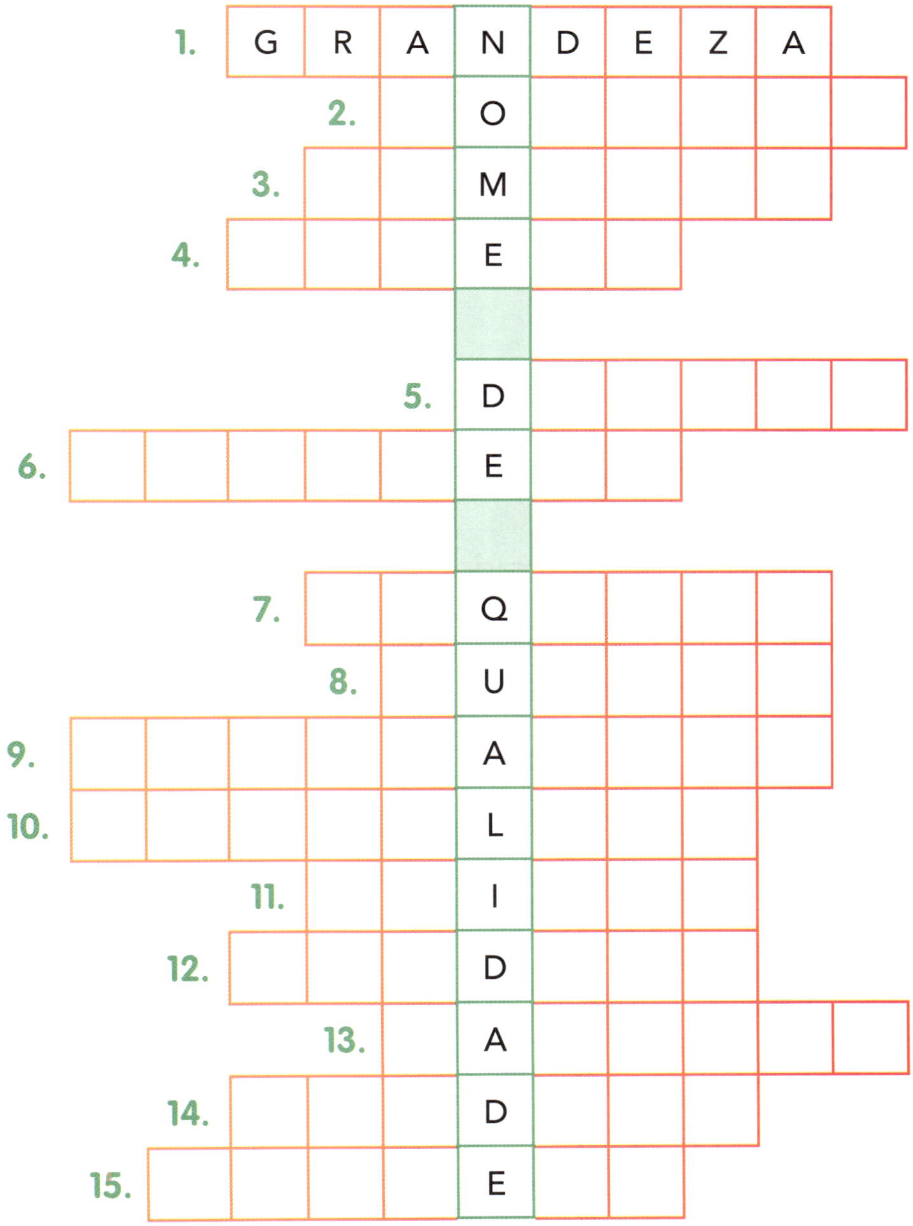

Duas letras, mesmo som: Z e S em final de sílaba

1 Leia os versos.

AS LISTRAS DEITADAS
E AS LISTRAS PRA CIMA
FORMARAM UM GATINHO,
O NÚMERO **TRÊS**:
QUE GATO ENGRAÇADO,
É UM GATO **XADREZ**!

SILVIA ORTHOF. **A HISTÓRIA ENGATADA**.
RIO DE JANEIRO: RIO GRÁFICA, 1986.

Silvana Rando/Arquivo da editora

2 Observe estas palavras.

LISTRAS	DEITADAS	TRÊS	XADREZ

O que elas têm em comum?

____

____

3 Compare as palavras rimadas: **três/xadrez**.

Observe que é um mesmo som: um com final em S e outro com final em Z.

Faça da mesma forma: escreva a letra S ou Z no final das palavras.

a) mê__________

b) atri__________

c) gá__________

d) pa__________

e) freguê__________

f) rai__________

g) pire__________

h) arro__________

i) feli__________

j) carta__________

k) ônibu__________

l) capa__________

m) víru__________

n) lu__________

o) jui__________

Tramas e traçados

Fabiana Faiallo/Arquivo da editora

TRAÇADOS: INTRODUÇÃO

VOCÊ JÁ SABE QUE AS PALAVRAS SÃO ESCRITAS COM LETRAS:

GRANDES, PEQUENAS, COLORIDAS, **REDONDAS**, FININHAS...

- LETRAS GRANDES.

TURMA DO JARDIM

- LETRAS PEQUENAS.

Celebre cada momento da vida.

- LETRAS COLORIDAS.

Boas festas!

- LETRAS REDONDAS.

a bela

adormecida

- LETRAS QUADRADAS.

DESCUBRA O TESOURO

- LETRAS FININHAS.

MEIO AMBIENTE

- LETRAS DIVERTIDAS.

- LETRAS COM O TRAÇADO INVENTADO.

CADA UM TEM UM JEITO DE ESCREVER.

- LETRAS DE ADULTO.

Fabio Castelo/Arquivo da editora

- LETRAS DE CRIANÇA QUE COMEÇA A ESCREVER.

Victor Almeida/Arquivo da editora

- LETRAS DE AUTÓGRAFO, COMO AS DA TURMA DO COCORICÓ.

Fundação Padre Anchieta/Arquivo da editora

LETRA PESSOAL. HÁ TAMBÉM MUITOS TRAÇADOS DE LETRA.

- TRAÇADOS DIFERENTES PARA AS MESMAS LETRAS.

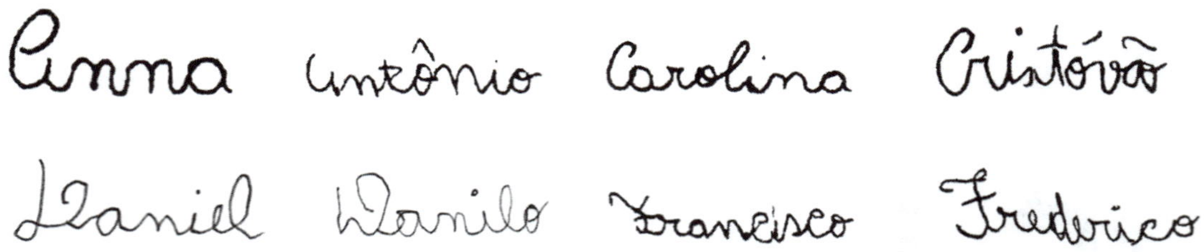

- TRAÇADOS DIFERENTES PARA O MESMO NOME.

- LETRAS REDONDINHAS.

- LETRAS PEQUENAS.

- LETRAS MÉDIAS.

- LETRAS GRANDES.

Assinaturas/Arquivo da editora

1 E A SUA LETRA? COMO É? ESCREVA DO SEU JEITO:

A) O SEU NOME.

B) O NOME DE UMA PESSOA QUE VOCÊ AMA MUITO.

C) O NOME DE SEU MELHOR AMIGO OU DA SUA MELHOR AMIGA.

D) O NOME DA SUA PROFESSORA.

NAS PÁGINAS A SEGUIR, VOCÊ VAI TRAÇAR MAIS LETRAS CURSIVAS.

2 NA PÁGINA 295, RECORTE E MONTE AS CARTELAS COM AS LETRAS CURSIVAS PARA CONSULTAR SEMPRE QUE PRECISAR.

TRAÇADO DAS LETRAS

AGORA, VOCÊ VAI TRAÇAR LETRAS CURSIVAS PARA QUE SUA ESCRITA POSSA FICAR AINDA MAIS RÁPIDA E CLARA.

SEMPRE QUE PRECISAR, CONSULTE O QUADRO COM AS LETRAS CURSIVAS QUE VOCÊ RECORTOU DA PÁGINA 295 DO SEU LIVRO.

O AVIÃO LEVANTA VOO,
CHUVA FORTE O FAZ VOLTAR.
TENTA NOVA SUBIDA,
É MELHOR NÃO VIAJAR.

Aa

DESCUBRA O NOME E TRACE-O.

A	I	L	D	M

Aladim

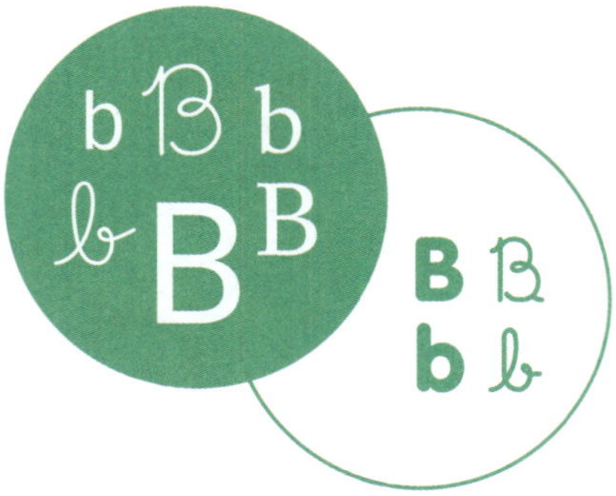

BORBOLETA DÁ UM GIRO,
PARECE QUE VAI CAIR.
MAS LOGO SE AJEITA
E VOLTA A SUBIR.

B b

COMPLETE OS ENVELOPES.
USE O BANCO DE PALAVRAS.

BEATRIZ	BORBOREMA	BENEDITO	BÚFALOS

1

________________ Borges

Avenida ________________, 1

Ilustrações: Cláudio Chiyo/Arquivo da editora

2

____

Praça dos ________________, 8

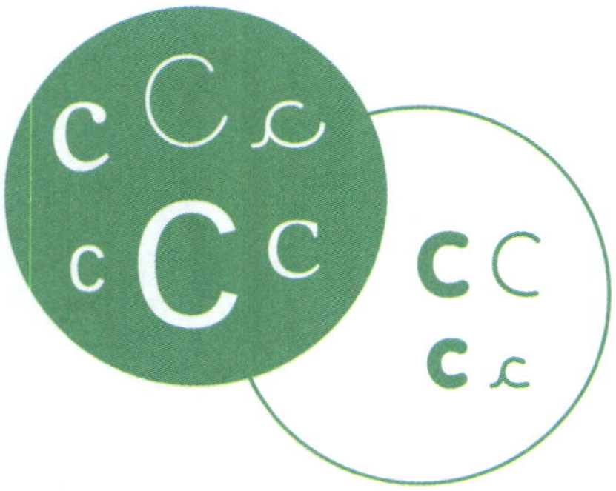

VAMOS DAR UMA GRANDE VOLTA.

PARECE QUE VAI FECHAR.

MAS DEIXAMOS UMA PORTA ABERTA

PARA QUEM QUISER ENTRAR.

Cc

ESCREVA NO BILHETE O QUE VOCÊ QUER COMER.

ESCOLHA PALAVRAS DO QUADRO A SEGUIR.

CARAMELO	CANECA	COCADA	COLHER	CAQUI
COUVE	CENOURA	ABACATE	CAPIM	ABACAXI
CUSCUZ	CANJICA	ALFACE	COPO	CALDO

Mamãe,

Eu quero comer:

______________, ______________, ______________,

______________, ______________, ______________,

______________ e ______________.

Beijo,

____

Cláudio Chiyo/Arquivo da editora

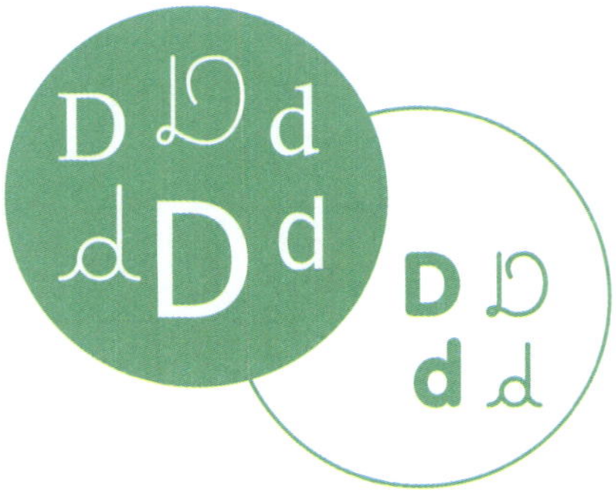

O FORMATO DO d

PARECE UM a DISFARÇADO.

MAS DÁ UM GRANDE SALTO

E DESCE PARA O LADO.

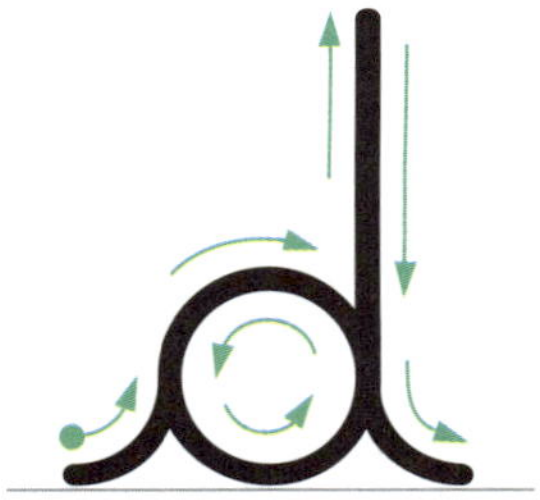

Dd

ESCREVA NO AVISO ABAIXO O DIA E O MÊS DA FESTA DO DUDU.

DEZEMBRO 2021						
DOM.	SEG.	TER.	QUA.	QUI.	SEX.	SÁB.
			1	2	3	4
5	6	7	8	9	10	11
12	13	14	15	16	17	18
19	20	21	22	23	24	**25**
26	27	28	29	30	31	

Atenção:
A data da festa do
Dudu é

__________________________.

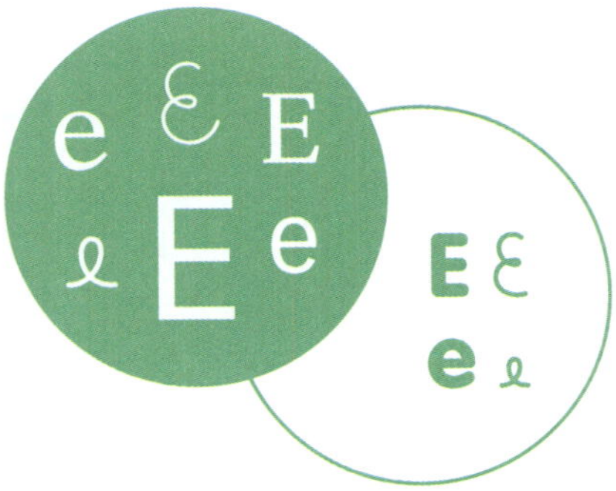

DOIS ELEFANTES SE ENCONTRAM.

AS TROMBAS VÃO SE ENROSCAR!

PARECE UMA BRIGA

OU VÃO SE BEIJAR?

Ee

DESCUBRA A PALAVRA E TRACE-A.

E	V	T	S	R	L	A

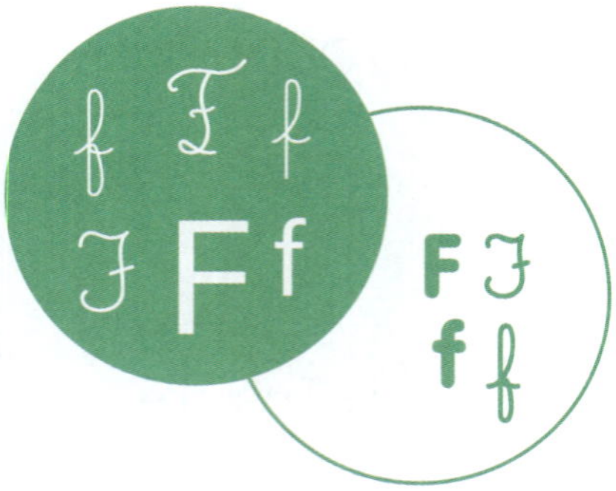

PARECE UM LONGO LAÇO
EM QUE A FITA CAI NO CHÃO.
E O f FICA FEITO
LOGO EM PRIMEIRA MÃO.

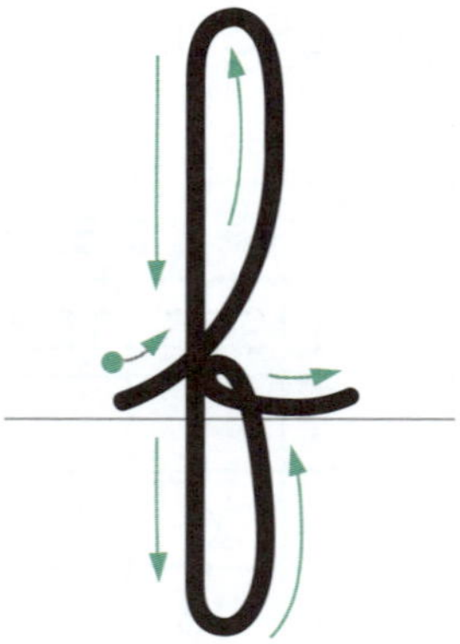

PINTE A PALAVRA NO QUADRO QUE RIMA COM **BALÃO**. DEPOIS, TRACE-A.

F	I	T	Q	W	E	F	O	C	A
S	C	F	O	G	Ã	O	R	E	T
E	L	E	F	A	N	T	E	G	A

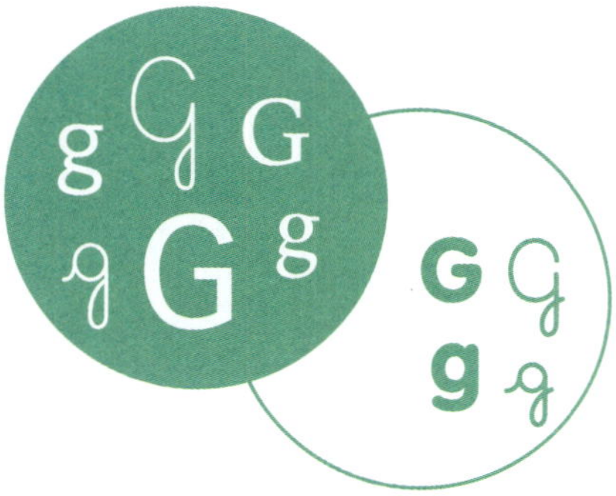

Parece um 
bem riscado,
mas faz um laço para baixo
e segue para o lado.

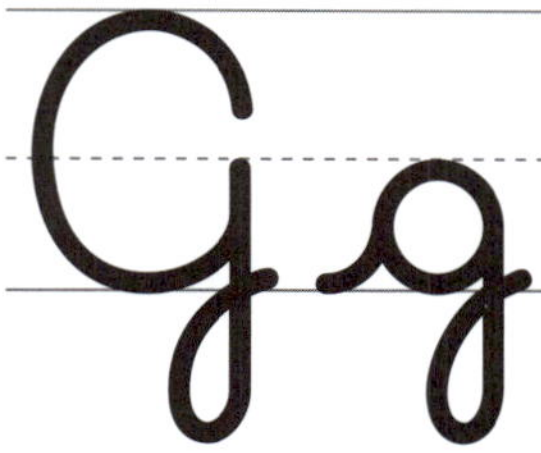

Descubra o nome e trace-o.

G	I	O	A	N	Q	D	U

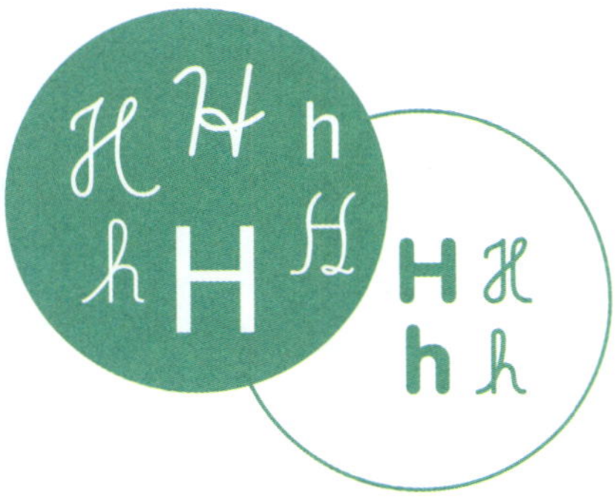

Uma grande laçada
que, de repente, cai.
Mas não desiste:
sobe, desce e se vai.

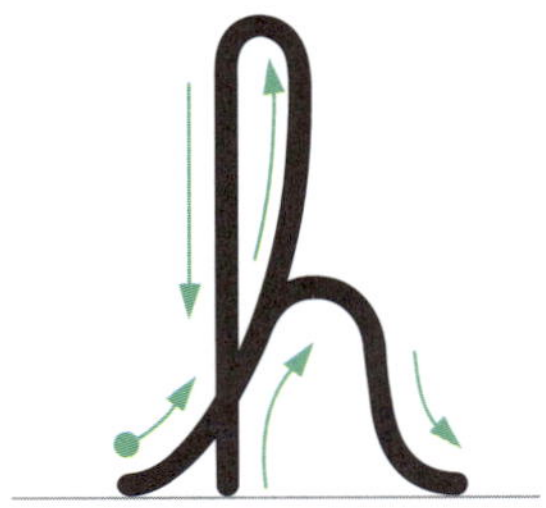

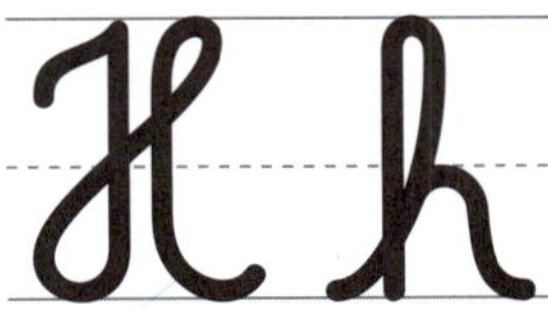

- Leia e copie a frase completa nas linhas a seguir.

Na 

Heitor gosta de comer salada, arroz e feijão.

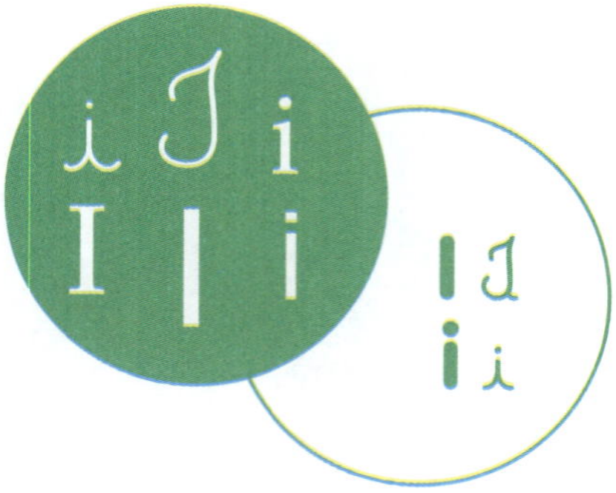

Sobe morro, desce morro
pelo mesmo lugar,
e um pingo no topo
não pode faltar.

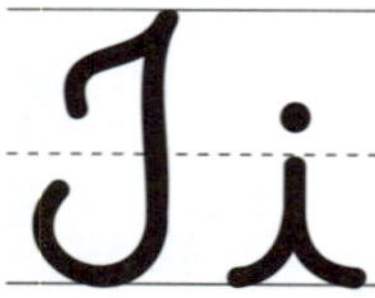

- Encontre no diagrama de palavras um nome de pessoa e pinte-o. Depois, trace-o nas linhas abaixo.

A	R	A	U	L	A	U	R
O	I	D	A	F	E	L	I
I	V	O	N	E	H	E	O
E	I	A	L	U	A	D	A

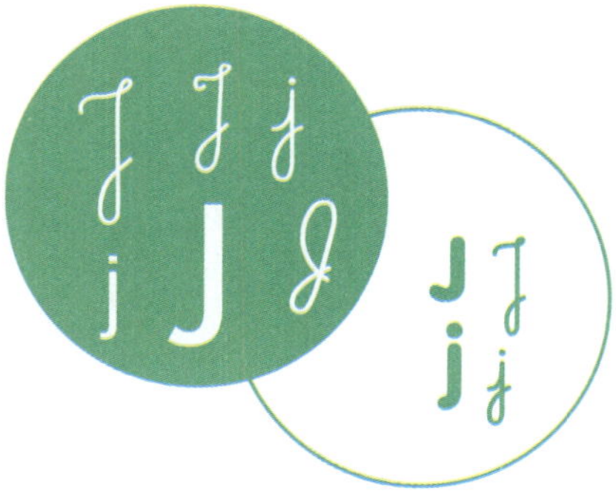

Parece um ȷ
que escorregou,
deu um giro
e depois voltou.

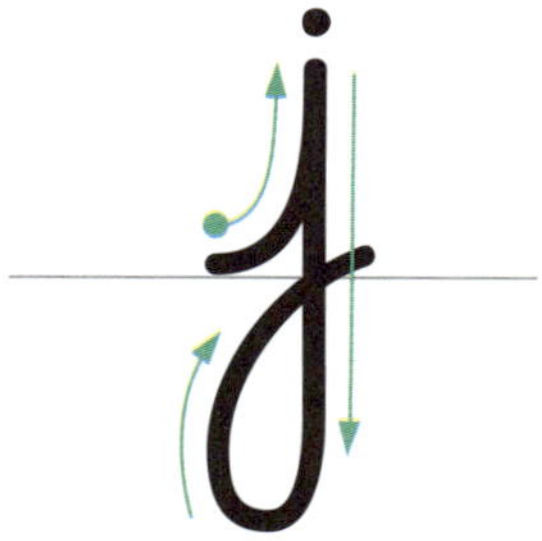

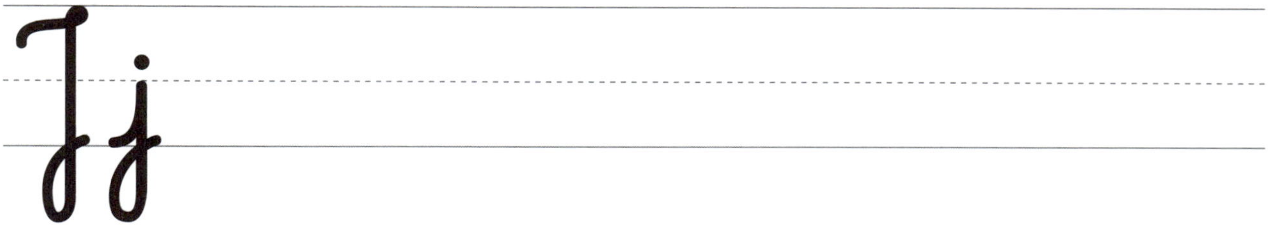

Descubra a frase e trace o nome do animal na linha a seguir.

🐰	🐱	💧	🌷	❤	🚗	❄	🍀
J	A	É	C	R	N	T	O

🍀		🐰	🐱	🌷	🐱	❤	💧		🐰	🐱	🚗	❄	🐱		🌷	🐱	🚗	🐰	🐱

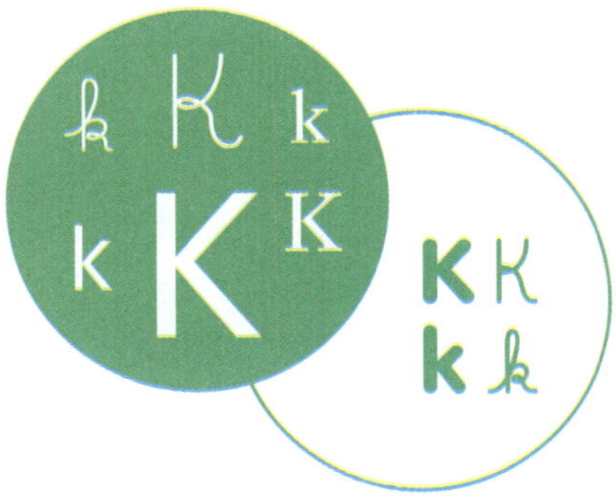

Uma grande laçada
faz o lápis girar.
Depois um nozinho
e pode avançar.

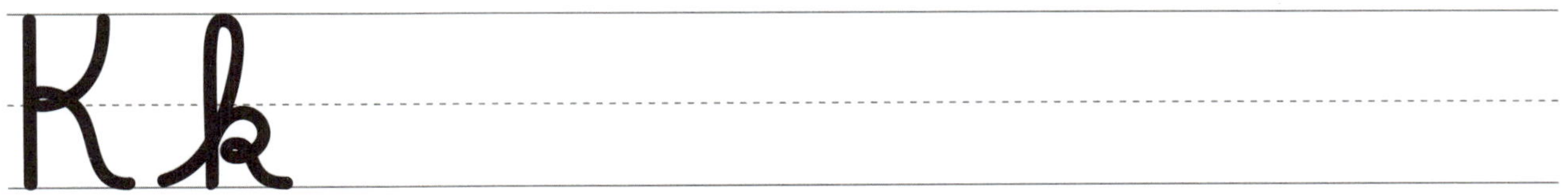

Decifre nos códigos um nome de pessoa e trace-o abaixo.

K	A	E	I	L	C	U	R	N

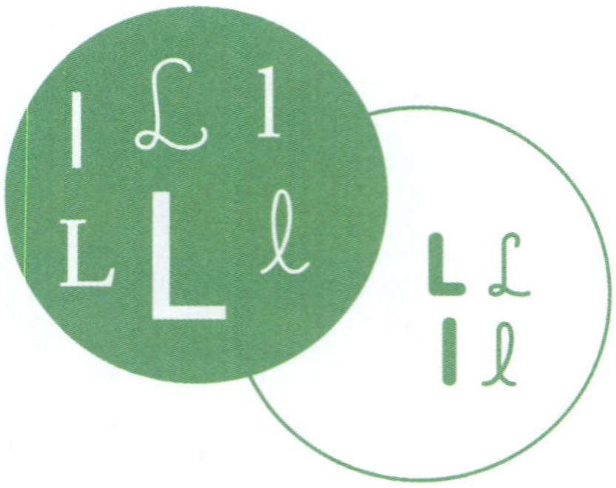

A linha segue a agulha
para a roupa costurar:
sobe, vira e mergulha
até o lugar certo encontrar.

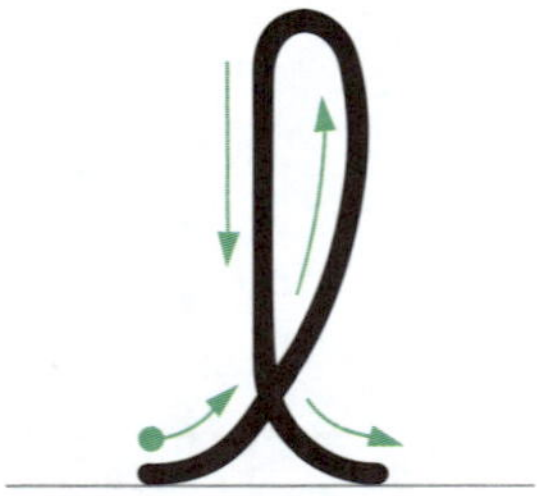

ℒ ℓ

Decifre nos códigos outro nome de pessoa e trace-o abaixo.

K	A	E	I	L	C	U	R	N

A montanha-russa é divertida:
desce, sobe até parar.
É preciso esperar a partida
para o desce e sobe começar.

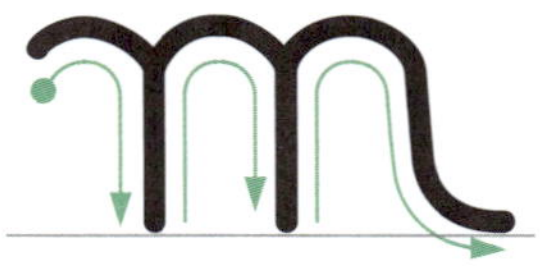

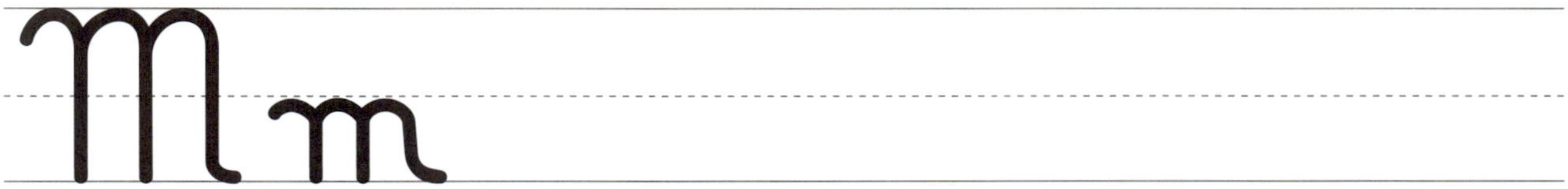

Você conhece a música da canoa?
Vamos escrevê-la. Complete com as palavras do quadro.

MARIA	DEIXARAM	CAUSA	REMAR	CANOA

A canoa virou

A ______________________ virou
pois ______________________ ela virar,
foi por ______________________ da ______________________
que não soube ______________________.

Domínio público.

Ene é o nome da letra
que tem descida, subida e descida.
Parece com a letra eme,
mas com uma perna perdida.

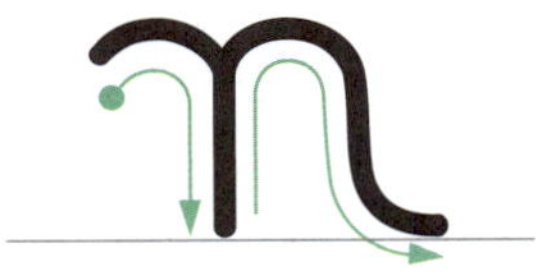

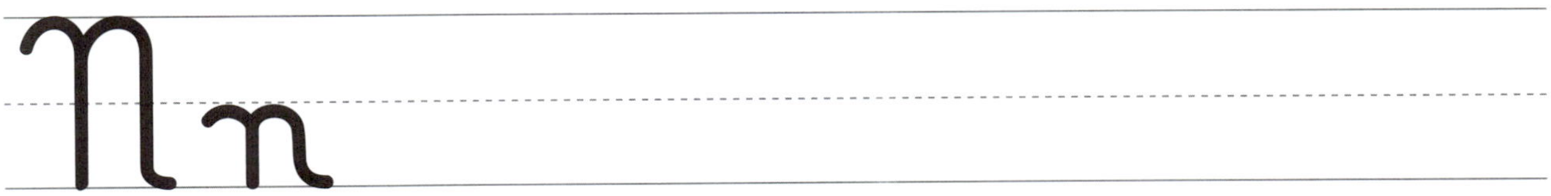

Esta é uma adivinha. Encontre na figura abaixo a resposta da adivinha. Em seguida, complete-a e pinte a figura.

O que é, o que é?

Vem do mar para a latinha,
e bem apertadinha
já fica ali dentro.
É um bom alimento,
seu nome é:

______________________.

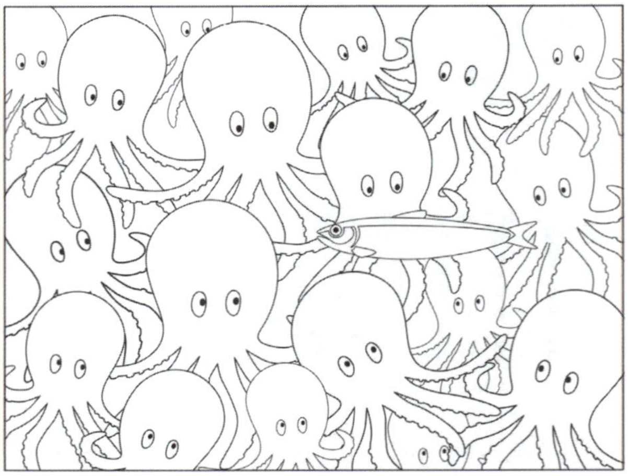

Silvana Rando/Arquivo da editora

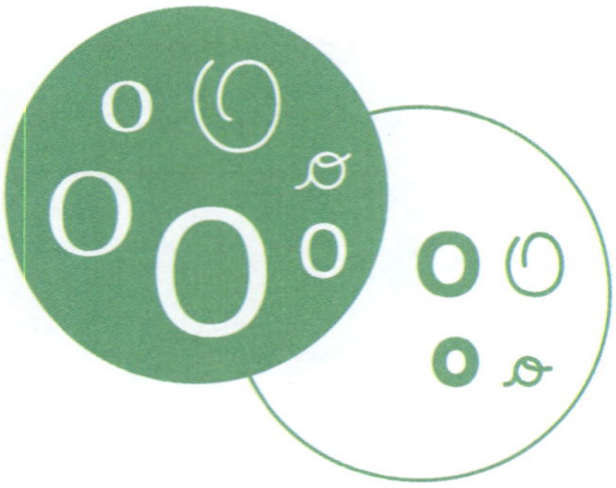

Olhe o *o* como é redondo!
É uma linha circular.
Sobe, desce, arredonda
e tem um laço para fechar!

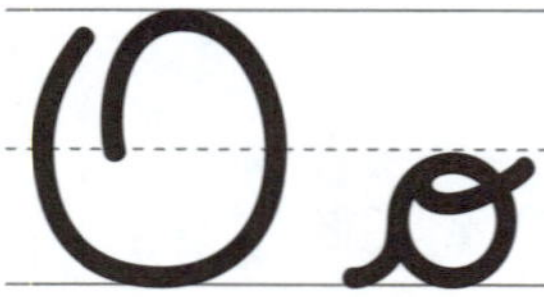

Reorganize as letras e descubra os nomes.

Andresr/Shutterstock

VALOO

____

photobank.ch/Shutterstock

RMOA

____

Gelpi/Shutterstock

TDOEE

____

Há um número na letra p.
Trace o 1 para ver.
Depois dê uma voltinha.
A letra p vai aparecer.

P p

Leia o trecho do poema e complete ao lado.

Bate pilão

Põe salsinha,
bate pilão,
põe salsão,
bate pilão,
um pouco de sal,
bate pilão
[...]

Sérgio Capparelli. **111 poemas para crianças**. Porto Alegre: L&PM, 2003. p. 48.

Põe ______________________,

bate ______________________,

______________________ salsão,

______________________,

um ______________________,

bate ______________________

Cláudio Chiyo/Arquivo da editora

Agora, trace a palavra do poema que rima com **salsão**.

É uma letra arredondada
e com outras parecida,
mas depois que desce reto,
faz uma volta pra subida.

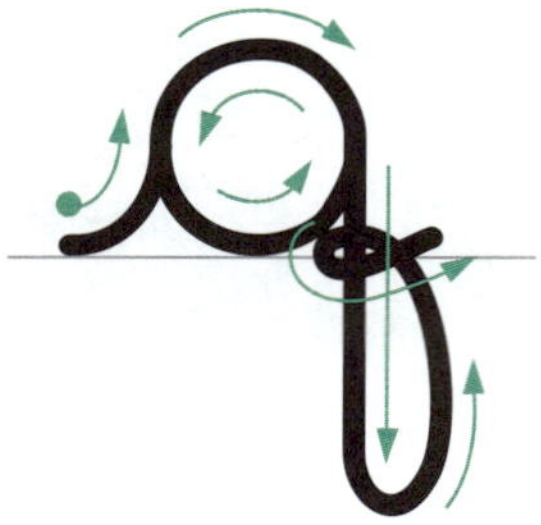

Q q

Escreva o nome de uma dança típica de festa junina.

Um pequeno degrau
que se forma na subida
e volta para a linha
em uma leve descida.

R r

Complete a frase a seguir com as palavras que faltam.

Silvana Rando/Arquivo da editora

Eu sei ________________, deitar e ________________.

O s dá um salto
e se encolhe todo.
Parece um sapo
escondido no lodo.

S s

- Complete o trava-língua.

Silvana Rando/
Arquivo da editora

A sábia não sabia que o ______________
sabia assobiar.

Domínio público.

O t sobe a montanha
e desce pelo mesmo lugar.
Depois é só colocar o traço
para a subida cortar.

T t

- Encontre e escreva nomes de animais que iniciem com a letra T.

S	A	P	R	T	A	T	U
T	A	M	A	N	D	U	Á
W	O	R	U	T	L	A	E
T	O	U	P	E	I	R	A

NOME DE ANIMAL

Caminho que se repete
duas vezes ao traçar.
Parecem dois irmãos
de mãos dadas a passear.

U u

Escreva o nome da figura.

julia_janury/Shutterstock

O v é letra
que passeia sem parar.
Desce e sobe a montanha
e com um laço vai acabar.

V v

Escreva o nome da figura.

Silvana Rando/Arquivo da editora

W 𝒲 w
W **W** w
W W
w w

Você pensa que é a letra u.
Sobe e desce duas vezes.
Será a letra m?
Não! É a letra dábliu!

W w

Encontre no quadro nomes de pessoas que iniciem com a letra W. Depois, trace um desses nomes.

W	A	G	N	E	R	S	T
S	W	A	V	I	O	T	C
R	W	A	N	D	A	J	L

X 𝒳 x
X **X** X
X X
x x

O x é uma letra engraçada,
parece uma bola cortada.
Metade voltada para cá,
metade voltada para lá.

X x

Leia e copie o nome de um país.

MÉXICO

É um gato xadrez!

Rua Xavier de Almeida, 717

Começa um u bem traçado
que desce reto de vez,
vira para o lado
e sobe outra vez.

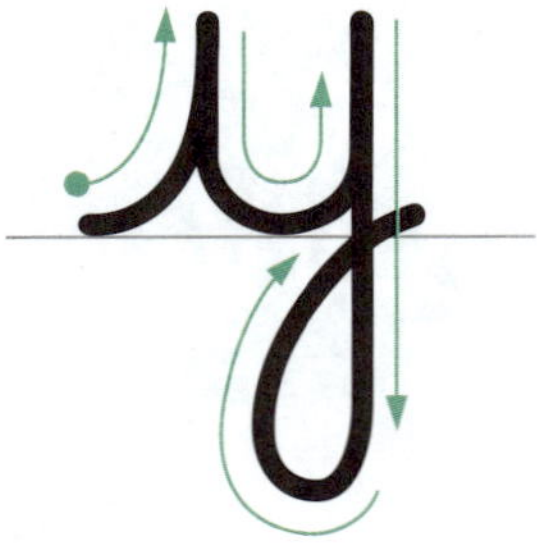

Yy

Descubra e trace.

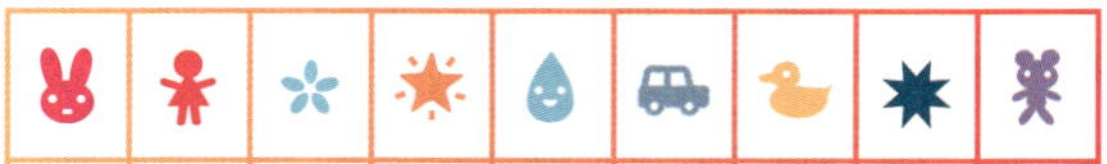

Y	E	O	A	I	S	M	C	L

O z é uma letra
que rola e se enrola.
Mas logo se resolve,
quando sobe desenrola.

Zz

Descubra a adivinha e complete-a.

Sou um animal listrado. Meu nome inicia com a letra Z.

Sou uma ______________________.

TRAÇADOS

A a	B b	C c	D d	E e	F f	G g	H h	I i	J j	K k	L l	M m
A a	B b	C c	D d	E e	F f	G g	H h	I i	J j	K k	L l	M m
N n	O o	P p	Q q	R r	S s	T t	U u	V v	W w	X x	Y y	Z z
N n	O o	P p	Q q	R r	S s	T t	U u	V v	W w	X x	Y y	Z z